本专著得到国家社科基金青年项目(16CZZ019) 的资助

基于协调发展理念的治理研究

任鹏 著

中国社会科学出版社

图书在版编目（CIP）数据

基于协调发展理念的治理研究 / 任鹏著 . —北京：中国社会科学出版社，2021.9
ISBN 978 – 7 – 5203 – 9039 – 2

Ⅰ.①基… Ⅱ.①任… Ⅲ.①国家—行政管理—研究—中国 Ⅳ.①D630.1

中国版本图书馆 CIP 数据核字（2021）第 179907 号

出 版 人	赵剑英
责任编辑	孔继萍
责任校对	李　剑
责任印制	郝美娜

出　　版	中国社会科学出版社
社　　址	北京鼓楼西大街甲 158 号
邮　　编	100720
网　　址	http://www.csspw.cn
发 行 部	010 – 84083685
门 市 部	010 – 84029450
经　　销	新华书店及其他书店

印刷装订	北京市十月印刷有限公司
版　　次	2021 年 9 月第 1 版
印　　次	2021 年 9 月第 1 次印刷

开　　本	710×1000　1/16
印　　张	13.25
字　　数	209 千字
定　　价	78.00 元

凡购买中国社会科学出版社图书，如有质量问题请与本社营销中心联系调换
电话:010 – 84083683
版权所有　侵权必究

序　　言

　　时代是思想之母，实践是理论之源。进入中国特色社会主义新时代，"我国社会主要矛盾已经转化为人民日益增长的美好生活需要和不平衡不充分的发展之间的矛盾"。从党的十一届六中全会指出我国社会的主要矛盾是人民日益增长的物质文化需要同落后的社会生产之间的矛盾，到党的十九大对主要矛盾做出新的概括，不仅生动地诠释了改革开放以来，尤其是党的十八大以来我国建设发展所取得的全方位、开创性的重大成就，更是对我国发展新阶段的重大研判，突出了我们党一以贯之的人民情怀，更加关注人民日益增长的需要变化，更加强调人的全面发展；这不仅宣告了生产供给不足、绝对短缺经济在我国的终结，更指明了我们今后发展的主攻方向和主要手段，更加注重发展的均衡、质量和效益，更加强调以协调促发展，更加自觉地对标主要矛盾新变化对新时代协调发展的新要求，更加主动地探索破解发展不平衡不充分问题的协调发展新理路。

　　作为应对不平衡不充分发展问题的主要手段，协调发展必须主动对标新时代主要矛盾的新要求，创造性地拓展协调发展理念，针对性地明确协调发展关键，历史性地看待协调发展过程，坚定性地站稳协调发展立场。通过政府的政策干预实现协调发展，是协调发展研究的"内隐共识"，协调发展作为一种理想性的发展状态，绝不是在各种发展要素的自发运动中产生的，而是要依赖各种政策外部干预，实现自觉的社会建构。但处于复杂网络系统中的公共政策，本身也面临"整体政策安排与某一具体政策、系统政策链条与某一政策环节、政策顶层设计与政策分层对接、政策统一性与政策差异性、长期性政策与阶段性政策"①的协调性问题。从政策执行的实际来看,执行资源的相对稀缺是常态,政策主体经常要在不同的政策间进行权衡、取舍,以保证有充足的时间、人力、财力和物力来实施自己所偏好的政策。所以,协调发展与公共政策治理已成为新时代我国各级政府以及公共政策研究领域需要面临和解决的重要课题。

当前,国内外学术界对协调发展和公共政策治理研究已经有一些积累,且研究的范围和深度有不断加强的趋势,已经开始进行宏观层面系统性的理论建构和微观层面实证性的样本分析。但也存在着缺陷和不足:第一,对公共政策治理的认知较为肤浅。体现在对政策治理的普遍性和常态性认识不足,缺乏科学研究应有的客观性和现实性;还体现在分类研究上,依然停留在以公共政策本身特性为依据的规范性分类层面,缺乏立足于实证或更具概括性的科学分类。第二,协调发展问题与政策主客体策略选择效应的内在关联研究不够。将政策干预当成了协调发展的"内隐认知",在应然性上理解公共政策对于实现协调发展的重要意义,却忽略了实然性上政策主客体策略选择效应对协调发展的影响研究。第三,理论建构和实证研究顾此失彼。有学者从规范性角度提出了很好的理论分析模型,在观念转变、原则界定方面对实现协调发展和政策治理提出了很多"正确"的建议,但对政策运作过程性分析的匮乏致使其作出的论证、提出的举措不够深入,无力解释现实、指导实践;有学者进行了实证研究,注重了演绎分析有理有据、治理举措的可操作性,但学术涵养不够,"就事论事""及时应对"的实务视角导致其缺乏广阔的理论视野和深刻的理论建构,严重制约了研究结论的学术贡献度。

本书主动回应国家经济社会发展中面临的协调发展难题,在系统梳理关于协调发展和政策治理等相关研究基础上,提出本书研究的现实重要性和理论创新性。第一,在研究基点上,从限定论域、建构关系、指明治理方向三方面阐明研究中"基于协调发展理念"表述的意义;第二,在理论阐释上,借助新制度主义理论精髓建构"制度—行为"的分析框

---

① 《习近平在省部级主要领导干部学习贯彻十八届三中全会精神全面深化改革专题研讨班开班式上重要讲话》,新华网,http://news.xinhuanet.com/photo/2014-02/17/c-119374303.htm,最后访问日期:2014年11月17日。

架,运用实证案例考察,对协调发展与政策治理的内在关联进行解读;第三,从实践意义上,建构了政策主客体策略选择效应与协调发展治理难题的内在逻辑。即"就近式""权变式""自利型"选择性执行的排挤效应造成了政令不畅的固化、政绩工程的泛化等协调发展治理难题,"权变博弈""就高遵从""政策放弃"多重性遵守的割裂效应造成了增加经济社会协调发展成本、阻碍区域协调发展的实现、消解政策的社会协调效用等协调发展治理难题;第四,在路径选择上,对经济社会协调发展与政策协同治理的良性互构作出积极回应。基于问题意识、注重问题导向,强调坚持分类治理、逐级跃升中心思想,从国家治理体系和治理能力现代化的角度和高度,通过构建强化系统设计、加强制度建设、注重政策创新等路线图和具体措施,进而最终实现"冲突性政策—碎片化政策—协同性政策"跃升和"对抗式发展—妥协式发展——体化发展"转换的"互构式"治理格局,构建"各美其美、美美与共"的协同治理生态愿景,为实现我国经济社会的协调运行和发展提供有益参考方案。

通过我们的研究得出以下结论:第一,协调发展作为研究视域和对策指导具有很强的适用性;第二,要更加关注政策本身,即在政策选择背后大量存在的长期性政策目标与短期性政策目标、整体性政策谋划和部门性政策诉求、经济增长政策和社会发展政策等政策取舍本身的现实性矛盾,实现多元政策统合基础上的政策创新;第三,政策主客体策略选择效应与社会协调发展难题存在内在的关联;第四,通过"分类治理、逐级跃升"的思路,利用针对性的和可操作性的措施实现公共政策协同与经济社会协调发展的良性互构。

"新故相推舒画卷,丹青妙手向翠峰。"本书得到国家社科基金青年项目"基于协调发展理念的公共政策冲突治理研究"(16CZZ019)和东北大学青年人才支持项目"21世纪马克思主义研究"的大力支持,在此深表感谢!水平所限、恐有纰漏,但一心向学、"结"而不停,未来我们将从国家治理现代化的角度和高度,对协调发展与政策治理相关问题作进一步深化研究,希望能助力21世纪马克思主义研究和公共政策治理的学术知识增长。

目 录

第一章 绪论 …………………………………………………………（1）
　第一节 问题的提出 ……………………………………………（1）
　　一 研究的问题所指 …………………………………………（1）
　　二 研究思路与方法 …………………………………………（5）
　　三 研究的理论创新 …………………………………………（6）
　　四 研究的重要意义 …………………………………………（7）
　第二节 相关研究理论评述 ……………………………………（9）
　　一 国内外对协调发展的研究 ………………………………（9）
　　二 国内外对公共政策冲突的研究 …………………………（17）
　　三 国内外协调发展与公共政策冲突关系的研究 …………（24）
　第三节 新制度主义"制度—行为"分析框架的适用性 ………（25）
　　一 新制度主义政治学的理论谱系和主要观点 ……………（26）
　　二 新制度主义理论共识是对我国制度建设现实的
　　　　积极回应 …………………………………………………（35）
　　三 新制度主义的理论启示是本研究开展的逻辑起点 ……（37）

第二章 公共政策冲突的内涵厘定和类型划分 ……………………（41）
　第一节 公共政策冲突的内涵厘定 ……………………………（41）
　　一 从表现、本质和功能的三维视角理解公共政策 ………（41）
　　二 从政策实践的立场解读公共政策冲突内涵与特性 ……（44）
　第二节 公共政策冲突类型划分 ………………………………（49）
　　一 面向政策主体的政策冲突 ………………………………（50）
　　二 面向政策客体的政策冲突 ………………………………（59）

第三章　公共政策冲突的成因分析……………………(64)
第一节　政策价值观的分歧……………………………(64)
一　公平和效率的价值观分歧……………………………(65)
二　局部与整体的价值观分歧……………………………(67)
三　当前发展与长远发展的价值观分歧…………………(70)

第二节　政策利益的博弈………………………………(71)
一　地方利益与中央利益的冲突…………………………(72)
二　部门间利益的分化与博弈……………………………(74)
三　政府部门与民众之间的利益博弈……………………(77)

第三节　政策信息的阻隔………………………………(79)
一　政策信息公开的实效性有待提高……………………(79)
二　政策信息沟通的畅通度有待加强……………………(81)
三　政策信息反馈的及时性有待提升……………………(82)
四　政策信息传导的封闭性有待突破……………………(83)

第四节　政策自身的错位………………………………(84)
一　政策制定缺失公共性…………………………………(85)
二　政策目标缺乏明确性…………………………………(86)
三　政策执行显失公正性…………………………………(87)

第四章　公共政策冲突的影响及效应分析……………(89)
第一节　公共政策冲突对政策主客体行为的
　　　　　政治意蕴………………………………………(89)
一　公共政策冲突对政策主客体行为自主性的非均衡强化……(90)
二　公共政策冲突对政策主客体行为合法性的冲击………(93)
三　公共政策冲突对政策主客体行为有效性的侵蚀………(97)

第二节　政策主客体在公共政策冲突中的行为选择及其
　　　　　内在逻辑………………………………………(100)
一　面向政策主体的政策冲突——选择性执行：排挤效应……(100)
二　面向政策客体的政策冲突——多重性遵守：割裂效应……(109)

第三节　公共政策冲突效应与协调发展难题的内在关联………(112)
一　政策主体选择性执行的排挤效应与协调发展难题………(112)

二　政策客体多重性遵守的割裂效应与协调发展难题 ……… (122)

第五章　公共政策协同与经济社会协调发展的良性互构 ………… (126)
　第一节　强化系统设计，实现对"病态"政策冲突中
　　　　　双向弱化发展的有效规避 ……………………… (126)
　　一　完善公共行政体制 ……………………………… (127)
　　二　加强信息沟通与共享 …………………………… (131)
　　三　协调不同政策价值观的冲突 …………………… (135)
　　四　加强政策咨询和公众参与 ……………………… (137)
　　五　优化公共政策生态环境 ………………………… (141)
　第二节　加强制度建设，实现对"常态"政策
　　　　　冲突中单向发展的逆向选择 ……………………… (143)
　　一　构建公共政策纠偏机制 ………………………… (144)
　　二　健全利益调处机制 ……………………………… (148)
　　三　建立政策资源投向调控机制 …………………… (154)
　　四　完善激励与问责机制 …………………………… (158)
　第三节　注重政策创新，实现政策主客体
　　　　　对冲突的积极回应 ……………………………… (164)
　　一　强化理想信念教育，提高政治站位 …………… (165)
　　二　坚持围绕中心，注重协同的施策方法 ………… (172)
　　三　推动机制创新，激发政策活力 ………………… (179)
　　四　加强能力建设，化解政策冲突 ………………… (184)

第六章　结论 ……………………………………………… (189)
　　一　基本研究结论 …………………………………… (189)
　　二　本研究的局限 …………………………………… (195)
　　三　进一步深化研究的可能空间 …………………… (195)

参考文献 ………………………………………………… (197)

第 一 章

绪 论

第一节 问题的提出

一 研究的问题所指

本书将我国协调发展问题中的公共政策冲突作为研究对象。

第一,从协调发展与公共政策两个研究范畴着手对其研究论域进行限定。基于协调发展理念的独特视角来观察和分析研究公共政策冲突的情况和解决,不仅是对新时代协调发展理念的研究深化,还对公共政策冲突研究论域的延伸拓展具有重要的促进作用。诚如卡弗所言,"只有存在不一致和充满对抗的地方才可能有道德和科学规律的问题可言"[1]。面向政策主(客)体的"不同位阶政策冲突"、"同阶政策冲突"和"政策内部冲突",为我们分析和验证公共政策冲突和协调发展的内在关系与良性互构提供了有益的思路,并在现实案例验证中实现了对其自身存在客观性的理论辩护和研究论域的有效扩展,使政策冲突研究在规范性的抽象演绎中获得经验性的实践支撑,并从广义上推进了对政策冲突"常态性"和"普遍性"的认知,提高了政策冲突研究的应用性。

第二,厘清公共政策冲突效应与协调发展难题的内在关联。本书不仅要从应然性上阐释政策行为对于实现协调发展的重要意义,更要从实然性上深入研究政策冲突的排挤和割裂效应如何制约了协调发展的实现。在公共政策领域中,政策冲突作为一种客观存在,它与社会冲突一样,将会深刻影响和作用身处冲突中的政策主客体的行为,对政策主客体的

---

[1] [美]科塞:《社会冲突的功能》,孙立平译,华夏出版社1989年版,第24页。

行为认知、选择具有积极"协调性"和消极"破坏性"的双重作用逻辑。首先,政策冲突作为社会冲突的一种具有一定的积极作用,可以从多种方面协调使其最终发挥作用再反过来促进社会的协调发展。一方面,政策冲突是一种特殊的风险预警机制。之所以会发生政策冲突,就潜在地指出政策系统存在着一些弊病和瑕疵,系统中这些弊病与瑕疵势必会威胁政策系统的安全与稳定。而政策冲突恰好及时反映出这些问题,以便我们及时发现、解决并进一步防范政策风险,在预防环节推动政策系统的巩固协调;另一方面,政策冲突是一种完善政策体制的手段方法。政策冲突的出现有利于从政策体制方面寻找原因,激发政策主体分析与思考问题的动力,使政策主体重新审视政策"制定→执行→监督→评估"这一系列政策过程,更精准地找出政策系统中的潜在问题到底生发于哪个环节,进而在治理过程中通过整改和协调促进协调发展的实现。此外,政策冲突是激励政策创新的"风向标"。政策冲突的发生在一定层面上指示出现行的政策本身出现了失灵、失效乃至失败,为了适应社会客观现实的变化并及时解决社会矛盾,必然要对公共政策进行相应地调整、完善及创新。而政策本身出现的问题是浅层的、显而易见的,更深一步来看,不难发现政策组织及政策主体表现出的思维僵化、行事固守传统路径的症结更是产生弊病的重要原因。而政策冲突正是政策组织内部优化、政策行事作风转变的契机,促使政策组织自发地进行政策调整与完善。其次,政策冲突也会对社会发展产生极其严重的消极作用,政策冲突所产生的割裂和排挤效应对社会的和谐与安定产生了极强的破坏性。伴随着公共政策的不断发展,也时常会诱发政策冲突,制约公共政策效用的发挥,预示政策的失效,破坏政策的完整性、稳定性,导致公共政策的失灵,使得利益分配由协调走向不协调。同时,政策冲突意味着投入的政策资源遭到了浪费,也是对社会公众利益的损害,甚至政策冲突也有可能演变成社会冲突,破坏社会协调稳定的发展。并且,政策冲突不仅呈现出不同利益之间的矛盾和斗争,还暴露了政策主客体相异的价值理念和取向的分歧与差异。例如,节能减排与保障民生、可持续发展与当前经济平稳运行、调整产业结构与基本农田保护、农民增收和国家粮食安全等政策之间的冲突,实际上反映了我国经济社会发展中长远发展与当前发展、局部与整体、公平与效率等价值取向的矛盾。因此,政策冲突在总体上表现出的"弊"远超于"利",其巨大的破坏性深深掩盖了其在一定层面上表现出来的利好。

第三,指明协调发展问题中公共政策冲突的治理方向。政策冲突治理不止步于消解,而是按照协调发展的要求实现政策协同。从概念上来看,政策协同是动态而非静态的,是多元政策主体之间进行集体互动、互构、互建的政策行为过程。在政策部门界线不被模糊、消解的基础上,探寻如何通过各政策部门之间以及政策部门内部的组织结构、效用功能以及资源配置的整合协作,推动政策作用的高效发挥,实现公共政策真正为公共社会服务,正是政策协同的目标指向。首先,具有协调发展的理念是实现政策协同的基本前提。只有先有协调发展的理念意识,政府才能进一步在这种意识的指导下作出最好、最合理、最正确的政策选择。同理,元政策层也必须将政策协调发展这一问题视为所有政策问题的重中之重,不能单纯追求 GDP 的增长纯速度与眼下获得的高额利润,而要转向谋取长远效益,密切关注诸如保障民生、公平正义、合理分配、绿色生态及精神文明等在内的社会发展"再生产"的动力条件。只有拥有这种意识,政府才能在人民意愿的反映下,采取相应的行为化解冲突,有效推动政策的协同。其次,政府还必须要采取系列适应协同发展与合作的政策方案实现政策从冲突到协同的目标转向,就政策协同本身来说,其表现为一种集体间的行为过程,而"集体行动的困难不仅与团体的规模有关,还与成本收益的比值有关"。[①] 因而,面对必要的政策改革与调整时,元政策领导层就需根据地方政策组织部门的成本权益更为严谨细密地考量其将要采取的政策方案,以便更好地为政策的协同与发展铺平道路。既然考量到政策协同中的成本权益,我们必须要进一步探究这些成本权益的构成因素:一是从政策设计着手,这一进程属于政策活动的"元过程",起到了整体规划和宏观把控的作用,在这一进程之中,除必须涵盖包含政策协同的主客体、方式方法、形式内容等在内的诸多要素外,必须正视实现政策协同的成本问题,做好成本的规划,探究如何实现"信息→实施→获益"成本的"收益"最大化;此外,还需思考何以解决各政府部门之间进行跨"域"协作治理所面临的"资源""利益"

---

① Hardin and Russell, *Collective Action*, Baltimore: John Hopkins University Press, 1982, p. 37.

配置不均的现实性难题,集体行动中的利益不均势必会产生因追求独立部门或个人利益的"理性行为"而导致的破坏集体利益一致性的"伪协同"。二是从政策主体着手,多元的政策主体是进行政策协同高效开展的依靠力量和关键部分,"历史表明,人们过去作出的选择决定了其现在可能的选择"。① 人所作出的政策选择在一定的时间范围内是很难更改且对现在乃至未来一段时间都起着制约性作用,政策主体所采取的政策选择是否合理也制约着多元主体间的改革协作活动是否能持续有效地进行。三是政策监督在一定程度上影响政策协作,政策进行协同发展必然涉及众多的部门,而各部门内各自遵循的制度要求以及工作标准的差异,使得统一的监督机制会无法满足所有部门的需求,进而产生监管的分歧,制约各部门间的协作动力。

然而,我们要对协调发展理念与公共政策冲突治理进行深入的理论研究,必须对其内在的最核心的理论逻辑进行阐释:

什么是公共政策冲突;为什么会产生公共政策冲突;公共政策冲突在协调发展政策实践中都有哪些表现形态;政策主客体面对政策部署没有实现公共政策系统理性的"自洽",出现需要执行的政策之间互相矛盾或者政策内部自相矛盾、彼此竞争的"行动脚本",他们会如何应对和抉择呢?是按照"中国特色财政联邦主义"② 所设想的利用行动的自主性空间追逐财政收益最大化,还是会应"分权化威权主义"③ 所预期的忠实贯彻中央或上级政府的意愿,或是随机应变在博弈中进行"策略性"选择;这些抉择又会产生什么效应;这些效应和协调发展中的治理难题又有着什么内在关联;如何利用这种关联实现公共政策协同与经济社会协调发展的良性互构等。

本书希望在学术界关于协调发展、公共政策冲突及其治理的研究成果基础上,借助"制度—行为"的分析路径,对以上问题作出回答。

---

① [美]道格拉斯·诺斯:《经济史中的结构与变迁》(第2版),上海三联书店2003年版,第1页。

② Montinola Gabriella, Qian Yingyi, Weingast Barry R. Fedralism, "Chinese Style: The Political Basis for Economic Success in China", *World Politics*, 1995, p. 48.

③ Pierre Landry, *Decentralized Authoritarianism in China: the Communist Party's Control of Local Elites in the Post-Mao Era*, New York: Cambridge University Press, 2003, p. 28.

二 研究思路与方法

（一）基本思路

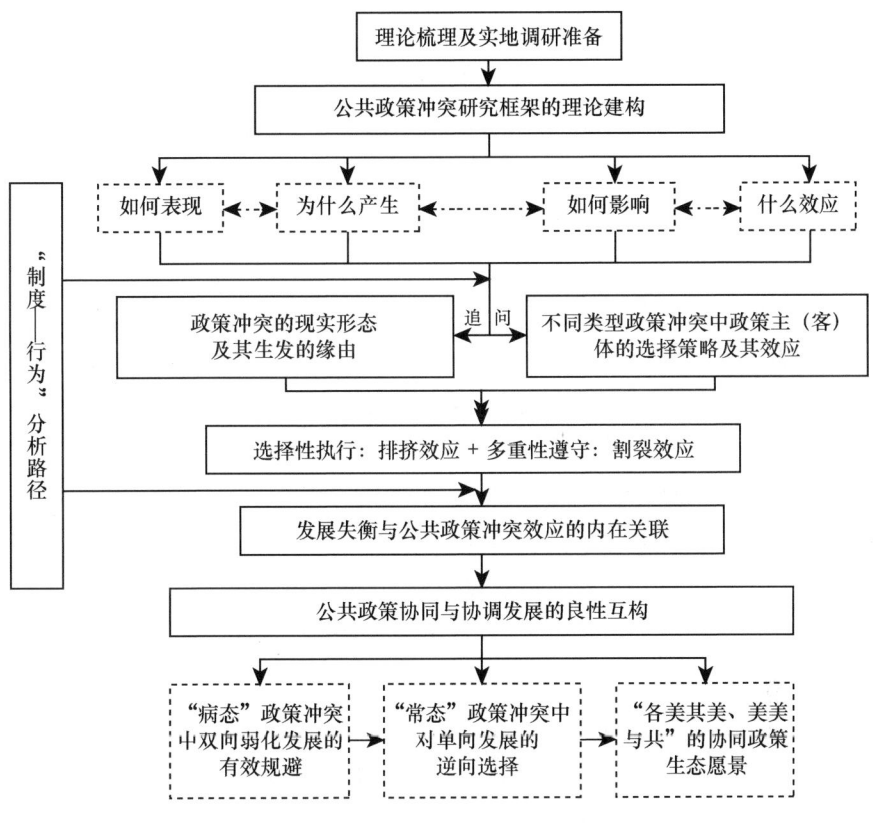

图1 课题研究的逻辑思路框架图示

（二）研究方法

第一，文献分析方法。在基于协调发展理念的公共政策冲突治理这一问题研究的过程中，充分运用文献分析方法，查阅了大量中英文文献，从新制度主义政治学、公共政策冲突、政府行为、公共政策执行等多维度来深度观察问题和分析文本，较好地把握了国内外学者关于相关问题的研究现状和趋势，并从中汲取了丰富的研究素材，找寻到合适的方法论支撑。

第二，案例分析方法。根据对政策冲突三种类型——"不同位阶政策冲突"、"同阶政策冲突"和"政策内部冲突"的划分，本书对面向政策主（客）体的政策冲突的典型案例进行了过程性解读，从权力因素、政治情势、政策特性等方面勾画出了政策选择的"全景图式"，深入剖析了公共政策冲突的现实表现、政治影响、内在逻辑和政策效应，建构起协调发展与公共政策冲突的内在关联。需要说明的是，在实际的案例素材收集中，由于政策冲突问题本身的敏感性和笔者本身所拥有的政府关系资源相对匮乏，难以就相关问题在政府内部进行实际的调研，所以，在案例选择时，本书从信息的可获得性考虑，尽量选择已有学者进行过解读或社会关注度较高、媒体已有细节性报道的案例来进行深度分析，并在可接触到的范围内辅以对相关政策问题的政策对象的多形式访谈，来印证案例信息的真实性，以保证案例研究的可行、可信。

第三，逻辑分析方法。本书借助新制度主义政治学的分析工具，以"制度—行为"的分析框架，剖析政策冲突对政策主客体行为自主性、合法性和有效性等的影响和作用，为政策冲突中政策主客体的行为选择做好规范性的理论铺垫，在此基础上，以实证性的案例逻辑推演分析政策主客体在公共政策冲突中的行为选择及其内在逻辑以及公共政策冲突效应与协调发展难题的内在关联，最终以提出良策促进公共政策协同与经济社会协调发展的良性互构。

三 研究的理论创新

第一，研究的视角新。本书从公共政策冲突的独特情境来观察和分析政策主（客）体的行为选择情况，提供了独特的研究视角。"不同位阶政策冲突"、"同阶政策冲突"和"政策内部冲突"确实为我们分析和验证政策主客体在外部权力因素作用、政治情势变化以及内部相对自主空间中的行为选择策略及其逻辑，提供了一个很好的观察路径，并在验证中实现了对自身存在客观性的理论辩护和研究论域的扩展，使政策冲突研究在规范性的抽象演绎中获得经验性的实践支撑，并从广义上推进了对政策冲突"常态性"和"普遍性"的认知，提高了政策冲突研究的应用性。

第二，研究内容的切入点新。对政策冲突与政策主客体行为的理论研究，无论其成熟度和关注度如何，学术界都已经展开。但政策主客体的政策选择行为与当下的社会协调发展难题之间是否存在关联,理论界还没有注意到。本书从公共政策选择效应与社会协调发展难题的内在关系切入研究,发现政策冲突中政策主体的"就近"选择、"权变"选择、"自利"选择以及政策客体的"被动型"回应、"趋利性"回应的政策选择策略所形成的排挤效应和割裂效应与社会协调发展难题有着某种内在关联,为探究发展失衡与公共政策冲突效应的内在逻辑提供了多样的思考维度。

第三,实现路径的立足点新。基于我国经济社会发展与资源环境约束的矛盾日益突出,协调发展任务艰巨的社会现实,提出具有针对性和可操作性的实现公共政策协同与经济社会协调发展良性互构的路线图和具体举措。从分类治理、逐级跃升的思路出发,在对"病态"政策冲突中双向弱化发展的有效规避、"常态"政策冲突中单向发展的逆向选择以及政策主客体对冲突的积极回应三个方面提出有益的参考方案。

第四,研究方法创新。本研究注重实证分析与规范分析相结合,通过对"制度—行为"分析框架的理论建构和对协调发展过程中政策冲突典型案例的过程性解读,指出协调发展与公共政策冲突的内在关联和"互构"举措,不同于过往研究中规范性和实证性、宏观与微观的脱节。

四 研究的重要意义

(一)本研究的理论意义

选题的理论意义体现在协调发展与政策冲突这两个研究范畴的理论重要性上,这两者都是很值得考究的。协调发展是当前理论研究的一个热点,相比而言,对政策冲突的研究则要显得"冷淡"一些。把两者结合起来进行理论探讨,在目前的学术界还没有先例。而这种结合研究所提供的独特视角,无论对协调发展难题治理研究的深化,还是对政策冲突论域的拓展,都起到了非常积极的促进作用。主要体现在对协调发展与公共政策冲突这两个研究范畴的有益补充,这种有益补充表现在以下三个方面:

第一,丰富协调发展内容的研究。通过对政策冲突及其效应的分析,为协调发展研究找到了具体、可靠的分析"抓手"——公共政策,为建构公共政策冲突效应和协调发展治理难题之间的内在关联作出了尝试，拓宽了协调发展的研究路径。

第二，对公共政策冲突研究论域的拓展和理论的深化。目前关于政策冲突的研究还集中于概念的澄清、某些具体政策冲突的演进分析以及一般意义上规范性分析框架的建构，缺乏链接宏观建构与微观剖析的实证分析。本书基于协调发展的研究视域，借以公共政策冲突的视角，通过对政策主客体在政策冲突中行为选择策略的实证分析，剖析了政策主客体的行为逻辑，进一步拓展政策冲突研究的论域，进一步证明政策冲突现象的独立性和客观性，建构起立足于实证分析的更具解释力的政策冲突类型划分和影响分析的解释框架，实现理论建构与实证阐释的有效对接。

第三，对政策冲突效应与协调发展难题内在关联的尝试性建构。对政策冲突与政策主客体行为的理论研究，无论其成熟度和关注度如何，都已经展开。但政策主客体的政策选择行为及其内在逻辑与当下的协调发展治理难题这二者间是否存在关联，理论界还没有注意到，尤其政策选择行为产生的效应是不是导致协调发展治理难题的核心要素，它如何对协调发展治理发生影响、产生作用，又怎么利用这种内在关联来实现公共政策的"自洽"以及社会的协调发展？或者如何实现公共政策协同与经济社会协调发展的良性互构？理论界还没有注意到，本书将尝试做这样一种探索性的研究。

（二）本研究的实践意义

第一，对当前经济协调发展治理难题的理论指导作用。我国当前经济社会、资源环境关系高度紧张，协调发展任务艰巨、意义重大。公共政策冲突直接关系到党和国家的方针政策在社会协调发展中的落实效果，是党和政府形象的直接体现，事关社会的稳定与发展。通过对政策主客体在政策冲突中行为选择策略的实证分析，归结政策主客体的行为选择逻辑，剖析当前公共政策冲突效应与经济社会协调发展的内在关联，主动回应国家经济社会发展面临的重大问题、回归公共政策自身协调和协调社会的本意，提出具有针对性和可操作性的实现公共政策协同与经济社会协调发展良性互构的路线图和具体举措，对社会协调发展治理难题具有重要的理论指导作用，为推动协调发展、不断地满足人民对美好生活的向往提供有益参考方案。

第二,对公共政策执行的积极意义。从本质上来看,公共政策不过是政府对社会利益所进行的选择、整合、分配、协调以及落实等。而当前我国正处于全面建成小康社会的决胜期,"经济体制深刻变革,社会结构深刻变动,利益格局深刻调整,思想观念深刻变化",需要解决的社会问题依然层出不穷、纷繁复杂。与此同时,公共政策间的竞争与冲突在政策实践中常态化、普遍化,制约了不同诉求的政策意图的达成,严重削弱了公共政策各自效果的实现。通过对公共政策冲突情景中政策主客体行为选择及其内在逻辑的研究,不仅有助于引起人们对公共政策冲突的关注,理性地认识这一问题的本质,同时,对政策主客体选择策略和逻辑的思考,还有助于科学地预期政府的政策执行偏好,为制定合理的公共政策、提高政策的执行度,发挥政策消解冲突、实现协调发展的重要功能提供理论基础。

第二节 相关研究理论评述

目前国内外学界对协调发展问题中公共政策冲突的直接研究还是空白。通过对前期相关研究成果的系统梳理,主要从协调发展理念与公共政策冲突研究两个方面展开,以助益于本书的研究和思考。

一 国内外对协调发展的研究

(一)协调发展理念

党的十八届五中全会明确规定了"十三五"时期经济社会发展的目标和举措,提出了"创新、协调、绿色、开放、共享"的发展理念。"五大发展"理念既是本次全会的亮点,也是"十三五"规划建议的主线和精华,集中地反映了我们党对我国经济社会发展规律的深刻认识与把握。其中,要实现全面建成小康社会的目标,核心要义在于协调,"协调发展"理念着眼于破解新时代我国发展不平衡的难题,推进经济社会的整体协调发展,一如习近平强调:"协调既是发展手段又是发展目标,同时还是评价发展的标准和尺度,是发展两点论和重点论的统一,是发展平衡和不平衡的统一，是发展短板和潜力的统一。"①

何为"协调发展"？首先，我们需要明确"协调"的内涵。在政治经济学领域内，"协调"是一个系统的概念，即在一个完整的系统内，某些相对独立但又存在某些性质共通的子系统，从相互影响、相互制约转向相互结合、相互转化，逐步达到均衡的状态，进而形成一个新的大系统。在管理学领域内，"协调"是指管理过程中各要素的优化配置，即采取综合管理的办法对组织机构中各种参与力量进行协调，来实现既定的管理计划和目标的过程。在系统科学领域内，"协调"是指系统内部或者系统之间众多组成要素的相互协调、相互磨合、相互作用，并在彼此关联、彼此互通的"辩证统一体"中实现个体价值、效用和功能最大化的既定过程。在马克思主义理论学科领域内，"协调"指的是政治、经济、文化、社会、生态等诸多因素综合作用的发展，包含着人与自然、人与社会、人与自身的协同共生发展。早在20世纪90年代，我国学术界就有学者对"协调"的内涵进行了论述和界定。其中，王维国从系统理论出发，提出"'协调'是系统整体稳定性和动态演进性的统一，是系统内互相关联的子系统之间以及构成整体的各元素之间通过相互配合与协作的方式进行系统的动态演进，而最终达成的一种良性的循环往复的态势"。② 王文锦依据区域发展理论，指出"协调"是区域经济运行的内在机理，是构成区域经济系统的各要素不断在数量、质量、时间、空间等各方面实现新的平衡的进程。③ 而后，杨宝军对"协调"的本质内涵进行了重新定义，认为"协作"在"协调"的组成部分中的分量不可小觑。④ 学者熊德平在先前学者的研究基础上，进一步指出了解"协调"的内在含义最应该从"唯物辩证法"的视角去展开研究论证，应尊重系统发展的客观规律，辅之以人的能动性，运用科学、高效的手段方法来达成系统有序发展的总体要求。⑤ 如此，我们便可以归纳出"协调"既是一个调适过程，也是一种优化状态，更是一个"唯物辩证"的概念。事物的发展通

---

① 习近平：《深入理解新发展理念》，《求是》2019年第19期。
② 王维国：《协调发展的理论与方法研究》，博士学位论文，东北财经大学，1988年。
③ 王文锦：《中国区域协调发展研究》，博士学位论文，中共中央党校，2001年。
④ 杨保军：《区域协调发展析论》，《城市规划》2004年第5期。
⑤ 熊德平：《农村金融与农村经济协调发展研究》，社会科学文献出版社2009年版，第18页。

常表现为一个度也就是界限，而如何调适优化，则要求我们要掌握适当的"度"，一旦超过了这个"度"就会呈现出一种失衡的状态。但是，通过协调手段与方式，可以从相互关联的部分、要素、整体、系统之间找到平衡点，推动整体与部分、系统与要素彼此之间相互配合、相互补充以实现既定的共同目标追求。

"协调"与"发展"是相辅相成的，明晰了"协调"之后，我们还应厘清"发展"的内涵。从马克思主义视角出发，发展就是一个新事物产生、发展、壮大并逐渐取代旧事物的运动过程，是一个螺旋式的上升或波浪式前进的过程。社会的发展是社会实践主体在参与社会实践活动中不断发挥主观能动性，推动涵盖经济、政治、文化、社会、生态等主要社会方面在整体上的前进上升运动。除此之外，社会发展中各个要素（包含物质层面与精神层面）也彼此关联互动，并在交互作用下构成一个统一的有机整体，在这一整体中，社会生活的基本要素不断累进、成长、革新，地区差异不断缩小，利益正向增长，社会形态也继续向理想状态不断推进、变更和完善。

综上所述，可以将"协调发展"概括为：在充分尊重社会发展客观规律的基础上，在主观能动性的发挥中，人能自为地、科学地整合、调适与社会全局发展不相适应的诸子系统或系统内诸要素间的差异与分歧，使彼此在整个母系统中能最大化地发挥出作用和效益，在整体上达成和谐一致，不断满足人、自然、社会彼此之间的优化发展与和谐共生。

那么，何为"协调发展理念"？"协调发展理念"立足于新时代的世情、国情、党情、民情，是在我们党社会发展新形势下对经济发展规律的深化把握，是"五大发展理念"有机组成部分，是中国共产党最新的理论成果，"协调发展理念"寓于"五大发展理念"之中，同时，"协调发展理念"又更侧重于在整体中找准和把握发展不平衡的支点与难点，追寻社会发展的可持续性。协调发展思想不仅是马克思主义理论的重要成果和一以贯之的指导思想，也是我们党非常关注的重要问题。中国共产党的协调发展理念不仅是对马克思主义协调发展观理论精髓的承继发展，也是对我们党一直以来在国家发展实践中产生并运用的协调发展思想的继承、延伸和拓展，更结合新时代新阶段赋予了其特殊的时代特色，体现了与时俱进的理论品质。

协调发展是马克思主义发展观的理论精华和核心要点。马克思主义认为，整个社会是在经济、政治、文化、社会、生态等诸多要素相互关联作用中发展演进而来的，在诸要素彼此作用的进程中必然会因存在、发展条件的不均衡诱发各种矛盾，如何解决这些矛盾继而实现诸要素全面而综合的协同进步，着实需要协调发展。可以说，协调生发于发展，而发展又依赖于协调。"生产方式、生产力在其中发展的那些关系并不是永恒的规律，而是同人们及其生产力发展的一定水平相适应的东西"。社会的协调发展是与生产力水平紧密联系的，人处于一个相互制约、错综复杂的社会"统一体"中，其生产力水平依赖于也受制于现实生活中诸多领域、诸多要素、诸多矛盾的交错联系以及相互转化，社会也正是在这一过程中得到发展。正如恩格斯所说："历史是这样创造的：最终的结果总是从许多单个的意志的相互冲突中产生出来的，而其中每一个意志又是由于许多特殊的生活条件才成为它所成为的那样。这样就有无数互相交错的力量，有无数个力的平行四边形，由此就产生出一个合力，即历史结果，而这个结果又可以看作一个作为整体的、不自觉地和不自主地起着作用的力量的产物。"他格外强调："整个伟大的发展过程是在相互作用的形式中进行的。"

列宁实施的新经济政策是其对协调发展思想重要的把握。列宁通过十月革命领导俄国人民建立起了世界上第一个社会主义国家，列宁也认识到实践的重要性，列宁将马克思主义协调发展理论付诸实践，并在实践中使其进一步丰富发展。建立初期的苏维埃俄国腹背受敌，饱受着国内外多种复杂势力的压迫和抵制，这一时期的俄国在内忧外患中艰难度日，经济形势每况愈下，整个国家都处于极度危险的境地。在这种窘迫的情势下，俄国被迫实行"战时共产主义"政策，虽然其在一定程度上起到了维稳的积极作用，却没有做好统筹全局。1921年俄国内战结束后，面对国家形势的转变，为了更好地统筹全局，加快向社会主义过渡的步伐，列宁适时提出了新经济政策。列宁立足于俄国落后的发展情势，将马克思主义协调发展思想理论应用于实践，并用于指导建设社会主义。在产业发展的协调方面，列宁首先强调要通过提高劳动生产率建立强大的物质基础，进而发展现代大工业。在阶级协调方面，列宁强调要消除贫困以及阶级差别。要兼顾农民的利益，降低原有的粮食征收制度；也要照顾私有者的利益，鼓励并帮助其发展私人小工业，通过经济上的结合争取政治上的稳固支持，促进经济发展与政治发展相统筹。在制度协调方面，列宁也鼓励在某些经济方面采取与资本主义合作。以上就是列宁关于协调发展理念的延伸和发展。

在马克思主义中国化的进程中，马克思主义协调发展理论得到进一步的丰富、发展和完善。随着中国进入社会主义初级阶段，为了更好地推进社会主义现代化建设，毛泽东于1956年在中央政治局扩大会议和最高国务会议上对协调发展理念作了详细而系统的阐释，并形成了《论十大关系》这一重要文献，在这一文献中，毛泽东指出了协调发展的路径选择以及目标要求，全面而具体地把握住了党内外经济生活、政治生活和思想文化生活的协调运行规律，强调要充分调动党内外一切可以调动的积极因素，统筹好所有可以统筹的项目工作，团结好国内外全部可以团结的力量，不断促进社会主义现代化的发展。1957年毛泽东作出《关于正确处理人民内部矛盾的问题》的报告，毛泽东提出当前人民内部矛盾已经上升为国内的主要矛盾，为此，他提出了一系列例如"团结—批评—团结""百花齐放、百家争鸣""长期共存、互相监督"等具体的方针和原则，努力协调好人民内部矛盾。面对人民内部矛盾和各阶级的利益分歧，毛泽东鲜明地指出了"民主""协调"的方法，也是中国共产党协调思想的初步探索成果。

党的十一届三中全会召开，邓小平继承和发展了马克思主义协调发展理论和毛泽东关于协调发展初步探索的理论成果，突破了阶级斗争的局限，强调经济建设的重要性，提出"以经济建设为中心，坚持四项基本原则、坚持改革开放"社会主义初级阶段党的基本路线，以解决我国当时社会建设面临的问题。为了满足人民群众日益增长的物质需求，邓小平指出必须不断发展生产力，提升生产力的发展水平，并作出"发展才是硬道理"的重要论述。改革开放时期，"综合平衡"成为邓小平协调发展观的一个重要标志，在这一观点的指导下，"共同富裕"应运而生。

十三届四中全会以后，江泽民总书记将社会主义现代化建设的关系高度凝练成"三个代表"，深刻谋划了社会协调发展的蓝图。并且提出了"文明"也需要协调发展，这也是我们党关于协调发展观的一大特色。为此，我国实现了政治、经济、文化发展的全面协同。而后，胡锦涛总书记又在前几位领导人关于协调发展思想的基础上，增添了"社会"协同，形成了"四位一体"的协同发展。同时，他也强调了要正确对待自然，实现人与自然的和谐。在深化理解中国社会发展规律的基础上，总结形成了以人为本，全面协调可持续的科学发展观，并指导着中国社会发展的全过程。

党的十八大以来，习近平牢牢掌握了新时期我国的时情、国情和世情，进行了关于协调发展理念实践的一系列探索。在国内，他强调"四个全面"战略布局、"五位一体"总体布局，统筹推进国家发展布局，推动京津冀一体化、长江经济带建设以及粤港澳大湾区建设，同时推进西部大开发、中部崛起和东北老工业基地振兴。在国际上，他开创性地提出要推进"一带一路"建设，建立人类命运共同体，积极推动共商共建共享的全球治理，努力实现协调发展、共同繁荣。

"十三五"规划则明确指出了协调发展理念，其重要性不言而喻。这也是针对我国所面临的现实情况所必须要遵循的发展理念，如何补弱增强，全面、协调、平衡地谋求发展，如何推动社会主义事业永续进步，协调发展理念正是题中之义，它指引着我们更好地进行各项社会实践。习近平又强调，"统筹兼顾是中国共产党的一个科学方法论。它的哲学内涵就是马克思主义辩证法"，也就是说社会的发展必然需要顾全大局，兼顾社会主义建设各方的利益，协调各方彼此间的关系，在全局中推动发展的协同。

现有研究对当前语境的协调发展解读较多，但少有对协调发展观念史的系统梳理。"协调发展理念"在观念史上首先以"哲学"形式出现，我国古代的"天人合一"思想，西方的"以人为本"哲学逻辑，都蕴含着朴素的协调发展理念。其后，协调发展成为经济系统内部服务于经济增长的手段，意指"平衡"和"均衡"（魁奈，1758）。协调发展理念作为人类对传统发展模式反思的产物出现，是其具有现代意义的开端。1972年《增长的极限》的发表是一个标志。1987年联合国世界环境与发展委员会对"可持续发展"所作出的定义，则标志着协调发展理念被普遍接受（伊恩·莫发特，2001），其核心是人口、社会、经济、科技、环境和资源的相互协调。协调既是发展的手段，又是发展的目标，还是评价发展的标准和尺度。

综上所述，协调发展就是以正确认识矛盾为前提，科学有效地协调区域、城乡、物质与精神、经济社会与自然生态等关系和不均衡因素，实现良性有序发展的一种理念和模式。

（二）国外对协调发展理念的研究

国外学者与中国学者的研究切入点不同，他们在生态、经济发展、区域产业等领域的协调研究见长。1972年，德内拉·梅多斯在《增长的极限》报告中，明确指出了抑制经济增长的要素均与人的各项生存与发展活动有关，并强调了"协调"与"控制"对于人口和经济增长的重要性。1990年，理查德·诺加德提出了关于生态经济协同进化的机制，他用"反馈环"形象地表达了社会与生态之间的交互沟通作用，并以"反馈环"为基础可以促进两个系统的共通发展。他还指出，实现经济长期增长、持续增长必然离不开新兴工业和各项经济活动的助力，但经济活动又会不断地产生资源环境问题，但是新的资源环境问题的出现又会反过来推动科学技术的进步，进而推动经济社会的发展。西伯尔和奥普肖尔从环境承载力的角度分析了经济活动实际上对生态环境系统造成了严重的破坏，打破了其原有的协调性，进而阻碍了经济的持续增长。梅尔多、休廷、皮尔斯等学者在找寻经济增长与社会福利间的平衡点，他们认为经济的增长不一定会带来丰厚的社会福利，他们从中引入了环境使用的变量，当环境使用超出其所能负荷的能力时，会产生环境污染、恶化这些负外部性影响，而这恰恰会引起福利的短缺乃至丧失，因此亟须实现协调。关于"均衡""平衡"的经济发展理论，我们可以在西方经济学那些经典的理论诸如"增长极"、倒"U"形等理论中受到启发，经济活动刚处于萌芽或者起步阶段的国家或地区，可以通过与高端产业、技术产业和高经济效益的主导产业联动互通，并通过中心地区的经济增长扩散至周边区域并带动周边其他欠发达区域经济实现共同发展。关于协调发展理论，西方学者的部分看法在某些层面上与我国的发展目标存在契合点，对于课题的研究有借鉴意义。

（三）国内对协调发展理念的研究

马克思、恩格斯从"社会的整体发展、社会经济发展、人与自然关系"三个层面对协调发展理论进行了阐述，建构了基本分析框架。毛泽东（1956）分析了农轻重、沿海工业和内地工业等方面的关系，指出处理矛盾关系的基本方法就是"统筹兼顾、统一协调"。邓小平（1986、1988）先后提出，必须物质文明和精神文明"两手抓、两手都要硬"；"两个大局"；公平与效率的协调等。江泽民（1995）概括了我国现代化发展的十二大关系，提出要"做到相互协调、相互促进"。党的十六届三中全会提出的"统筹发展"（胡锦涛，2003），是对系统的协调发展思想的中国化表述。尤其是十八届五中全会提出"五大发展理念"（习近平，2015）以来，"协调发展"更成为讨论的热词，重点指向区域、城乡、物质文明和精神文明、经济建设和国防建设、经济社会与自然生态。

自协调发展理念提出以后，国内诸多学者都对其进行了深入的研究、解读和论述。周加来指出，由于我国不同区域所具有的特有差异，会使得区位优势的作用更加明显，加之政策的指向，会不断拉大我国区域间的经济差异。[1] 马龙龙指出了城乡之间所固有的差异是影响"城乡一体化"进程的阻碍来源，而要实现区域经济的协调发展，则必须尽力消除导致城乡之间产生基本功能、产业分工和收入差距过大的深度二元结构。覃成林认为，区域经济持续协调发展有赖于各不同区域间所进行的经济交往、联动互通行为。程恩富提出，面对我国发展过程中存在的不平衡、不充分问题，协调发展理念对其作出了正面回应，需进一步协调经济与社会发展各层面的关系来实现健康可持续发展。[2] 辛鸣提出，推动协调发展可以补齐短板，将资源投入之前没做好或者做得少的地方，强化发展中较弱的部分，进一步拓展了发展的空间，同时通过协调发展又可以增加新的发展动力。[3] 刘守英认为，针对当代中国所处的发展阶段，必须格外重视"城乡协调"，走城乡融合发展道路。[4] 王一鸣认为，应鼓励各个区域发挥创造性和能动性并积极探索出符合本地区发展的特色模式来提高收入水平和改善生活质量，以此方式缩小

---

[1] 周加来、李刚：《区域经济发展差距：新经济地理、要素流动与经济政策》，《经济理论与经济管理》2008年第9期。

[2] 程恩富：《"协调发展"是中国特色的新理念》，《理论导报》2017年第5期。

[3] 辛鸣：《实现城乡协调发展的宣言书——2006年中央1号文件解读》，《当代贵州》2006年第6期。

[4] 刘守英、王一鸽：《从乡土中国到城乡中国——中国转型的乡村变迁视角》，《管理世界》2018年第10期。

差距。①

二 国内外对公共政策冲突的研究

（一）国外对公共政策冲突的研究

关于公共政策的研究起点，国外学者，尤其是西方学者对这一问题的研究时间比我国要早得多、长得多，无论纵向与横向研究，还是深度与广度研究都远超中国，取得了较为丰硕的研究成果。但尽管如此，我们不难发现国外学者关于政策冲突的研究仍然不尽完善，正如有国外学者曾指出，"关于政策冲突的研究也是最近才开始的研究领域"②。就目前现有的关于公共政策冲突的研究维度来看，国外大部分学者主要从以下几个方面进行分析与阐释："第一种是以利益冲突为切入点，对具体公共政策间的冲突展开研究；第二种是针对不同具体政策间的冲突展开研究；第三种是对公共政策冲突的一般性原理展开研究。"③

比较有代表性的有约翰·拜恩尼（John Bymea）、克里斯汀·休斯（Kristen Hughes）、威尔逊·瑞科尔森（Wilson Rickerson）和拉多（Lado Kurdge lashviliz）在《美国温室气体控制的政策冲突》一文中，分析了美国联邦政府、州、地区和社区关于绿色能源和气候变化政策中的差异，并对地方政府和民众的政策行动如何影响和改变国家政府在气候变化问题上的作为进行了详细阐释。④ 法尔克·戴维特（Falk Davite）从政策冲突的功能分析入手，探讨了政策冲突如何在欧洲的生物技术政策议程中发挥重塑作用。⑤

而且，由于国外政策制定的特殊性，国外学者对政策冲突的研究主要集中于政策制定过程中的冲突分析，与我们更注重政策执行和政策文本的冲突有很大不同。代表性的有弗兰克·鲍姆加特纳（Frank R. Baum-

---

① 王一鸣：《实施区域协调发展战略》，《经济日报》2017年11月16日第10版。

② 吴锡泓、金荣枰：《政策学的主要理论》，复旦大学出版社2005年版，第86页。

③ 袁明旭：《官僚制视野下当代中国公共政策冲突研究》，博士学位论文，吉林大学，2008年。

④ John Bymea, Kristen Hughes, Wilson Rickerson, Lado Kurdgelashvili, American Policy Conflict in the Greenhouse: Divergent Trends in Federal, Regional, State, and Local Green Energy and Climate Change Policy, *Energy Policy*, No. 35, 2007, pp. 4555 – 4573.

⑤ Falk Daviter, Schattschneider in Brussels: How Policy Conflict Reshaped the Biotechnology Agenda in the European Union, *West European Politics*, No. 6, 2009, pp. 1118 – 1139.

gartner)、杰夫瑞·贝里（Jeffrey M. Berry）、戴维·金博尔（David C. Kimball）、贝思·利奇（Beth L. Leech）、玛丽·赫尼克（Marie Hojnacki）在2006年联合进行的一项调查研究，他们调查了315位政府官员对98个在克林顿和布什时期的随机政策议题的意见，得出了他们关于政策冲突的结构。① 卡尔·格拉夫顿（Carl Grafton）和安妮·普尔马罗夫（Anne Permaloff）从政治意识形态冲突角度，分析了保守主义和自由主义的纷争，将会带来高质量的公共政策。② 马克斯·斯蒂芬森（Max O. Stephenson）和杰拉尔德·鲍伯斯（Gerald M. Pops）在《冲突的解决途径和政策过程》一文中，提出了他们关于理解和解决政策过程中出现冲突的框架，其关注点也是政策制定中多种利益团体之间的博弈和冲突。③

在对政策文本冲突的研究中，可以把现有研究归纳为冲突产生原因和冲突化解对策两个方面。关于政策冲突产生的原因，美国学者斯通（Deborah A. Stone）在《政策矛盾与政治情理》一书中认为，"政策本来就是从政治情理中形成的，而政治情理即特定的政治情境本身就是充满着矛盾冲突的，在这种情境中所形成的公共政策其本身就内在地包含着矛盾。但人们认为政策是基于客观的合理性而形成的，这样就不可避免地产生了政策矛盾。为此，人们不应该根据合理性理论，而应该根据政治情理来理解政策，来理解政策冲突"。④ 斯通"政治情境"理念的提出，对本文理解政策冲突的常态性和通过设置政策冲突这一政策选择的独特情境，具有重要的启示意义。

在《政府体制中的政策冲突和消除》一书中，坎贝尔从对日本官僚制的深入考察入手，分析了一般发生政策冲突的原因和冲突的结构以及在政府内消除冲突的过程，这对研究中国等东方官僚制国家的政策冲突问题具有较强的参考价值。坎贝尔研究的重点是政府官僚制的内部设计

---

① Frank R. Baumgartner, Jeffrey M. Berry, David C. Kimbalh Beth L. Leech Marie Hojnacki, The Structure of Policy Conflict, *The Annual Meetings of the Midwest Political Science Association*, 2006, pp. 20 – 23.

② Carl Grafton, Anne Permalof F., Liberal-conservative Conflict and Consensus in Policy Making, *The Social Science Journal*, No. 45, 2008, pp. 580 – 593.

③ Max O. Stephenson, Gerald M. Pops, Conflict Resolution Methods and the Policy Process, *Public Administration Review*, No. 5, 1989, pp. 463 – 473.

④ 吴锡泓、金荣枰：《政策学的主要理论》，复旦大学出版社2005年版，第48—49页。

和执行政策的过程中所发生的政策冲突问题。他认为，政策冲突既有因为没有正确处理好利益关系上的隔绝或者组织间的疏远而产生的，即与结构相联系而产生的一面，也有因为没有处理好冲突问题而引发冲突的一面。在同结构相关的政策冲突的原因中，有正式组织的分裂，如部门、局、科等的正式组织单位会成为政策冲突的制度性障碍；在表达利益上所产生的隔阂；非正式的派别；等级制上的断裂等主要因素。关于政策冲突的缓和对策，坎贝尔认为首先要考虑文化因素，因为其社会的文化对包括政策冲突在内的整个冲突采取什么态度，对理解政策冲突问题的解决具有重要意义，有些文化尽量回避冲突，而有些文化则对冲突比较宽容。日本和美国即是很好的例证，对日本这种回避冲突的国家，首先要考虑以合理的方法，即纯粹合意模型（The Pure Consensus Model），坦率地交换关于差异和优劣点的意见，并积极反映对方的主张，从而在早期解决冲突。如果缺乏关于政策目的的共同价值观并在利益关系上存在根本对立，那就只好采取变通的方法来达到合意，即"人为的合意模型"（Contrived Consensus Model），有意造成为达到合意所必要的条件，从而维持协商关系的方式。如果这一方法也不见效，可以考虑在官僚制内部从上而下的调整。这意味着上级或高层的干预，也就是上级机关起着中介者的作用。最后，如果上述方法都不起作用，那么就可以采取防患政策冲突于未然的方法，也可以采取有意识地不顾政策冲突或延迟探索解决冲突方法的方案。在如何容忍和回避冲突的问题上，坎贝尔也提出了具体的策略：第一，容忍某种程度的重复或混乱；第二，动员政府所拥有的剩余资源并满足相互竞争的所有政策之需要；第三，否定性调整；第四，可以采取把政策的目的、对象、内容、影响关系等故意搞得非常模糊的方法；第五，把组织和业务及人事制度设计得各部门之间不能有任何重复；第六，如果产生重复或冲突，就组成由特殊的上下级有关当事人为成员的小组，并由上级领导果断地采纳这种小组提出的政策建议。[1]

  出于有限理性的考虑，大多数西方学者都认为政策冲突与社会其他方面的冲突一样，是不可能彻底加以解决的，只能减缓、治理而无法完

---

[1]　吴锡泓、金荣枰：《政策学的主要理论》，复旦大学出版社2005年版，第80—86页。

全消除。"人们谈论'消解'（政策）冲突，但更合适的用语是'治理'冲突，因为冲突不可能被完全消除。"①

大多数学者都认为政策冲突是零和博弈，一方受益，另一方必然受损，"在这种斗争中，对立双方的目的是要破坏以至伤害对方"。②但实际上，政策冲突的成功解决不能由对立集团中的一个集团单方面的积极努力就可以形成，而是这些集团能够制订出有利于共同利益的方案并得到认同，即通过协作才可以形成。从现实看，在福利政策、税收政策、环境政策等政策上的冲突都可以通过协作解决，而不能协作解决的只有像堕胎或死刑等少数政策议题。在对政策研究的"零和游戏"倾向批判的基础上，美国学者夸克（Paul J Quirk）在"协作解决政策冲突"一文中独辟蹊径从非零和游戏视角提出协作解决政策冲突的分析框架。③ 夸克为构筑协作解决政策冲突的理论基础，主要做了三项工作：第一，弄清协作解决在政策冲突状况下的意义；第二，利用游戏理论分析冲突当事者的行为；第三，推导出为协助解决政策冲突的一般条件。在对政策冲突状况下的协作问题进行研究时，夸克提出了在政策冲突状况下的协作解决是指调整相互冲突的当事者之间的利益关系，并达成共识，从而求得其共同利益的行为。为了能够达到在政策冲突状况下的协作解决，应该满足谢林（Schelling）所设定的两个前提条件：其一，冲突当事者应该是相互依赖的；其二，他们应该处在"非零和游戏"（nonzero-sum game）状态下。前者意味着当事者们独立地或作为联合的一员影响政策，而后这意味着他们具有互补性的同时还要具有相互冲突的利益关系。

在对政策冲突的理论分析中，夸克设计了非零和游戏的模型，他认为这一游戏的行为者一般选择冲突战略（Defeat，表示为D）和协作战略（Cooperation，表示为C）中的一种，而把各行为者的战略组合起来就出现不同的结果。而决定行为者战略选择的因素则是通过战略选择而可以得到报偿的大小。而且，夸克认为在政策冲突的情况下，由于公务员负

---

① ［美］理查德·D.宾厄姆等：《美国地方政府的管理：实践中的公共行政》，九州译，北京大学出版社1997年版，第145页。
② ［美］科塞：《社会冲突的功能》，孙立平译，华夏出版社1989年版，第1页。
③ 吴锡泓、金荣枰：《政策学的主要理论》，复旦大学出版社2005年版，第173—179页。

责协调，因而信息和交换费用会降低很多，而无票乘车的问题则可以通过法律手段得到解决，所以集团的数量对其结果不会发生很大影响。为了提升研究的客观分析性和普遍适用性，夸克将政策问题的内容、冲突的结构、领导、政党政治、政治制度这五种变量进行了具化研究。有关政策冲突状况的结构特征，夸克谈到三个方面：首先，是冲突当事者的力量平衡。在两个集团相互冲突的情况下，如果其当事者之间的力量越平衡，那么达到协作性结果的可能性就越大。而在多个集团冲突的情况下，多种形态的联合就有可能，所以不存在使协作解决成为可能的特定形态的力量平衡。在这种情况下的协作可能性，很可能取决于因实施政策而产生的利益分配形态。其次，是有关政策冲突行为者的集团性质。在政策冲突的行为集团具有参与性质的情况下，会出现两个极端的情况，即要么很容易得到协作性结果，要么协作可能性很低。最后，是政策冲突的主要原因是什么的问题。如果冲突的主要原因是理念上的区别，那么很难期望协作解决。因为在理念对立的情况下，行为者由于各自的象征性而往往更倾向于选择冲突战略。

另一个值得注意的是夸克关于政党特征的阐释，他认为政党政治将在两个方面影响协作解决政策冲突，即政党遵守纪律的程度和政党的控制类型。一方面，如果政党遵守纪律，那么政党的组成人员遵循其领导班子的路线，这有助于协作解决政策冲突；另一方面，在唯一的政党控制议会和政府的情况下，协作解决政策冲突就会更容易。至于国家政治制度对协作解决政策冲突的影响，表现为两个方面：一方面政治制度影响政策变化所需要的支持范围。在政策变化需要广泛支持的合意制体制下，即使选择政策冲突也不能得到大的利益，所以倾向于协作解决；另一方面是决策的复杂性和政策的公开性程度。在简单而又封闭的决策过程中，协作解决政策冲突就更加容易。因为简单而封闭的过程能降低成本并容易得到同意，所以这种体制下的领导也可以避开选民的压力而可以抽空考虑让步。也就是说对协作最为有利的制度就是既基于合意制，同时又具有简单而封闭的决策过程的制度。

尽管夸克根据美国的实际情况来揭示化解政策冲突的协作路径，但是单就其分析研究的框架而言，尤其是博弈中的战略选择和协作化解冲突的制度和政治条件分析对包括中国在内的其他国家的政策问题也仍然具有相当的解释力。总体而言,囿于国情体制的差异、研究重心的不同,国外学界对公共政策冲突的研究对本书的具体内容性启示有限,但从注重实证分析、进行开放性的理论建构等方法论层面带给本书很多的思考和帮助。

(二) 国内对公共政策冲突的研究

对政策冲突问题的研究,国内的学者刚刚起步,还停留在厘清概念和建构理论分析框架阶段。正如桑玉成教授所言"公共政策冲突问题是一个非常重要而又比较难以把握却极具现实意义的题目。目前,法学、社会学、政治学、公共管理学对这个问题的学术研究都还比较薄弱"[1]。

与国外学者不同,国内学者对政策的关注主要集中于政策结果,即注重分析政策文本。国内学者的代表性观点有,胡象明将"文件打架"看作公共政策冲突[2]。冯庆认为,政策冲突就是"在政策体制中的政令相互矛盾"[3]。至于公共政策冲突的根源,大多数学者认为是利益的冲突使然,公共政策冲突不过是"利益主体不同利益需求之间矛盾的一种外在表现形式"[4]。

也有学者从政策制定和执行过程中价值冲突的角度来解读政策冲突。具有代表性的有,杜宝贵教授等学者对公共政策中的价值冲突展开分析,涉及对象选择、时空、职业伦理等方面,并探讨了公共政策中价值冲突的客观根源和价值观根源。[5] 方琳从宏观上指出了我国公共政策的整体价值取向从政治理想主义转向现实的功利主义,这造成了道德价值与现实利益的冲突,以及功利主义无法平衡大多数人的利益和少数人牺牲的固有缺陷。[6] 这些探讨对于丰富对政策冲突的认识,无疑具有重要意义。

此外,袁明旭博士建构了官僚制视域下当代中国公共政策冲突的分析模式,有一定的创新性,他提出"公共政策冲突是指在政策网络系统

---

[1] 王仰文:《中国公共政策冲突实证研究》,中国社会科学出版社2011年版,第2页。
[2] 胡象明:《"文件打架"的原因及对策》,《中国行政管理》1995年第9期。
[3] 冯庆等:《政策冲突及其成因与应对策略》,《科技进步与对策》2003年第1期。
[4] 袁明旭:《官僚制视野下当代中国公共政策冲突研究》,博士学位论文,吉林大学,2008年。
[5] 杜宝贵、张满胜、于彩虹:《公共政策选择中价值冲突根源探析》,《东北大学学报》(社会科学版) 2003年第6期。
[6] 方琳:《试论现代公共政策的价值冲突》,《中国行政管理》1998年第12期。

之中由各级政府部门所制定的公共政策之间的相互矛盾、相互抵触、相互对立的一种表面化的态势和现象"①。并且根据公共政策的层次特性，可以把公共政策冲突分为两个层面，其一是宏观层面不同类型公共政策的冲突，其二是微观层面公共政策不同要素的矛盾和抵触。具体而言，根据公共政策的层次特性，公共政策可分为元政策、基本政策、具体政策；根据公共政策制定主体来划分，可分为中央政府政策、部门政策、地方政府政策等。根据公共政策所作用的领域来划分，可分为政治政策、经济政策、社会政策、文化政策、生态环境政策等。从宏观层面上看，公共政策冲突主要就表现为这些不同类型的政策之间的冲突。同时，公共政策是由一定的要素所构成的系统，公共政策要素就是指构成公共政策的必要成分和因素。一般来说，公共政策的基本要素包括政策主体、政策客体、政策价值取向、政策目标、政策内容、政策形式和政策工具等。从微观层面上看，公共政策冲突就表现为这些不同要素之间的矛盾、抵触、对立。②

在袁明旭的博士论文中，他进一步从官僚组织、个体官僚和官僚的运行机制三个方面具体阐释了其和公共政策冲突的内在关联。他认为，官僚组织的自利性、官僚组织的非理性化设置会引发政策冲突。比如政府间利益冲突会引发政策冲突、政府部门之间为了争夺权力也会导致政策冲突。而官僚的自利性、有限理性、偏见和"人格化"也会带来公共政策的冲突。此外，官僚制的运行机制诸如权力机制、决策机制、沟通机制等方面也与公共政策冲突关系紧密。③

袁明旭博士对公共政策冲突的研究极具创新意义。但遗憾的是，首先，该研究是在"文件打架"的狭义理解上使用公共政策冲突的概念，没有进一步深入解析政策冲突的广义普遍性存在，从而凸显政策冲突研究对政府治理的深层意蕴。其次，在对政策冲突进行分析过程中，讨论范围常常脱离了自身对政策冲突的定义，究其根源在于对政策冲突理解

---

① 袁明旭：《公共政策冲突：内涵、表现及其效应分析》，《云南行政学院学报》2009年第1期。

② 袁明旭：《公共政策冲突：内涵、表现及其效应分析》，《云南行政学院学报》2009年第1期。

③ 袁明旭：《官僚制视野下当代中国公共政策冲突研究》，博士学位论文，吉林大学，2008年。

的差异所致。再次，建构的解释框架缺乏实证基础，论证还不够充分、翔实。最后，导致研究的解释力打了很大"折扣"。

另一项值得重点介绍的研究，是王仰文博士从城市管理行政执法角度对公共政策冲突的实证研究。他选取了城市管理行政执法领域这一我国公共政策冲突较为密集的代表领域进行了分析。仅以占道经营摆摊为例，市容环境卫生条例、生活消费品生产资料市场管理条例、城市道路管理条例，还有园林绿化条例、河湖保护管理条例都有涉及，且处罚措施和额度都有差异。通过对山东聊城、山东青岛和上海三地城市管理行政执法领域公共政策冲突的样本分析，他提出了城市管理行政执法领域公共政策冲突的客观、主观和制度成因模式。在客观上，人类自身理性认识难以克服的局限、公共政策语言表达的多义和模糊性以及公共政策生长区域经济环境的影响，使得公共政策冲突在城市管理行政执法领域得以发生；从主观上，公共政策价值取向的判断与选择、公共政策制定技术的应用与侧重、城市管理行政执法人员素质问题导致了公共政策冲突在行政执法过程中的产生。在制度方面，政策稳定与制度变迁的对立矛盾、城市管理双重体制的交错摩擦、政策决策机制、内容执行等政出多门的实践难题等成为公共政策冲突的主要诱因。为了实现对冲突的治理，王仰文主张从基本理论建构和理论框架设计以及制度回应上着手。

王仰文博士的探讨，确为政策冲突的实证研究作出了"表率"。对实证研究视角的选取也可谓独具匠心，具有相当的典型意义。但正如王仰文博士的合作导师桑玉成教授在书中坦承的那样，"由于专业的跨度和知识背景的差异，该研究对政策冲突的认识还有待进一步深入。突出的表现是对政策冲突原因的分析缺乏理论深度，多数还停留在对实务工作进行总结的层面"。

三 国内外协调发展与公共政策冲突关系的研究

通过政府的政策干预实现协调发展，是协调发展研究的"内隐共识"。这可从学界对协调发展障碍的归因分析以及实现协调发展的对策建议（王绍光、胡鞍钢，1999；周民良，2000；杨刚强等，2012；刘琦等，2014）中普遍感受到，甚至有学者明确提出了区域协调发展的"循环累积因果理论"（G. Myrdal，1957），指出政府政策的作用不能忽略。但问题是，这种内隐共识往往忽略了政府政策自身的协调性问题，即政策冲突问题。因为既然协调发展是重要的、政策干预对于实现协调发展又是重要和有效的，为什么现实的发展却是不协调的？原因在于我们实施的政策本身是冲突的。

历时性上，这种冲突体现为政策重心的调整。比如区域发展政策从"均衡区域发展战略"到"非均衡区域发展战略"，又到"适度非均衡区域发展战略"，再到以注重公平为重点的"均衡区域发展战略"的演变（王玉珍，2009）。在共时性上，冲突就直接表现为不同政策的竞争博弈。有学者通过对西部大开发政策出台过程和文化政策变迁轨迹的分析，以国家意愿、能力与发展政策选择为视角，详细解读了中央政府在发展东部与开发西部、物质文明与精神文明之间的政策抉择（张杰，2001；肖曾艳等，2012）。但这些关于协调发展与政策冲突的关联研究，还处于无意识的自发阶段，对政策冲突的独立性和常态性缺乏足够的认识。

可以看出，目前对于协调发展理念和公共政策冲突都有一定的研究，但基于协调发展理念视角的公共政策冲突研究还比较少。

第三节　新制度主义"制度—行为"分析框架的适用性

彼得斯曾指出，"没有任何一种理论能够完美解释所有的政治行动（事件）"，兼收并蓄地使用各种制度分析方法将比严格坚守单一方法可能使政治学研究得到更多好处。[①] 从这个意义上讲，本书宽泛地用"制度—行为"分析框架来概括新制度主义政治学的理论精髓，并借用它来分析政策主（客）体面对政策冲突时会如何应对及其内在逻辑和这种应对所产生的效应，并借鉴它来探讨实现公共政策冲突协同与经济社会协调发展良性互构的可能路径。当然，在应用这一理论工具来分析我国的制度

---

① B. Guy Peters, *Institutional Theory in Political Science: the New Institutionalism*, New York: The Continuum International Publishing Group, 2012, p. 2.

建设现实问题之前，我们需要考问它是否适用：与本书问题的契合度、对我国政治制度建设现实的积极回应等，并追问它到底带给本书哪些重要的理论启示与指导。

一 新制度主义政治学的理论谱系和主要观点

新制度主义政治学并非一个统一的理论流派，而是一个包括众多具体种类的理论族群。在这个理论族群中，虽然有些制度理论流派更能与学科中占主流地位的个人主义理论共存，也常常宣称自己的地位至高无上，但这些制度分析方法都具有不可替代的独特价值，更应该被看作互补的，而不是互相替代或冲突。认真梳理这个族群中的不同理论流派，甄别他们之间的理论分歧、探求差异之上的理论共识，并运用全面而细致的新制度主义政治学理论去推动各流派间的整合，促进各流派间的交流，为新制度主义的应用研究提供明确的理论支撑和智识启示，就成为新制度主义政治学研究的当务之急。

（一）新制度主义政治学的理论派别划分

随着新制度主义在政治学研究中的兴起，其研究领域和分析途径不断拓展，研究阵营不断壮大。但是，研究的勃兴并没有相应带来理论、方法和观点的内聚与统一，反而因议题分散"可能造成无法聚焦的后果，以致虽有陈述，却不易分析；数量增加，却难有累计增长。虽然学术探索领域开拓了，却可能蔓延而难以阐释其义"[1]，正是囿于这些议题分散的情况，有一些学者开始尝试细致地划分新制度主义流派，目前的学术界主要有如下五种对新制度主义理论流派的划分观点。

第一种，二分法。其典型代表有美国学者凯瑟琳·西伦（Kathleen Thelen）、克拉克（Clark William Roberts）和我国学者何俊志。凯瑟琳·西伦（Kathleen Thelen）和斯坦默（Sven Steinmo）在阐释历史制度主义的分析路径时指出，在政治学中已经出现了基于不同理论预设的两种新制度主义，即理性选择制度主义和历史制度主义。在理性选择制度主义看来，制度是作为策略产生的背景特征而显示出重要性的，其作用在于对自利性的行动者构成某种约束，但行动者的偏好是外生的；历史制度主

---

[1] 许倬云：《北美中国学——研究概述与文献资源》，中华书局2010年版，第5—6页。

义则认为，行动者不是知道所有信息的理性最大化者，其偏好是内生的，制度不但为政治行动者界定策略并追求自身利益提供背景，而且影响甚至决定着行动者偏好的形成。① 克拉克从方法论出发也把新制度主义分为两个流派，即以行动者为中心的新制度主义和以结构为基础的新制度主义。以行动者为中心的分析路径是从行动者本体论出发，视制度结构为目标导向的个体行动者所创造的成果；以结构为基础的分析路径是从结构本体论出发，主要强调行动者是如何受制度性结构的限制。② 这两种划分的理论表述迥异，却有着紧密的内在关联。理性选择制度主义与以行动者为中心的新制度主义以及历史制度主义与以结构为基础的新制度主义对行动者偏好形成和制度作用的理论预设，是高度类似的。而针对现有的研究文献成果分布，何俊志也对流派划分及走向进行了观点归纳，进一步得出"以行动者为中心的新制度主义大多采用的是演绎性的和形式化的分析路径，主要研究与经济活动相关的制度；以结构为基础的新制度主义主要采用的是历史社会学或传统政治科学的分析路径，主要研究政策活动中的结构及其具体影响"。③ 这无疑进一步印证了这两种划分的内在统一性。我国学者何俊志批评了当下新制度主义政治学流派梳理中对以制度为中心的新制度主义传统的忽视，创造性地提出了以事件为中心的新制度主义和以制度为中心的新制度主义这一更具包容性的二分法。以事件为中心的新制度主义涵盖了目前所公认的诸多新制度主义流派，重点分析的是特定事件过程中的制度与行为之间的关系；以制度为中心的新制度主义，则重点关注的是制度自身的内在结构和网络联结、制度自身的产生和演变，以及制度与制度之间的比较、评估、移植和修补等。④

第二种，三分法。这是目前学术界大多数学者较为公认的一种对新

---

① Steinmo Sven, Thelen Kathleen & Longstreth Frank, *Structuring Politics: Historical Institutionalism in Comparative Analysis*, Cambridge: Cambridge University Press, 1992, pp. 7 – 9.

② William Roberts Clark, Agents and Structures: Two Views of Preferences, Two Views of Institutions, *International Studies Quarterly*, No. 2, 1998.

③ 何俊志：《新制度主义政治学的流派划分与分析走向》，《国外社会科学》2004 年第 2 期。

④ 何俊志：《新制度主义政治学的流派划分与分析走向》，《国外社会科学》2004 年第 2 期。

制度主义流派的分类。1996年，在《政治研究》杂志中，美国学者彼得·霍尔和罗斯玛丽·泰勒提出了关于新制度主义的三种不同分析路径，即历史制度主义、理性选择制度主义和社会学制度主义。霍尔和泰勒将历史制度主义的主要特征归结为四个：一是同时使用"算计途径"和"文化途径"来具体阐明制度与行动之间的相互关系；二是在进行制度分析时突出权力和权力游戏中的非对称关系；三是在分析制度的建立和演化过程中强调路径依赖和意外后果；四是倾向于将制度与观念信仰等因素一道定位于政治结果的因果链条中。理性选择制度主义最初产生于对美国国会行为的研究，它的显著特征在于假定行动者偏好固定，行为完全是偏好最大化的工具；倾向于将政治看成一系列集体行动的困境；强调对政治结果起决定性作用的策略性行为的作用；行动者为实现自己的价值而创设出制度。霍尔和泰勒理解的社会学制度主义从社会学组织理论发展而来，具有三个不同于历史制度主义和理性选择制度主义的特征：它的制度界定更为广泛，不仅包括正式规则、程序、规范，还包括为人的行动提供"意义框架"的象征系统、认知模式和道德模板等；制度对行为的影响有"规范版本"和"认知版本"；组织采用制度，并不是因为它提高了组织的目的——手段效率，而是因为它提高了组织或其参与者的社会合法性。[1] 对三分法的批评和质疑在于，一是不够规范和严谨，相对于理性选择制度主义的"算计途径"、社会学制度主义"文化途径"，历史制度主义并没有与之并列"社会本体论"途径。[2] 二是它混淆了规范制度主义与以社会学组织理论为代表的新制度主义之间的界限。[3]

第三种，四分法。典型代表有西蒙·雷奇和施密特。2000年西蒙·雷奇在《治理》杂志发表"公共政策和多元化视角下制度主义的四副面孔"一文，从政策类型角度区分了四种不同的新制度主义，即适合于再分配型政策分析的历史制度主义；适合于调节型政策分析的理性选择制

---

[1] Peter A. Hall, Rosemary C. R. Taylo, Political Science and the Three New Institutionalism, *Political Studies*, No. 44, 1996.

[2] Colin Hay, Daniel Wincott, Structure, Agency and Historical Institutionalism, *Political Studies*, No. 44, 1998.

[3] B. Guy Peters, *Institutional Theory in Political Science: the New Institutionalism*, New York: The Continuum International Publishin Group, 2012, pp. 20 – 21.

度主义；适合于现代化政策领域的规范制度主义以及适合于自由化政策分析的行动者制度主义。① 这种划分比较有新意，但正如雷奇自己所言，这种划分很难说是一种科学的划分，还停留在现象学的直觉划分层面。② 2006 年，施密特（Vivien A. Schmidt）在美国政治科学学会年会上所作的报告《给和平一个机会：调和四个（不是三个）"新制度主义"》中指出，话语性制度主义是对历史制度主义、理性选择制度主义和规范制度主义的重要补充。他提出话语性制度主义与历史制度主义、理性选择制度主义和规范制度主义并列为四个流派的理论缘由在于，弥补其他三个流派对政治制度动态变迁分析的不尽完善。因为"理性选择制度主义关注的是理性行为，解释的逻辑是利益，由于偏好是稳定的，所以强调制度的连续性；历史制度主义关注的是结构和制度实践，解释的逻辑是路径依赖，由于路径依赖的存在，制度的变革也是连续的；规范制度主义关注的是规范和文化的作用，解释的逻辑是'适宜'，由于文化规范相对稳定，所以制度的变革也是连续的。这些对制度变革的解释大多停留在静态解释上"③。话语性制度主义又以对"理念"的回归，成功克服了这种局限。概括而言，它具有如下特征："认真地对待观念和话语；采用三种制度主义中的一种或两种作为背景，将观念和话语置于某种制度场景中；当他们将话语视为一种遵循沟通逻辑的活动时，他们将观念置于一种意义场景之中，而不仅仅是静态地讨论观念的影响；实现观念和话语的结合，以一种更加动态的眼光研究政策变化或制度变化。"④

第四种，五分法。在 2008 年出版的《牛津政治制度手册》⑤ 中，由詹姆斯·马奇（James G. March）和约翰·奥尔森（Johan P. Olsen）撰写

---

① Simon Reich, The Four Faces of Institutionalism: Public Policy and a Pluralistic Perspective, *Governance: An International Journal of Policy and Administration*, No. 4, 2000.

② Simon Reich, The Four Faces of Institutionalism: Public Policy and a Pluralistic Perspective, *Governance: An International Journal of Policy and Administration*, No. 4, 2000.

③ 朱德米：《理念与制度：新制度主义政治学的最新进展》，《国外社会科学》2007 年第 4 期。

④ 肖晞：《政治学中新制度主义的新流派——话语性制度主义》，《华中师范大学学报》（人文社会科学版）2010 年第 2 期。

⑤ Sarah A. Binder, R. A. W. Rhodes, Bert A. Rockman, *The Oxford Handbook of Political Institutions*, New York: Oxford University Press, 2008, pp. 1 – 135.

的"新制度主义再阐释",进一步系统阐明了他们 20 多年前发表的新制度主义开山之作中的观点,可以看作对"规范制度主义"理论主张的言说。路径部分(Approaches)列举了除旧制度主义外的四种新制度主义研究路径,即理性选择制度主义、历史制度主义、建构制度主义和网络制度主义。手册的这种编排体例,显示了萨拉·宾德(Sarah A. Binder)、罗斯(R. A. W. Rhodes)和伯特·洛文(Bert A. Rockman)等编写者对当前政治学研究中新制度主义流派划分的一种观点,认为其可分为规范制度主义、理性选择制度主义、历史制度主义、建构制度主义和网络制度主义。其中,海伊(Colin Hay)所言的建构制度主义与上文施密特(Vivien A. Schmidt)所讲的话语性制度主义,理论主旨高度一致,只是概念表述不同而已。相较而言,网络制度主义则是一种新的提法,它是一种关系型结构导向的制度主义,主要关注政策网络、组织、市场、政治动员和社会运动、社会心理及政治文化等领域的关系互动,顺应了 21 世纪政治生活更趋复杂化,跨越层级的互动、协调更为频繁的趋势。但作为尚处于发展中的一种分析视界,它还缺乏统一而独到的分析路径来理解制度,理论框架更多是描述性而非解释性;而且它还倾向于静态和过度结构化的世界观,对过程、行动者和意义的关注远远不够。

第五种,七分法—八分法。其典型代表是盖伊·彼得斯(B. Guy Peters)。1999 年,美国著名政治学者彼得斯出版了《政治科学中的制度理论:新制度主义》第一版,提出了"规范制度主义、理性选择制度主义、历史制度主义、经验制度主义、社会学制度主义、利益代表制度主义和国际制度主义"的新制度主义七分法。其后,该书两度再版,在 2012 年的第三版中,彼得斯根据新制度主义最新的发展动态,把理念为基础的话语性(建构)制度主义单列为一个流派,从七分法进化为八分法。[①] 而在前两版,彼得斯只是把话语性制度主义作为社会学制度主义的一个分支。至于规范制度主义和社会学制度主义,在彼得斯看来,尽管规范制度主义根源于社会学的分析,但它们之间还是有着非常重要的差异。最根本的差异在于规范制度主义强调制度的规范基础,而社会学制度主义

[①] B. Guy Peters, *Institutional Theory in Political Science*: *the New Institutionalism*, New York: The Continuum International Publishing Group, 2012, pp. 112 – 126.

则强调组织理论中的认知因素，更为关注制度内成员为了就某种形势作出决策，如何在他们的结构和他们被赋予的框架内认知形势。利益代表制度主义是关注政党和利益集团行为特征的制度主义，但问题在于这是否能构成独立的制度主义理论流派。彼得斯自己也认识到，有些路径对于政党和利益集团分析是特殊的，但这些组织与其他政府和政治组织并无太大差别，传统的政党分析都是基于组织研究的相关术语进行，很难说存在一种政党的政治理论；利益集团也可被看作试图影响公共政策的传统组织。国际制度主义则更难被看成制度主义的一个流派，因为它只是论证制度主义逻辑是国际政治研究可行而有效的方法，仅仅是其他新制度主义理论主张应用领域的国际化扩展。彼得斯划分的可贵之处在于敏锐地看到了众多流派在"新制度主义"标签下的差异，为我们详细勾画了新制度主义政治学的发展全景。但其分类标准的严谨性有待商榷，8种新制度主义缺乏同一的分类出发点，对不同流派的互斥性、独立性考虑不够，且太过细致的划分也一定程度上制约了新制度主义内部整合的可能。

(二) 新制度主义政治学各流派的理论分歧

新制度主义政治学各流派在面对相同政治命题的回答中存在许多重大的分歧。分歧的存在不仅使得理论的"面貌"异彩纷呈，更彰显了新制度主义各流派在相互学习中进一步发展的理论张力。具体而言，新制度主义政治学各流派主要在如下几个方面存在分歧：

第一，各流派对"何谓制度"的回答大相径庭。这实际反映了各流派对制度制约和影响行为手段、方式的不同理论预设。对这个问题在各流派间有四种不同的回答：第一种回答是制度由规则来定义，包括消极的规则限制，也包括积极的规则激励，制度通过"理性算计"的工具路径来影响和塑造政治行为，其典型代表是理性选择制度主义；第二种回答认为制度是规范、规则、协定和惯例的集合体，强调制度通过规范性的"适应性逻辑"影响和塑造政治行为，其典型代表是规范制度主义；第三种回答更侧重强调制度是其成员的感知和认知的社会性建构，而不是一种客观实体，它通过使用符号和意义系统来连接环境与制度内的行为，是一种"文化—认知"的社会建构逻辑，其典型代表是社会学制度主义；第四种回答是"综合利用派"，其他诸如历史制度主义、话语性制度主义对"制度"内涵的理解,综合了"算计途径"和"文化规范(认知)途径",认为政治行为是"工具理性与实质理性"的结合。①

第二,各流派对"偏好来源"的回答截然不同。理性选择制度主义和经验制度主义认为,政治行动者的偏好是外在的,是个体社会化的产物,并被个体带进制度之中,而且行动者个人效用最大化的偏好几乎是不变的。对这些流派而言,真正需要关注的是将会决定行为的激励和规则的结构。但对于规范制度主义等其他制度理论来说,政治行动者的偏好是内生的,是个体融入制度过程的产物。他们认为,政治行动者在融入制度之前的确具有基本价值,但是他们的融入过程也塑造了他们的偏好,尤其塑造了那些与制度功能特别相关的价值。② 对偏好来源的不同回答,不仅预示了各流派在分析制度影响上的差异,也导致了其对制度变迁动力理解的不同。对于偏好外生型且几乎不变的制度来说,其产生变迁的唯一办法就是改变存在于制度之内的激励和规则结构;而对于偏好内生、易变的制度而言,制度变迁则可能是通过制度自身作用重塑个体偏好的进化过程。

第三,各流派对"制度稳定性"的认识存在差异。制度变迁是被当作制度生活中的"常态",还是被看作稳定甚至超稳定规则的一个"例外",各流派对此的看法不一。社会学制度主义在"结构—能动"的争论中,把稳定性作为结构,即制度的重要特征,与其类似的是规范制度主义;历史制度主义的一个基本假设就是,制度处于均衡状态,除非有某种重要的"断裂"将制度移出当前的均衡,否则这种状态将保持不变。③但其他制度主义理论,以理性制度主义为代表则认为,制度及其规则是人类建构的,因而制度只是最初发明它们的人的奇思怪想的产物。④ 它是施加于行为的短期制约,就像在美国如宪法等基础性制度规则在很长一

---

① Richard Swedberg, *Max Web and the Idea of Economic Sociology*, Princeton: Princeton University Press, 1998, p. 36.

② James G. March, Johan P. Olsen, The New Institutionalism: Organizational Factors in Political Life, *The American Political Science Review*, No. 3, 1983.

③ Stephen Krasner, Approaches to the State: Alternative Conceptions and Historical Dynamics, *Comparative Politics*, No. 16, 1984.

④ William Riker, Implications from the Disequilibrium of Majority Rule for the Study of Institutions, *American Political Science Review*, No. 74, 1980.

段时期持续发挥作用,而在其他国家和地区,宪法往往只是周期性的文献。所以,只要通过对规则和结构的选择,制度就具有几乎无限的可变性。这种假定,部分来自哈耶克的观点,认为如果逻辑上需要,由于行动者是理性的,制度就会被创设,这使制度设计在理性选择制度主义中比在其他制度主义理论中更具可行性。

(三) 新制度主义政治学各流派的理论共性

虽然新制度主义政治学各流派在面对相同政治命题的回答中存在许多重大的分歧,但是各流派具有很多重要的共同特征,这构成了新制度主义作为同一理论族群的基础。从根本意义上来看,探讨新制度主义政治学各流派的理论共识是对"新制度主义"基本主题的回答,是对"新制度主义"理论标签内在统一性的拷问。

第一,新制度主义各流派间的第一个也是最根本的共识是强调制度,认为制度因素是政治分析最恰当的出发点,这有别于行为主义将个人和个人行为看作政治研究唯一合适的焦点。在对待"结构—能动"这一政治分析的经典问题上,新制度主义者找到了相对的"平衡点",坚持认为从分析结构入手,然后考虑能动性的单独影响,从而能够在政治研究领域里获得更有效的分析手段。所有的新制度主义流派都既指出了制度在决定政治过程结果中的作用,也指出了制度在决定个人行为中的作用;不同的只是在于其所承认的制度对主体能动性的影响和作用方式上。这凸显了新制度主义的"新意"之所在,区别于旧制度主义对"结构主义"的过度强调和依赖。

第二,"制度—行为"关系是新制度主义最为重要的理论主题。受益于行为主义和理性选择理论对旧制度主义忽略个体和过程分析的批判,新制度主义将制度与行为研究作为其核心议题、将制度对行为影响方式的理论预设作为其所有分析的逻辑起点,而以制度为中心的新制度主义研究处于相对边缘的地位。所有新制度主义都认为,制度要比其他方面对人的政治行为具有更大的规制性。新制度主义对"制度"的理解超越了"法律主义"的局限,把组织结构、意义结构、关系及规则结构等都纳入制度范畴,虽然各个流派在具体的界定上存在着差异,但新制度主义秉持一种"动态"的实质制度观,认为制度从形式上无论是意指正式的官僚机构或法律框架,还是非正式的互动网络或共享规范,其实质是基于行动者特定关系的可预见的互动模式。这种制度观强调制度对于政治行为的"预见性"启示，制度可以而且必须影响和塑造相关者的行为，并减少不确定性，否则就不能称其为"制度"。从更广泛的意义来说，制度环境很大程度上是由其他一些制度组成的，这意味着制度能够最大限度地减少不确定性，而使科学的行为预测成为可能，同时为政治场域的理论解释提供了一条更好的研究途径。

第三，谋求规范研究与实证研究、价值判断与事实陈述的统一是新制度主义政治学各流派在研究方法上所呈现的理论共识。从宏观层面来看，历史制度主义"一方面能够在进行案例研究的同时不放弃理论的构建；另一方面，在进行理论构建的同时也没有放弃对实际问题的关注"[1]。注重把政治制度变迁放在具体历史情境中加以考察，避免在抽象的意义上讨论政治制度及其影响，用实践的逻辑代替形式的逻辑实现了规范研究与实证研究的妥协统一。就中层理论而言，社会学制度主义在国家中心论分析和社会中心论分析之间架起了桥梁，通过"组织"作为中层分析变量，融合了制度的"规制性要素、规范性要素和文化—认知性要素"[2]，在国际、国内等不同层次的组织场域实现了"大理论与狭义理论"[3]的勾连。在微观层面，理性制度主义继承了行为主义和理性选择理论的行为分析和过程分析的技术以及建构普遍性理论的倾向，又引入了制度分析因素。它以个体为研究起点，分析个体在明确的制度场景中的策略性互动，而制度在影响个体行为选择、行为程序以及决策者的信息结构的同时也在被不断型塑。[4] 其他诸如话语性制度主义、网络制度主义还未建构起自己独有的"制度—行为"分析路径，只是为适应自身话语体系需求而对历史制度主义、理性选择制度主义和社会学制度主义分析框架的取舍。所以，无论是从宏观层面着眼的历史制度主义，还是立足于中观层次的社会学制度主义，或是在微观行为分析方面具有优势的理

---

[1] 何俊志：《结构、历史与行为》，复旦大学出版社2004年版，第18—19页。
[2] ［美］理查德·斯科特：《制度与组织——思想观念与物质利益》，姚伟、王黎芳译，中国人民大学出版社2010年版，第58—59页。
[3] 庄德水：《论历史制度主义对政策研究的三重意义》，《理论探讨》2008年第5期。
[4] 何俊志、任军锋、朱德米：《新制度主义政治学译文精选》，天津人民出版社2007年版，第97页。

性选择制度主义来看,研究方法上价值与事实、规范与实证的均衡,成为它们的显著共性。

二 新制度主义理论共识是对我国制度建设现实的积极回应

党的十九届四中全会审议通过的《中共中央关于坚持和完善中国特色社会主义制度、推进国家治理体系和治理能力现代化若干重大问题的决定》指出:"党的十八大以来,我们党领导人民统筹推进'五位一体'总体布局、协调推进'四个全面'战略布局,推动中国特色社会主义制度更加完善、国家治理体系和治理能力现代化水平明显提高,为政治稳定、经济发展、文化繁荣、民族团结、人民幸福、社会安宁、国家统一提供了有力保障。"[①] 新中国成立 70 多年来的历史实践也证明,合意、高效和有力的制度和治理体系,是我们党领导人民创造经济快速发展和社会长期稳定两大奇迹、实现"中国之治"的关键所在。由此,"中国之治"的关键在于"中国之制",不仅过往的政治和政策经验如此,未来推动全面深化改革、实现协调发展和政策治理,建设国家治理现代化,更要靠坚持和完善"中国之制"。因此,深入分析新制度主义的理论共识对我国制度建设现实积极回应的适用性,是判断其作为本研究分析框架是否具有解释力的重要环节。

然而,正如有学者指出,"和任何理论一样,新制度主义政治学理论只能说明特定论域内的部分现象,无论其对西方政治有多大的解释力,其基本经验基础及其要说明的现象都是出于西方成熟的民主政治制度及其相关社会环境,其框架还必须接受不同实践提出的挑战"[②]。在研究公共政策冲突协同与经济社会协调发展良性互构时,借用新制度主义政治学这一西方舶来的理论框架,确实还面临现实国情这一实践理性的考验。

其中,争议的焦点在于转型国家的政治体系与制度稳定的西方政治体系,制度化程度有很大差异,这导致了制度与行为在不同国情中互动方式的不同。实际上,对于将制度因素作为政策分析最恰当出发点的新

[①] 《中共中央关于坚持和完善中国特色社会主义制度、推进国家治理体系和治理能力现代化若干重大问题的决定》,《人民日报》2019 年 11 月 6 日第 1 版。

[②] 李晓广:《新制度主义政治学中国化研究及其启示》,《学术界》2010 年第 4 期。

制度主义理论来讲,这一争议的实质在于考问,在中国,制度对政策主体行为的影响和约束有那么重要吗?以制度来解析,是否抓住了关键要素?为此,有学者提出了"以行动者为中心的制度主义"[①]来分析转型的低制度化政治体系,这种分析主要强调既有制度框架中的不同行动者之间的权力资源的不均衡分布以及由此导致的不同层次行动者对制度的态度和影响能力的差异。这种适应性探索对于新制度主义政治学中国化是极为可贵的,但如果系统、完整地了解了西方的新制度主义政治学理论,会发现这种"以行动者为中心的制度主义"已被涵盖在新制度主义各流派的理论视野之内。

克拉克从方法论出发已经对以行动者为中心的新制度主义和以结构为基础的新制度主义做过"二元"的划分;历史制度主义者和社会学制度主义对"权力"导致的制度不均衡地位有着共同的且非常精彩的共识,组织就是对偏见的动员,"从一个充满了制度的世界中,将我们的注意力引向既存制度下的权力关系在新制度创设时是如何给予某些行动者或利益主体比其他行动者更多权力的"。[②]所以,我国制度建设现实对新制度主义理论族群适用性的考验,与其说是水土服与不服的总体性评价问题,不如更准确地讲是对理论族群中某些理念、观点的强化、聚焦和系统集成的具体技术整合问题。

而且,对我国政治制度现实的"低制度化"概括是否确切,也是个值得商榷的问题。无论是按照亨廷顿对政治体系制度化程度的衡量标准"适应性—匮硬性、复杂性—简单性、自立性—附属性、凝聚性—离散性"[③],对我国的国体、政体以及政党、中央—地方关系等基本的政治制度设计进行评价,还是从实践出发对我国经济增长奇迹的理论追问,我们看到的是高度制度化的政策设计对各级政府的强大激励/约束力,以及由此产生的中国特色的经济社会现象。但是,这种制度化及其影响力,又并非"一体化"的。因为不能否认的是,在有些制度作为"硬指标"

---

① 李月军:《以行动者为中心的制度主义——基于转型政治体系的思考》,《公共管理学报》2007年第3期。

② 何俊志、任军锋、朱德米:《新制度主义政治学译文精选》,天津人民出版社2007年版,第67页。

③ [美]亨廷顿:《变革社会中的政治秩序》,李盛平、杨玉生译,华夏出版社1988年版,第12—17页。

频频发力的同时，另一些制度却在"低制度化"背景下徘徊，不守规矩、制度和政策得不到协调发展的情况也屡见不鲜，但这是否成因于转型时代和中国特色，还是一个普遍性的政治治理难题，不能草率作结论。

三 新制度主义的理论启示是本研究开展的逻辑起点

（一）理论主题与本书的研究问题高度契合

在上文中，笔者细述了学术界对新制度主义流派划分的各种不同看法，但本书并不打算武断地评判这些划分的优劣，并试图提出自己所谓的更合理划分的看法。这些划分确实各有千秋，尤其对于仍处于发展中的新制度主义理论族群来讲，寻找各流派间的理论分歧，与其说是为了把他们割裂开来，不如说是为了探寻他们各自的理论魅力和分析精妙之处，以备进一步相互学习与理论整合，以及积累对现实政治更强大的解释力。基于此，我们认为"制度—行为"关系是新制度主义最为重要的理论主题，与本书的理论问题具有高度契合。

作为一种新的研究范式，新制度主义政治学并非简单的以制度研究来取代行为研究，而是力图把旧制度主义关注制度在政治生活中的作用和行为主义关注政治行为两者结合起来，是对旧制度主义制度传统和行为主义研究优势的优化整合。它的"新"就体现在既关注制度在政治生活中的作用，又吸收行为主义的动态、过程、定量化的研究方法上。[1] 我们不难发现，"制度—行为"问题，即制度怎么样影响行为是分析所有制度的关键所在，个人行动所产生的结果恰恰是制度的重要表现形式。制度与行为的内在关联是新制度主义政治学当然的理论主题。而本书研究的是实现公共政策冲突协同与经济社会协调发展良性互构的可能路径，面对不同类型的政策冲突时，要实现协调发展会优先选择执行什么政策？如此选择的依据和动机又是什么？这种选择又造成了何种政治社会效应？对政策执行行为产生影响的权力结构、激励约束机制和政策风格等都涵盖在新制度主义的"制度"框架内。所以，本书所探讨问题的实质就是以协调发展理念为研究视域，以规范研究和实证分析为研究方法，研究在政治结构、程序规则和政策惯例等"制度"的作用下，实现协调发展

---

[1] 朱德米：《新制度主义政治学的兴起》，《复旦学报》（社会科学版）2001年第3期。

的模式。其独特之处，就在于通过政策冲突中的政策抉择情景，进一步验证实现协调发展的各种可能性。但是，从现实生活角度来分析，公共政策不仅仅是一种实现经济社会协调发展的应然性的"纸上条文"，更是一种具体的行动准则和行为规范。它对政策主客体有着更为直接的制度约束性，使政策资源能够得到合理有效地优化分配，从而实现经济社会的可持续发展，这仍然在"制度—行为"的分析架构之内。在本研究中，将通过这种分析和验证，对于我们加深对"协调发展"的理解，化解公共政策冲突具有重要的启发和意义。

（二）理论预设与本文的研究问题高度契合

本书选题决定了协调发展问题中政策主客体在公共政策冲突中的行为选择及其内在逻辑是研究的基本立足点。目前理论界对具体的政策行为选择模式的三种主要的理论概括：中国特色财政联邦主义、分权化威权主义以及回应型策略主义。其中，"中国特色财政联邦主义"侧重强调我国财政制度设计约束下政府行为的自主性和能动性；"分权化威权主义"则看重行政性放权背景下权力结构的制度性约束对政策行为的重要影响；"回应型策略主义"倾向于在制度的约束和主体的能动之间找到平衡。所以，本书要解决的关键问题是，在政策冲突中受到来自权力结构、激励约束机制、政策风格等制度基础的制度性约束，政策冲突的划分是僵化的标准画像还是综合不同验证变量的"累积式"动态统一体？政策冲突对政策主客体行为的自主性、合法性和有效性将会产生什么影响和作用？对不同层面、不同类型政策冲突中政策主（客）体的回应策略及其内在逻辑具体是什么？

从政策冲突的回应对象出发，政策冲突主要包括面向政策主体的政策冲突和面向政策客体两个层面。面向政策主体的政策冲突，主要考察政策主体对政策规范的选择性执行及其所造成的排挤效应。根据不同政策所处"权力位阶"的不同，可进一步细分为不同位阶政策冲突、同阶政策冲突和同一政策内部冲突三类。在不同位阶政策冲突的选择背景下，政治权力因素成为预测政策主体行为趋势的主要验证变量；在同阶政策冲突中，权力因素的干预趋于均衡，历时背景下政策主体的动态博弈逻辑是主要关注对象；政策内部冲突则创设了共时条件下验证政策自身特性对政策主体行为影响的理想情景。但这种对政策冲突类型的划分并不是完全排他的，尤其在单一制国家，追根溯源会发现，不同位阶政策冲突的背后往往都隐藏着同阶的政策矛盾，而政策的内部冲突，在实质上和同阶政策冲突并无差别。而面向政策客体的政策冲突分析主要考察的是政策客体对政策规范的多重性遵守及其所造成的割裂效应。面向政策客体的政策冲突，只涉及同阶政策冲突或政策内部冲突，因为不同位阶的政策矛盾，首先还是必须经过政策主体的选择，实际又转换成了面向政策主体的政策冲突。

此外，政策客体在面对同阶政策冲突或政策内部冲突时，大致从遵循利益最大化的结果逻辑、"角色—认知"的适当性逻辑、"命令—控制"的强制性逻辑以及"情景权衡"的适应性逻辑进行回应，这是研究政策冲突效应与协调发展难题的内在关联的关键点。所以，本书的这些理论预设，从根本上来说，都是对新制度主义"制度—行为"关系的具体化。

（三）理论维度与本书的研究问题高度契合

在具体的研究过程中，新制度主义的理论元素成为启发思考维度和论文架构的重要"因变量"。在研究假设上，本书深受理性选择理论的"多重效用目标、有限理性、行为选择同特定情境对应、多元主体互动博弈"[①]等观点的启发，尤其是借鉴了奥斯特罗姆的"多样程度下的理性"假设，试图构建起协调发展治理与地方政府政策选择的逻辑关联，进一步阐释不同层面、不同类型政策冲突中政策主（客）体的行为选择（"就近"选择、"权变"选择、"自利"选择）所形成的排挤效应，以及面向政策客体的政策冲突——多重性遵守形成的割裂效应，同时为解构其所表征的治理难题提供多样的思考维度，避免了理性的"两个极端"的倾向，开拓了新的思路，即重要的不是围绕"人的理性是不是完整的"问题的争论，而是"具有多样程度的理性的个人行为在什么样的制度或制约下能发挥其最有效的、最佳的作用"的问题。[②]

在新制度主义理论派系中，历史制度主义和社会学制度主义对于"权力及其结构"的强调，理性选择制度主义对于"规则"的重视，历史

[①] 何显明：《市场化进程中的地方政府行为逻辑》，人民出版社 2008 年版，第 66—67 页。

[②] 周长焕：《制度与行为者之间的关系——印第安纳学派的新制度主义》，《北京行政学院学报》2003 年第 3 期。

制度主义对"惯例"和"路径依赖"的精彩探讨,成为该部分谋篇布局的重要依据。而"公共政策冲突对政策主客体行为的政治意蕴"的探讨,一方面是对"制度—行为"分析的直接应用,另一方面是受益于新制度主义对制度"规范性"和"文化—认知性"层面理解的启发。甚至对政策冲突与政策主客体行为关系的讨论,也能直接从新制度主义中找到相关的理论元素。比如,社会学制度主义认为,"由于个体展开操作时呈身于密集的制度模型之中,他们有时就会受到相互冲突的混合偏好的激励。偏好与行为之间的冲突是由构成系统动力机制的这些制度所激起的:这些制度存在着潜在冲突的可能,并由此而使得个体和组织的多样化逻辑成为可能。个人和组织则通过对这些矛盾的探索,实现社会制度关系的改变"。[①] 规范制度主义也指出,对于身处多重制度的个人来说,与这些制度互动的复杂性意味着,当他们在行动的时候,不得不在这些彼此冲突的制度忠诚中进行选择。[②] 这些观点一方面有力支撑了本书关于政策冲突"常态性"的判断,另一方面也指出了政策冲突生发的制度化来源,启发了协调发展中对政策主客体行为思考的制度维度。

[①] Walter Powell and Paul DiMaggio, *The New Institutionalism in Organizational Analysis*, Chicago: University of Chicago Press, 1991, p. 232.

[②] [美]盖伊·彼得斯:《政治科学中的制度理论:"新制度主义"》,王向民、段红伟译,上海世纪出版集团2011年版,第26页。

第二章

公共政策冲突的内涵厘定和类型划分

第一节 公共政策冲突的内涵厘定

一 从表现、本质和功能的三维视角理解公共政策

公共政策渗透到我们社会生活的各个层面,但是,也正因为它几乎覆盖了人类社会的所有领域,再加之学者们个人知识积累和学术旨趣的不同,使得"迄今为止对公共政策也确无一个标准的定义"[①]。在国外,政策和公共政策经常等同使用,基本是相同的概念。公共行政学的首创者之一、美国学者威尔逊指出:"公共政策是由具有立法权的政治家制定的而由行政人员执行的法律和法规。"[②] 政策科学主要的倡导者和创立者拉斯维尔和卡普兰在《权力和社会》一书中则从政策与计划的紧密关联切入,认为政策就是"一种含有目标、价值与策略的大型计划"[③]。在此以后,众多学者从不同角度、多维层次对政策和工作政策进行了深入研究。

目前国内外对公共政策的理解,主要有管理职能取向、活动过程取向和行为准则取向三类。

第一类是管理职能取向偏重政策主体——政府的管理作用定位,认为公共政策是政府为解决社会发展中的重点问题而通过法律和法规实施

[①] 陈振明:《公共政策学》,中国人民大学出版社 2004 年版,第 2 页。
[②] D. Easton, *The Political System*, New York: Kropf, 1953, p.129.
[③] 陈振明:《公共政策学》,中国人民大学出版社 2004 年版,第 3 页。

的管理活动，公共政策是政府从自身利益和公众利益出发的具体管理，公共政策是以政府为主的由各种利益的个体和群体参与的管理活动。

第二类是活动过程取向的政策认知，强调政策的过程性和计划性，代表人物有安德森、弗里德里奇。他们认为"政策是一个有目的的活动过程，而这些活动是由一个或一批行为者，为处理某一问题或有关事务而采取的"①。政策是在某一特定环境下，个人、团体或政府有计划的活动过程，其用意就是利用时机、克服障碍，以实现某个既定的目标，或达到某一既定的目的②。

第三类是行为准则取向，注重公共政策的强制性和规范意义，代表人物有陈庆云、张金马、陈振明，他们强调政策"是国家（政府）、执政党和其他公共权威组织为实施政治统治和社会公共管理而制定的一系列行为规范或行动准则"③。

除此之外，从系统论出发，有学者认为公共政策是处于某一特定社会环境之中的有机系统，通过输出和输入不断地与所在环境进行信息、物质和能量的交换，从动态过程、决策、要素、功能等不同角度来界定公共政策。综合以上，我们认为：

第一，从外在表现看，公共政策是制度或者制度的产物。根据新制度主义来解释公共政策主要分为两种议题。第一种是公共政策的产出议题，第二种是公共政策的稳定与变迁议题。就第一种观点而言，大多数新制度主义者致力于探讨制度对政策制定过程的作用，他们认为政策本质上讲是制度变迁和互动的产物，即好的制度可产生好的政策，无效的制度则会产生无效的政策。其对制度的依附性表现为：公共政策是制度的延伸，并且生长在制度的平台上，两者呈现出一种自变量和因变量的关系。要想制定出合意、有力、高效的公共政策，就必须拥有一定的制度基础以助推其向良性的方向变迁。

此外，公共政策的稳定和变迁与决策制度密切相关。大多数新制度

---

① ［美］詹姆斯·E. 安德森：《公共决策》，华夏出版社1990年版，第4页。
② Car J. Friedruch, *Man and His Government*, New York：McGraw-Hill Book Company, 1963, p. 79.
③ 冯静：《公共政策学》，北京大学出版社2007年版，第3—4页。

主义者认为，在既定决策模式下作出的政策和公共政策，其运行产生、作用功能和适用发展都受更高层次的决策制度影响。作为一种决策的产物、规范或者规则，制度和公共政策在规范性制定下，二者的关系表现为外在形式的重叠性、特定功能的共同性、适用范围的互补性。从这个角度上讲，公共政策与制度的边界变得模糊，公共政策表现为一种特定层次的制度。一方面，从具有构成和结构化的关系来看，政策与制度都是由特定的规则、规章以及政府条款等因素构成的综合体，当公共政策形成了相对稳定、有效的行为预期和绩效，政策主客体的互动关系形成结构化的稳定框架时，政策就具有了制度的相关特性，甚至就成了制度。但从另一方面来看，各种政策往往具有不同的实施时间长度和功能效度，朝令夕改，或是暂时性、应急式政策就明显不具备制度的相关属性。因此，新制度主义者认为公共政策是制度或者制度的产物，其主要考量的对象意即那些具有有效且长时间实施、具有稳定性结构的公共政策。

第二，从本质上来讲，公共政策是利益实现的行动方案。在马克思主义看来，"人们为之奋斗的一切，都同他们的利益有关"[①]，对阶级社会的社会现象展开分析时，"必须到生产关系中间去探求社会现象的根源，必须把这些现象归结为一定阶级的利益"[②]。所以，就其本质而言，公共政策总是统治阶级意志的集中体现，它不过是统治阶级对社会共同利益支配性实现和社会利益矛盾关系权威性处置的行动方案。

从公共政策的产生和运行来看，实现利益是人们结成政治关系、制定实施公共政策的出发点，而利益实现要求的主体性与实现途径的社会性之间的矛盾，以及利益实现要求的差异性与实现规则的同一性的冲突、利益实现要求的无限性与实现资源的有限性之间的紧张，必然要求以实现共同利益和协调利益矛盾为目的的政策制定过程，必须要以具有强制性的政治权力作为运行基础。在中国特色社会主义社会中，公有制主体地位的确立实现了人民根本利益的一致，但初级阶段多种所有制的存在、人的利益需求的发展性，使得人自身以及人民内部的各种利益关系和利益矛盾，成为以权力为后盾的公共政策作用的重要客体。

---

① 《马克思恩格斯全集》第1卷，人民出版社1956年版，第82页。
② 《列宁全集》第1卷，人民出版社1984年版，第464页。

第三,从实际功能来讲,公共政策是行为规范准则。规范功能是公共政策的重要功能之一,即公共政策在社会实际运行和人们生活中为保证整体社会的正常运转所起的规范作用。而公共政策不仅体现为"规范性"的一系列谋略、法令、措施、办法、方法、条例的总称,也表现为"现实性"的各级政府的重要行政活动。诚如以色列行政学家埃拉·夏坎斯基(Ira Sharkansky)所言"政府的重要活动即为公共政策"[1],因为"对于地方政府的职能、权力和运行原则,各国虽然都有系统完整的法律规定,但是地方政府的实际运行远远比法律文本所表达的丰富、生动。在中国,法律文本、制度设计与实际运行的反差似乎更为明显"[2]。因此,公共政策在实际功能上,"是政府、执政党及其他政治团体在特定时期为实现一定的社会政治、经济和文化目标所采取的政治行动或所规定的行为准则"[3]。

当然,本书更倾向于从"规则—行为"的意义上来看待公共政策,认为公共政策不仅体现为"规范性"的一系列谋略、法令、措施、办法、方法、条例的总称,也表现为"现实性"的各级政府的重要行政活动。因此,结合中国的政策实际,本书认为公共政策是党和政府赖以对社会共同利益支配性实现和社会利益矛盾关系权威性处置的行动方案,是党和政府变革社会现实、改造社会关系、协调社会矛盾、实现社会愿景的有效工具和有力武器。

二 从政策实践的立场解读公共政策冲突内涵与特性

理论思维对常识思维的超越,在于其不止步于依附经验表象的概念,而是更进一步追问概念内涵之间的关系,为概念下定义、分析概念的内涵与特性。本书主要从政策实践的理论立场出发去解读和公共政策冲突的内涵与特性。

---

[1] Ira Sharkansky, *Public Administration: Policy-making in Governmental Agencies*, Chicago: Markham, 1972, p.3.

[2] 杨雪冬、赖海榕:《地方的复兴:地方治理改革30年》,社会科学文献出版社2009年版,第2页。

[3] 陈振明:《公共政策学》,中国人民大学出版社2004年版,第4页。

(一) 公共政策冲突的内涵

公共政策是现代政府和执政党协调社会利益、进行社会管理、化解社会冲突最重要的工具和手段，是对社会共同利益支配性实现和社会利益矛盾关系权威性处置的行动方案，但这种实现利益和协调冲突的行动方案本身也时常处于"冲突"之中。在实践中，整体政策安排与某一具体政策、系统政策链条与某一政策环节、政策顶层设计与政策分层对接、长期性政策与阶段性政策、不同部门制定的政策、政策目标与政策手段等政策之间和政策系统内部不同要素的紧张关系，使得作为冲突化解手段的公共政策也时常陷入"冲突"矛盾之中，严重制约了政策目标的达成和政策蓝图的实现。

"冲突是社会生活中广泛存在的现象，它意味着困境、问题或者不良状态。"[①] 关于冲突的社会功能，在社会学理论界有两种对立的观点，一种观点认为，冲突是中性概念，是不可避免的社会现象，既具有破坏性的功能，又具有建设性的作用，它可以通过"否定之否定"机制，对不具正当性和合理性的秩序，发挥积极的否定功能，从而对社会团结、社会整合和社会创新起到积极的促进作用，代表人物有伯顿、科塞等。科塞在其《社会冲突的功能》一书中谈道："在社会生活中若无冲突的存在将是一种极不正常的现象，只有存在冲突的社会才具有生命力。"[②] 马克思也曾经讲到："没有冲突，就没有社会进步，这是人类文明延续至今的法则。"[③] 另一种观点认为，冲突是非理性的、破坏性的，是社会"病态"的表现，代表人物有帕森斯、桑德尔等。他们强调冲突带来的消极作用，认为"冲突过程中的至少两个行为体或代理人，努力寻求互不相容的目标，这种寻求是通过直接或间接地损害另一方实现目标的能力来实现的"[④]。从公共行政意义上来看，不相容的冲突，"最低限度会造成资源浪费和坐失良机，在最坏的情况下，则会造成个人和组织的功能失调

---

① 林红:《冲突控制中的公共政策及其困境》,《江苏行政学院学报》2006 年第 1 期。
② [德] 科塞:《社会冲突的功能》, 孙立平译, 华夏出版社 1989 年版, 第 24 页。
③ [美] 斯蒂文·瓦戈:《社会变迁》, 王晓黎译, 北京大学出版社 2007 年版, 第 37 页。
④ Dennis J. D. Sandole, Traditional Approaches to Conflict Management: Short-term Gains VS Long-term Costs, *Current Research on Peace and Violence*, 1986, pp. 119–124.

并使受益人得不到这些组织所提供的服务"①。因此，无论是出于对社会冲突消极作用的规避，还是考虑到其积极否定功能的发挥，都需要建构冲突的控制机制，而公共政策无疑是现代社会进行冲突控制最常用、最有效的制度化手段。但是，谁也无法保证作为冲突控制的"撒手锏"，公共政策自身不会陷入冲突困境——冲突控制的冲突。

关于公共政策冲突内涵的界定，目前学界有四类代表性观点。第一类观点从政策冲突的表现出发将其等同于"文件打架"，意指"在政策网络系统之中由各级政府部门所制定的公共政策之间的相互矛盾、相互抵触、相互对立的一种表面化的态势和现象"。② 第二类观点从整个政策过程着眼，指出公共政策冲突与政治冲突紧密相关，"是政治冲突的一种形式，是公共政策过程中不同的政策行动者（包括个人、群体或部门）之间，由于价值观念、利益诉求和体制结构等方面的原因而产生的政策目标、政策内容和政策行为的矛盾现象"。③ 第三类观点从冲突结果的连接因素考虑，提出政策冲突是"调整同一社会关系，分配相同社会利益的不同政策规范之间因内容上的差异而导致效力上的相互排斥进而不兼容的现象"。④ 第四类观点从政策主体角度，认为"政策冲突是缘于目标、利益及价值观等不同，政策制定主体、执行主体乃至社团或个人之间产生的矛盾"。⑤ 当前这四类对政策冲突的内涵分析丰富了我们对政策冲突的认知，但其习惯于站在消解政策冲突的立场来研究政策冲突，对公共政策冲突的普遍性和常态性明显认识不足，使政策冲突内涵未能成为全面反映其本质属性的总和。

恩格斯指出："辩证法在考察事物及其在观念上的反映时，本质上是从它们的联系、它们的联结、它们的运动、它们的产生和消逝方面去考

---

① ［美］理查德·D. 宾厄姆等：《美国地方政府的管理：实践中的公共行政》，九州译，北京大学出版社1997年版，第144—145页。

② 袁明旭：《公共政策冲突：内涵、表现及其效应分析》，《云南行政学院学报》2009年第11期。

③ 钱再见：《论公共政策冲突的形成机理及其消解机制建构》，《江海学刊》2010年第4期。

④ 王仰文：《中国公共政策冲突实证研究》，中国社会科学出版社2011年版，第32页。

⑤ 蔡英辉、刘文静：《中国政策冲突的降解之道——建构兼容性政策网络》，《中国石油大学学报》（社会科学版）2012年第2期。

察的。"① 科学分析政策冲突的内涵，必须立足政策实践，尤其是政策执行中的政策冲突实践中，从政策冲突的运动和产生来分析。纵观政策冲突的实际生发，不仅体现为狭义上调整同一社会关系、分配相同社会利益的不同政策规范之间以及政策内部出现的差异和矛盾现象，即"病态"的政策冲突；也表现为广义上所有在时间和空间上存在竞争关系的政策规范，政策执行的资源相对执行需求来说是高度稀缺的，政府经常需要在不同的政策间进行权衡、取舍，以保证有充足的时间、人力、财力和物力来实施自己所偏好的政策，这就使得广义的政策冲突普遍存在，成为一种政策常态。本质上看，人们在形成政治关系、制定政策时的出发点是利益，利益实现要求的差异性和实现规则的同一性的冲突、利益实现要求的无限性与实现资源的有限性之间的紧张以及利益实现要求的主体性与实现途径的社会性之间的矛盾，这些导致实现利益的工具——公共政策必然时常处于冲突之中。综上，我们认为政策冲突的内涵应该意指因政策规范在时间和空间上存在竞争和出现矛盾，要求政策执行主客体进行取舍的一种政策对立状态。

（二）公共政策冲突的特性

从上述公共政策冲突的内涵界定中，我们能看出，公共政策由于各类原因必然时常会陷入冲突的境地，形成政策之间的相互紧张关系和对立状态，它表明理论思维层面的政策冲突具有以下特性：

第一，存在上的常态性。公共政策冲突是地方政府政策执行中普遍存在、需要经常面对的选择情景，可以说，公共政策冲突存在于不同程度的矛盾之中，小至政策之间的不协调，大到政策之间的对抗斗争，只要是公共政策之间或者公共政策内部各要素之间存在着相互矛盾、相互抵触、相互对立的态势和现象，都包含在公共政策冲突的范畴之中。在现实中，公共政策不仅会因"政出多门""文件打架"等这些科学化的固有障碍陷入冲突，而且从政策执行实际和政策的本质分析来看，公共政策因执行资源的稀缺以及地方政府的行为偏好也难免出现政策间的竞争和矛盾。只有正视此症结，才能搞清很多政策不能得到执行以及不均衡不充分发展现象的真正原因，并借此实现破解。

---

① 《马克思恩格斯选集》第3卷，人民出版社1995年版，第359页。

第二,效果上的破坏性。政策冲突的常态存在并未否定其在效果上的破坏性,相反,正是从存在竞争的不同政策规范和出现矛盾的不同政策规范以及政策内部对政策执行的实际困扰效果上,我们将其认定为政策冲突,而无论这不同的政策是否在政策效力上存在交叉的政策作用空间。公共政策冲突一旦发生,其在效果上的破坏性也是不容忽视的。面临着不同的但具有同等效力的政策规范,目标群体会迷失方向、无所适从,而基于利益驱使,不同的政策主体之间会进入持续的利益博弈阶段,政策的统一性必然会遭受到破坏。此外,公共政策冲突所引起的公共政策不兼容甚至失效、废止也会造成前期政策实践投入成本的巨大浪费。

第三,手段上的非线性。公共政策作为化解社会矛盾的手段和工具也时常陷入冲突之中,这也进一步促成了公共政策冲突。公共政策不是单一线性的,而是纵横交错的,不同政策之间和政策系统内部不同要素之间是多层次的交互关系,各级地方政府和不同的职能部门既要根据上级权威的指示执行公共政策,同时也考虑其现实权力、利益的诉求,对政策内容、目的、形式进行调整或制定相应的政策,这些具有自身逻辑和必然性的公共政策构成一个的巨大的公共政策网络系统,众多的政策相互交织却又彼此独立,公共政策冲突也应然地产生。

第四,利益上的多元性。依据公共政策冲突的本质,人们在形成政治关系、制定政策时的出发点是利益。利益矛盾是公共政策冲突最根本和最核心的属性。对于公共政策活动主体来说,其在公共政策过程中起着主导性甚至决定性的作用,各级政府以及不同的职能部门,在制定、执行政策的活动中往往会优先考虑当地或自身的利益,实行他们所认为的最优政策,把公共政策视为达成自身政策目标的一种工具,而囿于主体多元化及需要、利益和目标的差别,不同的政策主体的利益取向势必会有所分歧甚至冲突,因而,公共政策也将处于冲突之中。此外,当今社会公民意识不断觉醒,参政意识、权利意识也大大增强,作为公共政策的客体的人民群众,也对与自身利益密切相关的政策活动格外关注,追寻他们的利益诉求,而政策主体与政策客体之间的利益需求往往存在较大的差异,公共政策冲突也不可避免地生发。随着社会发展演进,政策主客体间不断出现利益矛盾是很正常的,尤其是在快速发展的社会转型期,但如果利益矛盾长期无法在体制内获得解决,就会积累成"民怨",继而引发不良的影响。

第五,评判上的主体性。冲突是一种互动型的关系状态,相较于一般性社会冲突中冲突双方对冲突的感知,政策冲突中的政策规范是"无感"的,其感知是通过政策执行主客体实现的,表现为政策执行主客体的政策取舍。政策执行主体在政策实践过程中,必然根据中央政策精神,依据地方特色对政策内容和局部利益进行取舍,但由于考虑问题角度不同,政策主体为了实现既定的政策目标,往往更倾向于最易实现,或者最具约束力的政策选择,呈现出政策间的强大排斥性。

第二节 公共政策冲突类型划分

观察政策冲突中政策主客体的实际选择策略,无疑为我们研究公共政策协同与经济社会协调发展的良性互构提供了一个很好的"窗口"。但是,政策冲突本身是复杂且处于动态博弈之中的,呈现为宏观层面不同类型公共政策冲突的历时演化以及微观层面公共政策不同要素矛盾的共时多元,要以它为观察背景,必须剔除"干扰变量"、强化"验证变量",对政策冲突进行适当的类型划分。

本书主要考虑依据冲突中公共政策所处"权力位阶"的不同来划分。位阶,原意指官职品级,衍生为等级、等次之意。政策位阶,则是指每一项公共政策文本在政策体系中的纵向等级。从政策科学的角度来看,下位阶的政策必须服从上位阶的政策,所有的政策必须服从最高位阶的政策。而政策位阶的高低主要决定于制定政策部门的行政层级。但是,在现实的政策实践中,政策创制和执行并非按照线性的自上而下模式进行简单的"意图"复制,而是在政策系统中,即多责任面向的行动背景下,应用"地方性知识"[1] 和自主性空间进行的理性选择。

立足于实证的政策过程视角,本书认为对政策冲突类型的划分,不是僵化的标准画像,而是综合不同验证变量的"累积式"动态统一体。基于此,我们从政策冲突的回应对象出发,将公共政策冲突划分为面向

---

[1] [美]克利福德·吉尔兹:《地方性知识——阐释人类学论文集》,王海龙、张家瑄译,中央编译出版社2000年版,第47—55页。

政策主体的政策冲突和面向政策客体的政策冲突两个层面。并且，依据冲突中公共政策所处"权力位阶"的不同，把面向主体的政策冲突大致划分为"不同位阶政策冲突""同阶政策冲突"和"政策内部冲突"三类。

此外，在具体的案例选择上，本研究主要考虑两个因素，一是冲突的类型特征。尽量选择属性特征明显、具有一定代表性的公共政策冲突案例来剖析，以便于分门别类梳理出政策主客体的选择逻辑及其效应。因为恰当的案例选择需要以科学的类型划分为前提，以保证研究结论具有"概推性"[1]。当然，囿于理论与实践之间存在的固有张力，我们也应该清楚，案例分析不可能直接拿着理论的标尺就从现实中找到理想的原型。诚如马克思所言，"如果事物表现形式和事物的本质会直接合而为一，一切科学就都成为多余的了"[2]。案例分析的"概推性"更以案例的真实性为基础，不能为了分析的方便而"削足适履"。二是信息的可获得性。尽量选择已有学者进行研究的案例或是媒体有较多背景报道的事件为分析素材，以获得准确的背景信息和充分的细节材料进行"深度描写"，将其行为本义尽可能还原。对任何一种人类行为和文化现象，无论是描写还是分析，其出发点、理论、操作等方面在浅度和深度方面会有一系列层次深浅不同的意义结构。探析的方式和深度不同，所获结果自然也会不同。而对政策冲突中政策主客体行为这一复杂现象的探究，"肤浅速描"断不能胜任，我们需要的是"深度描写"。

一 面向政策主体的政策冲突

面向政策主体的政策冲突，主要考察政策主体对政策规范的选择性执行及其所造成的排挤效应。根据不同政策所处"权力位阶"的不同，可进一步细分为不同位阶政策冲突、同阶政策冲突和同一政策内部冲突三类。在不同位阶政策冲突的选择背景下，政治权力因素成为我们预测政策主体行为趋势的主要验证变量；在同阶政策冲突中，权力因素的干

---

[1] 张建民、何宾：《案例研究概推性的理论逻辑与评价体系——基于公共管理案例研究样本论文的实证分析》，《公共管理学报》2001年第4期。

[2] 马克思：《资本论》第3卷，人民出版社1975年版，第923页。

预趋于均衡，历时背景下政策主体的动态博弈逻辑是我们的主要关注对象；政策内部冲突则为我们创设了共时条件下验证政策自身特性对政策主体行为影响的理想情景。

（一）不同位阶政策冲突：听"爷爷"的，还是听"爹爹"的？

不同位阶政策冲突，是指由不同层级政府制定的调整同一社会关系的政策之间的矛盾或紧张状态。"上有政策，下有对策"，即是对这种政策冲突现象的精彩描述。现阶段不同位阶政策冲突，主要体现为地方政策和中央政策之间的冲突。

1. 案例陈述："拉闸限电"——顶风而上，还是顺势而为

"节能减排"是缓解我国资源环境压力、实现经济和社会协调发展的必然选择和重要举措。2006年3月14日，第十届全国人大四次会议审议批准了《中华人民共和国国民经济和发展第十一个五年规划纲要》（以下简称"十一五"规划），首次将单位国内生产总值能源消耗降低比率和主要污染物排放总量减少值列入经济社会发展"约束性指标"。为了具体指导、推进各地的节能减排工作，国务院审核批复了《"十一五"期间全国主要污染物排放总量控制计划》《"十一五"期间各地区单位生产总值能源消耗降低指标计划》，将节能减排量化任务分解落实到各省、自治区和直辖市，并于2007年专门印发了《关于节能减排综合性工作方案的通知》以及《节能减排综合性工作方案》，要求各地要科学统筹和测算，将节能减排各项工作目标任务量化分解、逐级落实到下级政府部门和企业单位，实行"一票否决"制，将节能减排指标完成情况作为地方政府经济社会发展综合评价的组成部分，并且将其作为领导干部综合考核评价和企业单位负责人业绩考核的重要内容。至此，"节能减排"成为一个完整的政策体系，并在"十二五"时期，在"十二五"规划纲要（2011）、《国务院关于印发"十二五"节能减排综合性工作方案的通知》（2011）、《"十二五"节能减排综合性工作方案》（2011）、《节能减排"十二五"规划》（2012）等政策文件中得到持续更新和完善。

本书选取"十一五"末期"节能减排"政策实施的"收官"之年作为分析节点，来观察政策主体在政策执行关键期的行为博弈过程。2006年，"十一五"规划向全世界承诺，2010年末我们要实现单位GDP能耗降低20%，主要污染物排放总量减10%，并将指标层层分解到各省、市、

县、乡镇，以及一些大企业。为了完成"十一五"规划确立的能耗目标，在 2010 年下半年实现目标的最后关头，"全国各地都进入最后的决战"①。由于中央可以通过互联网系统直接调阅国内主要电厂的发电和用电检测数据，所以电力成为节能减排涉及的各项指标里唯一无法作假的指标，限电成了当时各级地方政府冲刺节能减排任务的一项核心工作。有不少地方政府甚至采取了"停限居民和公共服务单位用电、生产企业轮流停电"等做法，造成了极其恶劣的社会影响。

针对这一情况，国家相关政府部门积极作出了回应。国家发改委印发《关于进一步做好当前节能减排工作的紧急通知》，对拉闸限电等错误做法进行了严厉批评，并明令禁止"简单拉闸限电，停限居民生活用电、采暖和公共设施用电"。但发改委的紧急通知发出后，政策纠偏未见效果，一些地方政府依然我行我素。为此，国务院办公厅又下发《关于确保居民生活用电和正常发用电秩序的紧急通知》，再次严词重审，然而，仍有地方政府不令行禁止、依然我行我素。河南某市电厂为完成节能减排任务，关闭并拆除了冷却塔，在当地零下 10 摄氏度的寒冬时节，停止了对群众的集体供暖，造成了重大不良影响。其背后的直接动因却是，该市主要领导指示，电厂的关停是"死任务"，是当年减排任务能否达标的关键，并且指出"不能因保供暖而耽误完成节能减排任务"。② 无独有偶，浙江某地在国务院通知发出后，甚至还继续出台政策，"将实行用电时间和用电总量双重控制。从 11 月 25 日开始，新增有序用电企业采取'用一停一'，B 市西片单号用电（双号停电），B 市东片双号用电（单号停电）。当企业达到用电量限额指标时，对该企业实行停止用电"③。

这一案例中，政策冲突首先表现为下位阶政策主体——地方政府停暖、限电的"土政策"与上位阶政策主体——国家发改委、国务院办公厅的"禁令"背道而驰。深层次的冲突在于——节能减排与保障民生、可持续发展与当前经济平稳运行等协调发展问题之间的矛盾。

---

① 陈中小路：《节能减排倒计时，节能减排却成拉闸限电》，《南方周末》2010 年第 17 期。
② 陈在田：《为"减排"停暖是考虑谁的利益》，《内蒙古日报》2010 年第 14 期。
③ 竺乾威：《地方政府的政策执行行为分析：以"拉闸限电"为例》，《西安交通大学学报》（社会科学版）2012 年第 3 期。

从政策冲突的结果来看，政策主体倾向于"就近"选择，因为相比于中央政策，上一级政府政策更具有约束力。这样看来，不同位阶政策冲突中政策主体的政策行为选择，依然没有超脱分权化威权主义的作用框架，"自下而上"来看，政策主体的"就近"选择策略是对上级政府政策偏好的回应。只是在"纵向问责机制任意性权力很强而渗透性权力不足，地方人大、司法体制等横向问责机制具有很大局限"[1]，当地民众和企业等政策客体又缺乏制度化利益诉求载体和通道的制度背景下，政策主体往往在政策具体化时从"创新性执行滑向规避式执行"[2]，使政策异化，以致"节能减排"演变为"拉闸限电"，这更充分显现了"中心政策"的强大排挤效应。

2. 不同位阶政策冲突源起于同阶政策冲突

进一步追问，又会发现，如果"自上而下"层层递进，都保证"就近"选择，那不同位阶的政策冲突会大大减少，甚至根本不会存在。那这些不同位阶的政策冲突又何以会发生呢？根本原因在于政府责任内容本身的冲突。所以，归根溯源，不同位阶政策冲突都源起于同阶政策冲突。

案例中省级政府对节能减排目标的高度重视，并不简单是他们顺应地方经济可持续发展的自觉尝试，而是"就近"对中央政府转变经济增长方式、重视节能减排工作的回应。2010年5月5日，在国务院节能减排工作电视电话会议上，总理温家宝的强硬表态给与会官员留下了深刻的印象——"（节能减排目标）可不可以不完成？我大声呼喊一声：不—可—以！"[3] 即使在国家发改委和国务院办公厅的"紧急通知"里，也是站在"正确处理节能减排与合理发用电的关系"的角度来强调纠正"限制居民生活用电、企业正常生产用电等错误做法"。所以，深层次的冲突在于——节能减排与保障民生、可持续发展与当前经济平稳运行的矛盾。虽然，从应然状态来看，节能减排并不意味着就要拉闸限电，长远的协调持续发展也并不必然要损害当前的经济平稳运行。"不同责任目标和内

---

[1] 郁建兴、高翔：《地方发展型政府的行为逻辑及制度基础》，《中国社会科学》2012年第5期。

[2] 王国红：《地方政府的政策规避与政策创新辨析》，《政治学研究》2007年第2期。

[3] 陈中小路：《节能减排倒计时，节能减排却成拉闸限电》，《南方周末》2010年第17期。

容之间从长期看不存在根本冲突,但是在特定时期内冲突不可避免,因为管理者的精力、时间和资源有限。"① 案例中,"节能减排"在某些地区演变为"拉闸限电",非常重要的背景在于,面临 2008 年以来的世界金融危机,我国经济"下行"风险加大,"抗危机、保增长"成为各级政府经济工作的主旋律,节能减排被当成了预期性指标,部分节能政策如关闭落后产能、差别电价等政策被"排挤",让位于经济刺激性政策。到 2010 年上半年,经济形势好转,企业订单增加,开工率大幅提高。与此同时,"十一五"终结期临近,节能减排再次成为各级政府的"当务之急",显现出强烈的"排他"倾向。这个过程已经比较清楚地呈现了政府对政策选择性执行的"权变性"特征。

(二)同阶政策冲突:听"公公"的,还是听"婆婆"的?

同阶政策冲突,是指相同行政级别单位制定的调整同一社会关系的政策之间的矛盾或紧张状态。现阶段同阶政策冲突,主要体现为同级政府不同职能部门制定的政策在涉及相关事项时出现冲突。

1. 案例陈述:虾粮之争——促增长,还是保耕田

广西北海 D 镇农民响应中央关于农民增收的号召,搞产业结构调整挖塘养虾,收入大大提高。但此举又违背了《基本农田保护条例》,地方政府因之在 2003 年底清理虾塘,引发了一系列干群冲突②。

D 镇规模化养虾始自 2000 年。当年广西提出"创万元田、实现农民年增收 200 元",D 镇响应号召大张旗鼓搞农业产业结构调整。有群众在参考邻县的经验后就在自家承包的低产咸酸田挖塘饲养南美白对虾,并获得成功;此后更多的人参与进来,并陆续由咸酸田扩大到其他耕地。D 镇共有耕地面积 6 万多亩,其中 5.19 万亩为基本农田,现有养虾面积约 3.4 万亩,相当部分的基本农田被改造成了虾塘。鉴于 D 镇产业结构调整、农民增收的显著成效,2002 年 3 月,广西壮族自治区、北海市联合在 D 镇召开现场会推广养虾经验,D 镇产业结构调整的路子获得省市高度肯定;而到了 2003 年 11 月底,D 镇所在的合浦县政府却开展了大规模

---

① 杨开锋、吴剑平:《中国责任政府研究的三个基本问题》,《中国行政管理》2010 年第 5 期。
② 梁思奇:《"虾粮之争"凸显政策矛盾》,《瞭望新闻周刊》2004 年第 14 期。

的清理虾塘行动，并引发"12·2"事件，"农民增收"先进的 D 镇，转眼成了"破坏基本农田"的典型。

在这起案例中，《基本农田保护条例》中"禁止任何单位和个人占用基本农田发展林果业和挖塘养鱼"的政策规定和中央关于调整和优化农业结构、增加农民收入的原则性倡议，都是国家层面的政策要求，属于同位阶政策。当然，调整产业结构、增加农民收入，未必就一定意味着要"挖塘养虾"与"保护条例"相冲突。但 D 镇农户在响应这一倡议的实践探索中，用"挖塘养虾"实现了中央原则性倡议的"具体化"，某种程度上成为中央"政策输出"的表征。

2. 现有解释框架对同阶政策冲突中地方政府选择博弈的回应

在同阶政策冲突中，地方政府所现实呈现的回应策略及其选择逻辑，无论是中国特色财政联邦主义，抑或分权化威权主义，似乎都无法给出满意的解答。按照特色财政联邦主义的逻辑，农户"挖塘养虾"不需要缴纳任何税费，并不能直接带来财政收入的增加，但其会带动水产饲料业、水产品加工业的发展，产生经济的"溢出效应"，增加政府的财税收入。所以，发展型地方政府倾向于增加农民收入，鼓励占用基本农田挖塘养鱼。当地政府在 2003 年 11 月底之前对"挖塘养虾"这种探索行为的肯定态度和举办的系列推广活动，按照詹姆斯·威尔逊"所有行政活动都具有政策意义，甚至就是事实上的政策"[①] 的理解，确实体现了地方政府政策执行中的"财政收益最大化"选择逻辑，但这无法解释他们后来的"大规模清理虾塘行动"。而分权化威权主义在面对同阶政策冲突中的政府行为选择时则完全丧失了预测能力。

据此，我们可以简单地推论，政策主体在面对同阶政策冲突时的实际选择策略，并非依照"中国特色财政联邦主义"或"分权化威权主义"的简单逻辑推演，而是呈现出鲜明的"回应型策略主义"特点，遭受"排挤"的对象因时而异。对地方政府"策略选择"影响因素的分析可以从金登（Kingdom）教授的"多源流政策框架"获得启示。金登教授就政策形成过程，提出问题溪流、政策溪流以及政治溪流的相互

---

① ［美］詹姆斯·威尔逊：《美国官僚政治——政府机构的行为及其动因》，张海涛等译，中国社会科学出版社 1995 年版，第 52 页。

作用开启"政策之窗"①。而地方政府在面对不同政策方案时的选择性执行，从本质而言也是一种政策形成和输出的过程。只是这种政策形成是在既定政策方案中的选择，政策溪流已无太大影响，问题溪流、政治溪流成为关键变量。

(三) 政策内部冲突：相信"左手"，还是"右手"？

政策内部冲突是指同一政策内部的政策目标之间，或政策手段之间以及政策目标和政策手段之间的相互抵触和矛盾现象。这种冲突情景，屏蔽了政策选择中的权力作用因素，为执行机构创造了相对自主的选择空间，更有利于观察政策主体行为的实际逻辑。

1. 案例陈述：粮食直补政策——按计税耕地面积补贴，还是按实际粮食播种面积或产量补贴

"粮食直补政策"是在国家全面放开粮食收购和销售市场的背景下，为有效保护种粮农民利益而建立的直接补贴制度，即将原来在粮食风险基金中安排的补给粮食流通环节的钱直接补贴到农民手中，把间接的暗补变成直接的明补。这项政策自2004年开始在全国范围内实施，依据是当年党中央、国务院下发的"一号"文件《关于促进农民增加收入若干政策的意见》。"意见"认为农民收入长期上不去，不仅影响农民生活水平提高，而且影响粮食生产和农产品供给；要求国家从粮食风险基金中拿出部分资金，用于主产区种粮农民的直接补贴；其他地区对本省（区、市）粮食主产县（市）的种粮农民实行直接补贴。② 政策试行一年后，2005年财政部、国家发展和改革委员会又会同其他部门发布了直接补贴的实施细则（以下简称"05细则"），对粮食直补资金的筹措、拨付、监管以及直补机制进行了详细的说明和安排。③ 至此，"粮食直补政策"基本形成。

---

① ［美］约翰·W. 金登：《议程、备选方案与公共政策》，丁煌译，中国人民大学出版社2004年版，第27、118—119、219—224页。

② 中共中央国务院关于促进农民增加收入若干政策的意见 ［EB/OL］，(2004-2-8) ［2014-11-19］ http://news.xinhuanet.com/zhengfu/2004-02/09/content_1304169.htm。

③ 财政部、国家发展和改革委员会、农业部、国家粮食局、中国农业发展银行：关于进一步完善对种粮农民直接补贴政策的意见 ［EB/OL］，(2005-12-30) ［2014-11-19］ http://www.gov.cn/ztzl/2005-12/30/content_142985.htm。

在这项政策中，其内部冲突首先体现在政策目标上，是追求农民增收、还是优先考虑国家粮食安全。无论是政策肇始时的中央"意见"，还是政策实施中的地方解读，都认为这项政策既是为了解决农民增收问题，也是为了促进粮食增产[1]，具有双重功效。但实际上，"农民增收"和"国家粮食安全"却是性质完全不同的两个政策目标，前者属于"再分配性政策"，侧重的是"普惠"（公平）功能，后者是"分配性政策"，强调的是"特惠"（效率）功能。[2] 这也直接导致了二者在政策手段选择上的差异，体现为直补政策计算依据的冲突。农民增收的政策目标，更倾向于按计税耕地面积发放补贴，而粮食安全的政策目标则要求按实际粮食播种面积或产量来发放补贴。

2. 政策内部冲突中政策执行机构的选择偏好

在实际的政策运作中，从中央层面来看，其政策焦点有一个从强调增收到更为注重粮食安全的偏移过程。在"05细则"中，中央要求13个粮食主产地区的补贴尽可能做到与种植面积接近；其他地区结合当地实际选择切实可行的补贴方式。[3] 而在2014年的涉农"一号"文件里，中央开始倡导无论是否在粮食主产区，都要"开展按实际粮食播种面积或产量对生产者补贴试点，提高补贴精准性、指向性"[4]，把按实际粮食播种面积或产量计算补贴从对主产区的原则性要求调整为对全国的普遍性倡议，国家粮食安全成为中央更重要的战略考虑。这种政策重心的调整过程，一定程度上进一步印证了上文同阶政策冲突中政府政策选择因时、因势而异的"权变"特点。

从各级政府的实际政策作为来看，市级以上政府更多强调的是"粮

---

[1] 吉林省财政厅：我省粮食直接补贴政策的主要内容是什么？[EB/OL]，(2010 – 12 – 2) [2014 – 11 – 19] http://www.cc.jl.gov.cn/wcss/cczf/info/2010 – 12 – 02/1928/128425.html。

[2] 魏姝：《政策类型与政策执行：基于多案例比较的实证研究》，《南京社会科学》2012年第5期。

[3] 财政部、国家发展和改革委员会、农业部、国家粮食局、中国农业发展银行：关于进一步完善对种粮农民直接补贴政策的意见 [EB/OL]，(2005 – 12 – 30) [2014 – 11 – 19] http://www.gov.cn/ztzl/2005 – 12/30/content_l42985.htm。

[4] 中共中央国务院：关于全面深化农村改革加快推进农业现代化的若干意见 [EB/OL]，(2014 – 1 – 19) [2014 – 11 – 19] http://www.gov.cn/gongbao/content/2014/content_2574736.htm。

食安全"政策目标，县级以下政府则更多地把这一政策理解为再分配性质的补贴政策。① 一个典型的表现就是，"05 细则"的原则性要求实际上给予了地方直补计算依据的充分自主权，在此背景下，全国大多数地区的做法是，省里对各市县依据统计年鉴平均粮食播种面积进行直补资金分配，而市县则按计税耕地面积将补贴资金分配到乡镇。按照我们上文对不同位阶政策冲突政府选择和效应的分析，县级政府的政策选择是至关重要的。县政承上启下，是国家上层与地方基层、中央领导与地方治理、权力运作与权力监控、政策决策与政策执行的"接点部位"和经常性触点区域，反映了政策选择最终的实际效应。所以，粮食直补政策冲突中的实际抉择是，取向农民增收的按计税耕地面积补贴排挤了更有利于保障"粮食安全"的播种面积补贴，成为绝大多数基层政府的现实选择。

即使在实行按实际播种面积进行补贴发放的湖北、湖南等地②，他们制订了"五统一"的发放原则和翔实的工作机制、规范的操作程序，力争使补贴与当期实际播种面积挂钩③。但粮食种植面积处于经常的变动之中，核算播种面积操作困难、工作量大、透明度差、成本较高，工作成本约占直补资金的 10%—20%。④ 而这些直补的工作经费，中央要求原则上由地方财政预算安排，地方财政安排有困难的，在从紧控制的前提下，允许从粮食 K 险基金中列支，具体列支金额由省级财政部门提出申请，报财政部核定。⑤ 所以，基层政府在进行种植面积的实际核算时，为了降低工作成本、避免激化基层矛盾，大都奉行"只增减"原则，也多以农户经营权证面积上报。即使在粮食直补政策已经实行 11 年后，中央也只

---

① 魏姝：《政策类型与政策执行：基于多案例比较的实证研究》，《南京社会科学》2012 年第 5 期。

② 郭建军：《我国农业补贴执行情况、问题和建议》，《调查研究报告》2004 年第 201 期。

③ 湖北省财政厅：关于进一步完善我省对种粮农民粮食直补和农资综合补贴工作的实施意见 [EB/OL]，(2012 - 11 - 1) [2014 - 11 - 19] http://www.ecz.gov.cn/wzlm/zwdt/tzgg/23820.htm。

④ 陈薇：《粮食直接补贴政策的效果评价与改革探讨——对河北省粮食直补试点县的个案分析》，《农业经济》2006 年第 8 期。

⑤ 财政部：粮食直补工作经费管理办法 [EB/OL]，(2014 - 12 - 20) [2014 - 11 - 19] http://www.mof.gov.cn/zhengwuxinxi/caizhengwengao/caizhengbuwengao2004/caizhengbuwengao20041l/200805/t20080519_20190.html。

是要求稳定存量、增加总量，新增补贴向新型农业经营主体、主产区倾斜，在"有条件的地方"开展按实际粮食播种面积或产量对生产者补贴试点①。这充分显示了中央政府对地方政府按计税耕地面积补贴政策选择偏好的清醒认识，也说明了按实际粮食播种面积或产量补贴的政策执行难度。

二　面向政策客体的政策冲突

（一）不同位阶政策冲突、政策内部冲突中客体冲突向主体冲突的转化

政策客体是公共政策所作用和影响的对象，主要包括以"'事'的形式出现的社会问题和以'人'的形式出现的受公共政策作用的个人与组织"②，即公共政策的目标群体。从政策执行视角来看，政策冲突是指不同政策规范之间以及政策内部在时间和空间上存在的竞争和矛盾现象。正如前文所指出的，从政策冲突的回应对象出发，我们将公共政策冲突划分为面向政策主体的政策冲突和面向政策客体的政策冲突两个层面。其中，面向政策客体的政策冲突分析主要考察的是政策客体对政策规范的多重性遵守及其所造成的割裂效应。面向政策客体的政策冲突只有同阶政策冲突，因为不同位阶的政策矛盾，首先还是必须经过政策主体的选择，实际又转换成了面向政策主体的政策冲突。

在公共政策过程中，政策制定者经常会因为处于不同政策目标和价值而做出选择以及在不同风险分配、不同时间取舍的情景中而做出决策的问题，意即常常选入悲剧性抉择的"政策困境"当中。其实质是，政策主客体之间，以及政策客体意即政策目标群体之间也时常处于紧张的矛盾状态。一方面，政策主客体之间的冲突往往是因为双方在公共政策过程中所处的非均衡性地位和谋求的非一致性利益所决定的。在我国，中央政府和地方政府存在着"委托—代理"的关系。囿于不同的出发点和着力点以及不同立场上的考量，导致中央与地方的政策分异：前者更

---

① 中共中央国务院：关于全面深化农村改革加快推进农业现代化的若干意见［EB/OL］，（2014 – 1 – 19）［2014 – 11 – 19］http：//www.gov.cn/gongbao/content/2014/content_2574736.htm。
② 袁明旭：《公共政策冲突：内涵、表现及其效应分析》，《云南行政学院学报》2009 年第11 期。

多地从一个全局利益观的视角来进行政策设计与制定，目的在于增进社会全体福祉，而后者则相对更偏向于以自身为坐标轴来进行政策制定与执行以达到客观上维护和扩大本地区利益之目的。概言之，不同地区、不同政策部门构成了中央政府这个元政策场域主导下的一系列子场域，他们都遵循着自身特有的内在逻辑，代表着不同特定主体的利益，在整个政策元场域中既互相合作又互相竞争。另一方面，政策作用对象之间意即政策客体之间的冲突往往表现为政策目标之间、或政策手段之间以及政策目标和政策手段之间的博弈。在中国特色政策情景中，公共政策执行呈现出鲜明的"高位推动"特征。"这种政策执行方式客观上会为受'高位'重视的战略中心目标积聚充分的人才、资金、信息、权威等政策资源以保障其有效执行，而造成其他非中心政策的执行资源匮乏，形成政策排挤效应。"[①] 以此我们可以看出，不同位阶政策冲突、政策内部冲突中客体冲突，实际上是政策主客体之间利益、权力关系等的一种内在张力；政策客体的政策偏好的最终实现，归根结底还是取决于政策客体的抗争能力与政策主体控制能力以及不同政策主体之间政策意愿实现能力的博弈，这实际上又转换成了面向政策主体的政策冲突。

（二）面向政策客体的同阶政策冲突：全都"照办"，怎么"办"？

面向政策客体的同阶政策冲突，是指政策客体选择性遵从相同行政级别单位对调整同一社会关系制定和执行的互为前置、前后矛盾公共政策时所造成的矛盾或紧张状态。现阶段面向政策客体的同阶政策冲突，主要体现为政策客体面对同阶相互冲突政策时表现的"权变博弈""就高遵从""政策放弃"等现象。

1. 案例陈述："权变博弈"——争"盐"夺利的较量

长期以来，我国盐业部门对饲料企业加工过程中所添加、标注的"食盐"添加剂负有专营监管权力。然而，随着国务院在2013年12月7日颁布修订实施《饲料和饲料添加剂管理条例》以后，这一情况发生了逆转。该条例规定，农业部门是饲料企业加工添加剂监管的责任主体和归属部门，只有得到主管农业部门批准许可的企业才能进行正常的饲料生产。为此，农业部在同年12月发布修订的《饲料添加剂品种目录》，

---

① 任鹏：《政策执行力从哪里来》，《北京日报》2020年2月10日第10版。

将氯化钠收录在此名录之中,并且指出不在目录的添加剂都是违法产品。次年7月1日强制实施的《饲料标签》中,也将饲料和饲料原料成分中的"食盐"标示改为了"氯化钠"。至此,广东、湖南等多个省份的饲料添加"氯化钠"生产企业及经销行业、盐业、农业、地方政府和法院,都被卷入这场声势浩大的"氯化钠到底是不是盐"的"白马非马"之辩。在氯化钠和盐的争论之辩下,盐业部门和农业部门各说各的理儿,各自出招"围堵设卡",导致饲料企业左右不是,经济市场前进的车轮就这样陷于"人工天堑",动弹不得。两大部门互掐的背后,最核心的争论焦点在于:"氯化钠到底是不是盐?""谁拥有对'氯化钠'的监管权?"的问题。某市负责人向记者诉苦:不管他们使用"氯化钠"或者是"食盐",根据盐业部门和农业部门的规定都能认定为合法企业生产的合格产品,但是,他们同时都会被另一个部门进行查处,对于此中政策重叠矛盾现象,部分饲料企业真是投诉无门,感到无奈又无助。

其他行业也发生同样的情况,某地旅馆在办理相关许可中,公安机关要求旅馆必须在建筑内放置相关的防盗安全设施,然而当地的消防部门却根据规定要求旅馆必须保持通道以及出入口的畅通无阻,不允许安装防盗窗等设施。因此,在这样互为前置、互设条件的审批过程中,旅馆的店家对于平常司空见惯的防盗窗变得无所适从,陷入不清楚到底该遵守谁的规定的"审批怪圈"之中。于是在行政许可或者监管阶段,出现了令人啼笑皆非的画面,"公安部门来检查了,就把防盗窗安装起来;消防部门来了,就把防盗窗拆下来"。这些令相对人"左右为难,该听谁的?"无所适从的政策冲突,不仅增加了社会运行成本,更成为经济社会协调发展的障碍。

2. 案例陈述:"就高遵从"——一江之隔,两策相争

在A地可以顺利通行,在B地却被要求必须办理证件,否则要罚款。湖北黄冈某市通勤公司有30多台大客车,主要承担市内数家企业以及事业单位员工早晚上下班的通勤服务。2018年9月,该通勤公司一辆大客车在驶过长江大桥到鄂州城区的时候,却被鄂州市运管处执法人员以"未取得道路运输经营许可证,擅自从事道路旅客运输活动"为由拦下,并告知该通勤公司负责人孙某,在未办理道路运输经营许可证的情况下行驶车辆要被罚款。随后,孙某与客车注册地所在的黄冈市运管部门联

系说明此种情况,被告知按照相关规定,通勤服务车不属于道路客运运输类别,不需要办理所谓的道路运输经营许可证。仅一江之隔,为何同一辆通勤车适用的政策却截然相反?经过多次协商,未果。为了能继续正常营业,孙某不得不按照鄂州市的规定,在鄂州市区租用旅游客车承担相关通勤任务。然而现实情况是,租用旅游客车的运营成本远远高出了使用自家车的成本。

像这样"就高遵从"的案例还有很多,比如在中小企业融资方面,银监部门多次明确要求和下发文件规定,各级银行组织部门不得以贷收费,然而在现实中银行设置各种收费"名字"的条目却屡见不鲜。东北沿海有从事纺织行业的小微企业负责人向某银行请求贷款,却被银行要求按照2%份额收取"财务顾问费",如果不按照手续要求交予就不给予放贷。然而,当负责人向银行提出收费的政策依据时,银行工作人员模棱两可,也说不出所以然来。因为企业急需融资扩大生产,不得不承受这样一笔不合理的"财务顾问费",直接增加了企业的运行成本。

3. 案例陈述:"政策放弃"——程序上互为"前置"

在东部沿海地区,一家医疗集团打算在所在城市租用一处商业办公大楼开办专科医院。在去当地卫生部门办理医疗执业许可证时,卫生部门工作人员要求该企业需要先找城市规划部门将商业用地变为医疗用地以后,才能获得许可证的审批。然而,当该负责人找城市规划部门说明此种情况时,却被告知如果想办理土地使用的变更,必须要先拿到医疗执业许可证才行。类似于这样程序上的"互为前置"的政策冲突不在少数,而且各部门都有自己办理前置许可的法律依据,导致许多新上马的加工企业和项目两三个月甚至半年以上都难以办成营业执照,严重影响了企业及早落地,制约了经济发展。河北某新型铸造企业,在当地申请工商营业执照时,当地的工商局依据《建设项目环境保护管理条例》的相关规定,要求企业必须提供环境影响的评价文件,然而当企业向当地环保局申请环境评估的时候,环保部门却按照当地《企业投资项目备案办法》的要求,需要企业提供项目的备案文件;可是,在企业转向市发改委申请履行项目的备案程序时,却被要求需要提供企业的工商营业执照。就这样,企业好像掉入了互相矛盾、循环往复的尴尬境地,几轮折腾下来,企业只好宣布放弃。

由此看来，政策制定和实施总是相互交织联系的，各级部门需要不断地根据地方具体情况对相关政策进行界定和调整，打破循环往复、互相倒置的政策困境。在这个过程中，不仅包括对公共政策进行正常合理与灵活有效的处置，也需要对不合理的政策进行变通，才能有效减少政策冲突的不利因素，促进政策有效执行。"权变博弈""就高遵从""政策放弃"这种政策执行中的非主动，会直接导致政令不畅，从而带来政策效果的不佳，而这种效果不佳，往往会导致经济社会难以协调发展，增加经济社会协调发展成本，阻碍区域协调发展的实现，消解政策的社会协调效用。

第 三 章

公共政策冲突的成因分析

利益矛盾是政策冲突存在和生发的内在根源，只有深入分析利益实现要求的自我性与实现途径的社会性、利益形式的主观性与利益内容的客观性、利益的目标性与手段性、利益的有限性与利益发展的无限性之间的矛盾，才能深刻理解和认识政策冲突生发的内在机理。基于此，我们从政策价值观分歧、政策部门区隔、政策利益博弈和政策信息阻隔等方面重点分析公共政策冲突生成之理，注重把原因的分析与不同类型政策冲突的生发对接起来进行过程性解读，才能增强原因归纳的解释力和科学性，"找对病因""对症下药"，进而形成公共政策协同与经济社会协调发展良性互构的强大政策合力，使政策切实成为"变革社会现实、改造社会关系、协调社会运行、实现社会愿景的有效工具和有力武器"[1]。

第一节　政策价值观的分歧

所谓政策价值观，从行为选择逻辑来说就是公共政策价值取向模式，是对"政策系统行为的选择，即对社会资源的提取和分配以及对行为管制的选择"[2]；从政策执行主客体来看，是指"政策制定者以及其他涉及决策过程的人共有的偏好、个人愿望和目标"[3]。从不同学科来看，经济学、公共选择学和政治经济学一直把公共政策价值观定义为优先权益；

---

[1] 任鹏：《新时代中国特色政策制定模式》，《马克思主义研究》2018 年第 6 期。
[2] 陈振明：《政策科学》，中国人民大学出版社 1998 年版，第 484 页。
[3] ［美］E.R. 克鲁斯克等主编：《公共政策词典》，上海远东出版社 1992 年版，第 502 页。

政治学和社会学则认为公共政策价值观是维护社会秩序的主要规范；心理学和社会心理学则常常把公共政策价值观解释为个人或团体进行深入推理的能力；决策学把公共政策价值观看作修正主观预期效用的能力、使各种主观选择达到更大一致性的能力、将各种判断具体化的能力，纳入决策者辩论中的能力。综上我们可以了解，政策价值观是政策本质在政策主体头脑中的反映和在政策中的凝结，它蕴含着政策本质和政策主体的利益与意志，在具体政策行为中政策价值观所表现出来的则是具体的政策价值观念，主要由政策理论、政策理念、意识形态、政策评价标准等组成，具有多元性、主观性、多层次性、阶段性等特征。

哈罗德·拉斯韦尔认为，获得最普遍承认的价值观可能决定谁从现存利益中获得更多。人们总是会依据自己的价值观来理解世界并且改变世界。因此政策执行的期待和政策制定的目标也许反映了某些涉及政策过程对象内心的主观愿望以及这些对象对过去、现在或者未来的看法。在公共政策实践过程中，合意、高效、有力的公共政策应当最大限度地满足多元价值不同向度的要求，以此推动公共利益和政策愿景的完成实现。然而，公平与效率、局部和整体、当前发展与长远发展等多元的价值彼此冲突、分歧的事实却使得公共政策选择经常陷于"悲剧性抉择"的困境之中，公共政策经常要在这些"善"中进行排他性选择，这也就成为现实场景中政策冲突多发的重要原因。

一　公平和效率的价值观分歧

公平和效率都是基本的公共政策目标。能否恰当处理公平与效率关系，实现效率与公平价值观的和解，是破除公共政策冲突治理困境，确保政策行为以及结果是否合意、有效的基本标准之一。政策主体以最有效、最经济的方式，以尽可能少的政策资源投入，获得最大化、优化的政策效益产出，是公共政策效益原则的具体体现。效率的本质是强调发展，是解决社会发展过程中利益矛盾的重要方式，具体说效益解决的是关涉个人与集体、局部与整体利益之间的问题；总体来看就是要通过效率的"结果产出"来满足人民日益增长的对美好生活的需要。关于"公平"，恩格斯指出："这个公平却始终只是现存经济关系在其保守方面或革命方面的观念化、神圣化的表现。"① 从其本质上说，公平总是对一定历史条件下的生产关系的反映，它是一个历史范畴而非抽象虚无的概念，是人与人、人与社会之间利益关系的平衡状态；就其现实性来说，更多地是指经济与结果公平。② 作为公共政策基本价值目标原则的"公平"，要求政策行为的起点、过程必须形成公平的结果，尽可能满足社会群体在政治、经济和伦理利益方面的公平要求。尊崇公平原则，对于统筹调和短期与长期利益、微观和宏观因素，兼顾协调个人、社会、国家等不同行为主体的利益诉求和主张，平衡与之相关的利益冲突，扩散公共政策带来良好的治理效应具有重要意义。

效率和公平是辩证统一的关系，两者具有相互促进、相互作用的功能。一方面，社会生产效率的提升有助于为公平的质量和水平提升准备更多的资源和物质基础；另一方面，公平的制度和社会环境不仅有助于调节人们的实际行动和工作动机，增强效率提升的促动力，还可以缓解和消解人民的相对剥夺感，为效率提升营造良好的社会环境。然而，在现实的政策过程中，公平和效率常常是处于此消彼长、相互矛盾的一种状态。正如奥肯指出的："为了效率就要牺牲某些平等，并且为了平等也要牺牲某些效率。"③ 公平和效率的价值观分歧主要体现在以下三个方面。

第一，在价值观评判上存在矛盾。对于效率的评判往往关注的是政策投入与产出的比值是否最小、政策效果与预期目标是否最为接近，评判标准相对客观，更明确也更容易操作。而公平所代表的是在特定历史条件下人民对于公共政策起点、过程和结果中关于利益分配的主观感受和情感反应，其评价的标准往往是主观的。正如麦克斯怀特指出："公共管理话语中所宣扬的民主、平等、公正等背后隐藏的乃是意识形态和价值判断。"④ 符合评判效率的标准对于公平的评判总是不被认可和接受的。

第二，在政策价值选择取向上的分歧。效率更多秉持工具理性，强

---

① 《马克思恩格斯全集》第18卷，人民出版社1972年版，第310页。
② 丁春福、陈彦超：《新时代：公平与效率关系解析及政策选择》，《黑龙江社会科学》2018年第4期。
③ [美] 阿瑟·奥肯：《平等与效率：重大的决策》，陈涛译，中国社会科学出版社2013年版，第2页。
④ 汪大海：《西方公共管理名著导读》，中国人民大学出版社2011年版，第235页。

调公共政策的"工具"特征和"手段"属性，以其对于政策目标实现的有效性作为评定标准。然而，对于手段的评价可以依据政策目标的实现程度进行，但是手段本身的价值属性不能做判断。公平相较于效率更加强调价值理性，其主要是以精神要素、文化内涵以及价值判断等作为评判的主要目标，比如公平、民主和自由等。

第三，在价值观的行为期待上存在分歧。效率更多关注的是公共政策过程的合理性，专注于通过政策资源的有效配置和政策手段方式的科学选择，将实现帕累托最优作为最高效率的标准，在此基础上最大限度地提高公共政策的有效供给和实际效用。而对于不同个体、群体和阶层之间享有的效用差异，往往不在效率价值观的核心观照范围之内。相反，公平则更多强调的是结果分配的合理平等性，注重对不同个体、群体和阶层之间享有公共政策效用的协调与均衡。

由此可见，效率和公平是公共政策面临的两难问题，同时也是政策冲突生发的重要原因。党的十八届三中全会指出，推进全面深化改革必须更加注重改革的系统性、整体性和协同性，激发社会财富创造的源泉，让发展成果更加公平地惠及全体人民。从公共政策视野来理解，推进全面深化改革、极大解放社会生产力是对政策在效率层面的要求，让发展成果更多更公平惠及全体人民则是对公平层面的要求，要想实现全面深化改革的总目标，就需要统筹兼顾效率与公平的关系，使任何公共政策与公平和效率相统一的价值观相契合。在社会主义中国，人民是国家的主人，让人民共享改革发展成果是我国社会主义制度的优势体现，而实现公平与效率的统一是我们党和国家重要的政策价值遵循。我国在公共政策制定中从"效率优先，兼顾公平"向"效率与公平双赢"的过渡，反映了我国公共政策价值观的冲突及其在不断调适过程中的变迁。[1]

二 局部与整体的价值观分歧

所谓局部和整体的概念只是相对于公共政策本身才具有意义。它不仅表现为作为公共政策整体利益和局部利益之间的价值矛盾，同时表现

---

[1] 钱再见：《论公共政策冲突的形成机理及其消解机制建构》，《江海学刊》2010年第4期。

在作为实现政策利益的主客体之间，由于政策利益实现的着眼点不同，其价值取向、选择也必然存在差异。局部与整体价值观的分歧会造成政策冲突，直接影响公共政策目标的最终实现。政策实质是对公共利益的权威性分配，这一实践过程并不是基于公平、平等的基础上进行的，他们往往在空间上存在着客观的差别。所以，在公共政策利益分配和处置的过程中，如果破坏了地区的公平原则，那么在地区之间就必然存在着利益相关的紧张和矛盾状态，最终会造成以利益得失为基础而造成的局部与整体的价值观分歧。从理想的政策生态来看，中央和地方在公共政策过程中的根本利益和价值是一致的，但在实际政策实践中，由于中央、地方在权力范围和利益格局等方面的规范性缺失和制度化的滞后，常常伴随着地方与中央"讨价还价"，牺牲个别地方利益和价值、维护国家整体利益，因权责不明晰上下级与同级部门间相互"争利"等一系列的政策矛盾冲突，从而产生基于利益分歧的价值冲突。

在现实公共政策实践背景下，各地区及部门进行政策制定和执行考量的首要驱动因素是自身利益，因此在利益相互冲突的情况下，各自政策如果缺乏有效的统筹安排和及时的利益协调，便会在执行中造成相互冲突，产生政策分歧。从公共政策的构成来看，政策制定主体呈现出明显的多元化倾向，各个地区和部门总是基于本地区或部门的利益需求制定和推行公共政策；即使在共同制定区域之间或者跨部门联动的综合性政策规划时，都会在此利益博弈中为自身争取最有利的位置，以便实现自身政策效能和利益的最大化。因此，各政策主体只有在利益一致时，才能达成相对统一的意见，即在维护自身利益的同时还能实现整体共同体的共同利益。然而，在更多情况下，各政策制定主体间的利益是处于相互竞争和冲突的，甚至某些政策主体在面对利益选择时，会呈现出牺牲整体利益而追求局部利益的冲突状态。比如《珠江三角洲地区改革发展规划纲要（2008—2020年）》的出台为推进珠三角区域经济一体化注入强劲动力，提供了政策支持与良好机遇。尽管珠三角区域属于广东省范围和管辖，但从行政区划角度来说，它又被划分为广州、深圳、珠海、佛山、江门、东莞、中山、惠州和肇庆九个市级行政区，在地方利益驱动下，珠三角各个城市从自身利益需求和本地经济发展的目标出发，通过制定地方性法规、政府规章及规范性政策文件的形式，设定有利于各自发展的规范要求，从而导致政策冲突。事实上，不仅珠三角地区的城市之间，其他省市的城市之间、全国各省市之间均存在此类政策冲突。[①] 每个城市拥有自己管辖的土地、居民和禀赋各异的自然资源、人文资源，具有相对独立甚至对立的利益。长期以来我国经济发展中呈现出"行政区经济"的发展态势，它表现为行政区划对区域经济的刚性约束，其根本目的在于保护和扩大本地方利益。

管理学的"木桶法则"认为，组织就好比一只盛水的木桶，木桶盛水的多少不在于最长的一块板，而在于最短的一块板。依照这一逻辑，在政策实施过程中，过分强调局部政策利益的实现，并不能很好地达成政策的整体效用，需要协调和处理好局部利益和整体利益、个人利益和部门之间的关系，也就是树立整体性思维。公共政策实施主体，不能仅仅考虑本地区、本部门的利益，还需要从整体的角度来审慎选择政策，要思考政策对整个国家会产生正面还是负面的影响，要思考政策的外部效应会不会损害其他地区和部门的利益。所以，在上述案例中，各城市应当破除旧有的狭隘地方利益观和地方保护主义观念，打破地区封锁与行政壁垒的政策围墙，跳出长期以来因行政区划而形成的"行政区经济"观和利益对立窠臼，树立区域经济观、区域利益协同和合作共赢的立法理念。各城市在跨区域合作中，只有充分认识自己不仅仅是行政区内公众利益的代表，同时也是区域整体利益的准代理人，其单边行动会直接影响区域合作的可持续发展，只要它们对这些问题有充分和理性的认识，就有可能会在实际行动中减少损害区域公共利益的行为。"共同体的每个成员所负有的一项义务就是使共同体的利益优先于他的自我利益，不论两者在什么时候发生冲突都一样。"[②] 进入新时代，面对全面深化改革纷繁复杂的改革任务，政策主体更需要树立整体思维的公共政策思维，处理好局部利益与整体利益之间的关系，坚持改革政策决策实施不是同本地区、本部门的本身利益出发，而是从改革政策发展的整体利益角度来

---

① 石佑启、黄新波：《珠三角一体化的政策法律冲突及其协调》，《广东行政学院学报》2011年第23期。

② ［英］A. J. M. 米尔恩：《人的权利与人的多样性——人权哲学》，夏勇、张志铭译，中国大百科全书出版社1995年版，第52页。

看待自身的局部利益实现，从党的执政地位、民族复兴大业的角度来衡量得失。总之，处理好局部利益和整体利益的价值观分歧，是协调和治理政策冲突、实现公共政策目标愿景的题中之义。

三 当前发展与长远发展的价值观分歧

从时间维度来看，政策价值观的分歧还表现在当前发展与长远发展之间的分歧和冲突。公共政策是变革社会现实、改造社会关系、协调社会运行、实现社会愿景的有效工具和有力武器，其不仅重点关注解决当下的社会问题，更重要的是通过变革不协调的社会关系，有效实现未来"美美与共"的政策治理愿景。然而在现实公共政策实践场景之中，政策主体很难对当前发展利益与长远发展利益做出正确的判断和行动选择，进而导致公共政策短期利益和长远利益的价值冲突。

一方面，对于政策主体的领导干部来说，由于受任期内"经济锦标赛""政治锦标赛"、政绩最大化的晋升制度影响，在制定和执行公共政策过程中往往将短期的政绩最优作为前置性选项，热衷于当前政策目标的实现；此外，在政策制定过程中，领导干部受自身主观局限性的影响，总是将自身利益或部门利益作为政策制定的优先考虑因素，很难公正、全面、坚持长远地制定、执行及评估政策。另一方面，作为政策目标群体的广大民众，囿于自身利益和政策环境、眼光的局限性，难以对公共政策近期利益和长远利益的辩证关系有较为正确的态度。由于把握政策信息的有限性，人民群众往往将是否解决自身问题、实现当前利益作为评判公共政策效果好坏的标准。可以说，公共政策设计的时间因素与人民对政策本身的热情及关注程度总是呈反相关的，意即越长远的政策规划因为离民众的现实较远，民众难以对其产生共鸣；与此相反的是，民众对于直接的和近期的公共政策关注度更高，并且也具有更高的积极性。

事实上，人们以主体需要对政策价值评价时往往从眼下的需要出发，而忽视了公共政策运行的长远效果。政策执行似乎达到预期的效果，但随后的长远结果总是违背人们的利益，甚至偏离原来的政策初衷。"尽管科层组织知识分子一般迎合决策者的观点，但是他们也会设计出与政府决策者的目标和价值观相违背的替代行动路线，价值观的冲突常常发生在政策提案中，这可能会导致矛盾的爆发。"默顿在此所说的矛盾的爆发也就是政策冲突的开始。

经济发展和环境保护的现实困境是理解公共政策当前发展与长远发展的价值观分歧的重要"窗口"。长期以来，经济发展和环境保护是领导干部不可回避的一对"两难矛盾"。环境库兹涅茨曲线理论认为，在经济发展的初期，随着人均收入的增加，环境污染会逐渐由低升高；当这两个曲线达到某个临界点的时候，随着人均收入的进一步提高，环境会得到改善和恢复。处于经济发展的初级阶段，通过以牺牲破坏生态环境而追求短期的经济快速发展来发展社会生产力、提高人民的物质水平，成为当政者政策行为的首要目标。在对中国特色地方官员"晋升锦标赛"机制的大量实证研究表明，在其他条件一定的情况下，任期内的经济增长即追求 GDP 的最大化是地方官员获得上级认可、取得职位晋升的突出竞争优势和重要政绩资本，经济效益一度成为全社会的普标现象。其主要原因在于，生态环境对于人们身体健康保护和推动经济社会发展的作用往往是一个缓慢而长期的过程，在强调短期经济收益最优的驱动下，地方政府、企业以及其他公共政策行为主体由于对未来保持有较高的主观"贴现率"，会作出透支生态环境而强力推动经济发展的"短视"行动，甚至出现饮鸩止渴式的恶性开发局面。如此种种，经济发展的当前发展与保护环境的长远发展往往呈现为相互博弈的关系，直接表现为政策冲突矛盾的出现。

第二节　政策利益的博弈

政策冲突的生发是多重因素交互作用的结果，其中既包括政策制定主体的原因，又包括政策客体的原因，呈现为多种复杂因素相互影响作用下的冲突。归根结底，这些冲突背后的根本原因是利益冲突。当今时代是一个利益多元化的时代，利益最大化是每个利益主体的最高追求和最大目的，他们为利益动机所驱动，则会抓住政策制定的机会寻求利益的最大化。戴维·伊斯顿把公共政策看作一项价值分配与调节活动，而社会价值的分配与调节本质上便是对利益的分配与调节，人与人之间之所以会形成政治关系、进行公共政策制定及实施的根本出发点是实现个人利益最大化。而现实中利益实现要求的主体性、差异性、无限性与实现途径的社会性、实现规则的同一性、实现资源的有限性之间形成的矛盾、冲突和紧张关系，使得社会群体无限的需求与有限的资源之间的矛盾难以得到解决。公共政策在调节社会利益的过程中，一部分个人或群体利益的满足等价于有一部分个人或群体的利益得不到有效满足，利益冲突由此产生。美国公共伦理学家特里·L.库珀在《行政伦理学：实现行政责任的途径》一书中指出利益冲突是指"我们个人自己的个人利益与我们作为一个公共官员的义务之间产生了冲突。这种冲突包括角色冲突和各种权力资源之间的紧张关系，但这些冲突中较典型的是为我们提供了滥用公务谋取私利的机会"。如此，政策利益冲突是公共政策冲突产生的根源。

公共政策的最大价值是对社会公共利益与价值进行分配和调节，由此公共政策主体便拥有了一只"看不见的手"，从而可以为个人或本部门、本地区谋取利益。但由于公共政策主体是由理性选择的个人构成的，在一定程度上具有为个人谋取私利的倾向，因此利益冲突与利益博弈频发于公共政策主体之间，对外便集中表现为公共政策的竞争与冲突。政策利益的冲突和博弈主要体现在三个方面：地方利益与中央利益的冲突；部门间利益的分化与博弈；政府部门与民众之间的利益博弈。这些基于不同利益考虑的政策之间的利益博弈引发着政策冲突。

一 地方利益与中央利益的冲突

基于对不同出发点、着力点以及不同立场的考量，中央政府与地方政府各自所扮演的角色大不相同：前者的身份是政策制定主体，其出发点是政策问题能否通过政策的制定与执行得到有效解决，其立场是要不断地增进全体社会福祉；后者所扮演的是政策执行的主体，其出发点是本地区的预期利益收益能否通过政策的制定与执行不断增加。在中央政府与地方政府这一组政策利益关系中，前者更多地站在全体人民的立场上进行考量，代表着最广大人民的根本利益，其落脚点是增进社会的整体效用；后者作为一个"社会小世界"有着相对独立的运行逻辑，谋求本地区的最大利益是其执行政策的出发点。在中央与地方这两个政治共同体之间出现利益冲突时，地方政府更倾向于牺牲中央利益达到维护自身利益之目的。

中央政府与地方政府之间的利益冲突表现在多方面,主要集中在财政转移支付、财权分割和政治权利配置等领域。众所周知,中央和地方这两者之间对社会资源的控制失衡是它们之间的最大差别。换言之,不同的地方政府和部门遵循着符合自身权力位阶的政策运行逻辑,并且有着自身独特的利益需求,"而这种需要,在许多情况下与作为一个整体的国家的需要是有区别的"[①]。因此,在某些特定的领域处理自身事务时,地方政府就好像一个"国中之国"一样,有着不同于中央利益的意志要表达和执行。一方面,在政策制定与执行这个根本性的元场域内部,每个地方政治共同体都会根据自身所具有的某些优势或"劣势",想方设法、积极主动地同中央政府进行"谈判",以求达到更为有利的政策空间和更多方面的政策资源倾斜;另一方面,在同整个政治经济场的关系中,更是利用各式各样的手段方式同中央政府及其他地方政府进行竞争,一是为了最大可能避免各种资源从本地区流出,二是要力求有更多的资源流入本地区。

为了保证中央政府利益的顺利实现,必须对地方政府的行为进行调控和管理。中央政府通过对权力和资源的控制和掌握以达到约束地方政府决策的目的,其具体路径主要表现为政策资源配置、财政转移支付和政府绩效考评制度等领域。中央政府代表的整体利益与地方政府代表的局部利益并不常常一致,而是存在着冲突与矛盾。公共政策冲突正是在这种多层级的组织关系中,在中央与地方的妥协与协商中逐渐形成的。

仅仅就地方政府而言,由于地方政府具有双重角色既是政策对象又是政策执行者,因而在经济基础层面难免出现利益冲突,在上层建筑层面则主要表现为政策冲突。一方面,地方政府在扮演政策对象这一角色时,他们作为政策的利益调整和实现对象,有着自己的特殊目的和利益要求,利益最大化是他们的最高追求。地方政府借以实现利益最大化之目的的手段主要有三种:一是通过强调和突出该地区在全国经济发展格局中的重要地位以达到对中央政府的发展战略决策产生影响,从而争取政策层面的倾斜。二是地方政府从本地区利益或局部利益出发,高度关

---

① [美] F. J. 古德诺:《政治与行政》,王元、杨百朋译,华夏出版社 1987 年版,第 27 页。

注本地区社会经济发展战略制定的着力点,积极主动地向中央政府推荐本地区项目,以期得到中央政府的政策支持。三是通过疏通各种关系,以达到跑"部""钱"进等目的,实现本地区的利益最大化。另一方面,地方政府在扮演政策执行者这一角色时,公共利益和公共责任是他们执行、实施政策时的最低标准,政策预定的价值目标是他们必须精益求精、认真完成的目标。政策对象和政策执行者这两者之间好像"天生为敌",处处有冲突。由于政府公职人员作为公众利益的代表有时会遭到私人和部门利益的干扰,政策任务则会出现偏差,政策目标则会变得扭曲,因而引发政策冲突。比如,监督煤矿的生产安全是安监局的职责,如若安监局公职人员被私人利益"挟持",则会加大私人利益代替公共利益的可能性导致监管政策落实形同虚设,这也是近年来我国安全事故频发的主要原因之一。

二 部门间利益的分化与博弈

党的十一届三中全会以来,随着经济体制改革的深入,行政权力不断分化,导致政府部门之间为了各自的政绩,为了维护本地区的局部利益,为了争夺有限的社会资源,为了追求自身利益最大化,竞争的激烈程度不断加剧。公共选择理论揭示,政府部门及其官员并不是一个无意识、无偏好的"稻草人",而是基于理性选择来进行行动以追求个人利益的最大化者。因此,尽管在客观上他们必须承诺去实现公共利益或社会利益的最大化,但实际上他们有意或无意所追求的是自身利益或组织自身的目标实现。就地方政府作为一类特定的社会行动者而言,实现这些利益和目标的基本手段便是制定和实施相应的公共政策,具体表现为凭借其自身所占有的资源以及出于自身习性而采取的一系列政策策略。概言之,在多数情况下,公共政策实质上是各级各部门在社会政治经济的元场域中通过竞争以便有效控制资源、谋取更有利位置的手段。

政府机构不是一个由纯粹的科层架构、规章制度和行为规范而有逻辑地构成的抽象组织机构,它是由政府公职人员所组成和运作的。这些公务人员作为政府系统中的一员要求他们必须为公共利益所行动,但是作为单个的个人则以自身利益为行动准绳,或者说尽管政府的存在本身对于公众来说是透明的,但是政府里的工作人员是一个个的"黑箱"。这种"二律背反"在政府行为理论中得到了理论上的观照和表达:"政治家和政府的个人利益是理解非市场过程的一个重要因素。"在当代民主社会中,不同于封建时代的威权政府或家长式政府,现代政府机构并不神秘,其行动准则不再是被假托为"天意"的专制皇帝的个人独断,也不是像西方社会那样是打着"上帝荣耀"旗号的教会与封建王权的同流合污,而是同任何社会经济主体一样遵循着"理性'经济人'的假说",同样追求自身利益的最大化。政府机构作为一种现实的客观存在的——也就是存在与社会关系网络或社会政治经济元场域中的公共权威机构,具有公利性(利他性、公益性)与自利性这种二重矛盾性。"诚然,政府本身不应有自己的私利,但操纵并组成政府的人却有着自身的利益,而且他们会借助政府的强制力来实现自身的利益,这时政府权力就完全表现为同人民大众的'分离'"[1]。

长期以来,政府部门既扮演着裁判员又承担着运动员的核心角色,无论其在主观上如何约束自己,在客观上都缺乏有效的监督,因而都有机会通过运用公共政策来获取社会资源,直接或间接、有意或无意地为其获取自身利益提供了便利。就其初衷而言,政府运用其公共权力向社会提供政策公共产品,乃是为了调控社会资源的初次分配以及再分配,以达到优化资源配置、提高社会效率的目的,但这是以政府(包括各级地方政府在内),对社会资源的绝对掌控为基础的。对于民主法治尚未健全和完善的现代社会来说,政府的组织架构和人员构成、对资源的掌控和分配、法律法规以及政策策略的出台对于公众来说缺乏透明度,为政府各部门牟取非公共利益提供了客观上的机会和条件。再加上政府公务人员的法治、民主、廉洁、全心全意为人民服务的意识良莠不齐,更兼之不可能以强有力的思想武器武装自己的头脑,使政府部门的自利性欲望得到扩张,成为公共政策冲突生发的重要原因。政策冲突作为社会上层建筑乃至意识形态的一部分,在本质上是经济基础领域内的政策主体之间的利益冲突,各政策主体在社会政治经济元场域内进行利益博弈的过程反映到社会行政政策策略场域中就表现为公共政策之间的冲突。

首先是政府部门间直接利益博弈所引发的政策冲突。就其直接性或

---

[1] 顾平安:《政府发展论》,中国社会科学出版社2005年版,第11页。

自在性而言，公共政策冲突根源于政府机构间在各自作为理性行动者所具有的经济、文化和社会利益上存在的分歧和冲突，也即是由政府部门作为自利性、自体性的存在本身所具有的本质规定来引发的政策冲突。官僚组织寄生于政府科层架构和上级对下级绝对支配权威的基础之上，其自身的生存和发展就是各种社会资源占有和分配链条的集中体现，由于社会经济、文化等资源或资本的稀缺性和有限性，政府部门之间无论是直接间接、有意无意、于公于私都会为谋取争夺这些有限而特定的资源而展开竞争。政府部门之间由于在政治经济场域中的位置不同、本身所占有的资源以及属性都不同而导致其利益关系交错复杂，因此，在公共政策的现实运作过程中政府部门之间总是会因此而产生利益上的相关冲突，而这种潜在的或者是直接的利益冲突和矛盾对抗，也会直接通过部门之间的公共政策活动直接表现出来。政府部门若由于缺乏法律法规的约束或社会公众舆论的监督，其自利性、自我性、自为性一旦恶性膨胀，常会导致其自控能力、自我监督和约束效力、行政能力的下降，一旦它无法管好自身，就会把本应为社会全体谋福祉的公共政策，作为谋取己利、以权谋私的手段工具，进而引发政策之间的利益冲突和矛盾对抗。

其次是由政府部门之间的权力争夺而引发的政策冲突。就其间接性或自为性的方面而言，各政府部门之间的政策冲突往往是其中权力争夺的集中体现，尽管如上文分析所指出的，这在根本上乃是由经济、文化和社会利益冲突所导致的。

行政权力是由社会全体成员赋予并由宪法和法律所担保的，其不仅是由政府部门掌控和行使的基本权力，还是政府部门推进公共政策科学制定、有效执行的合法性基础以及实现部门最优愿景目标的重要工具和手段。从场域的思想来看，一方面，行政权力体现着各政府部门作为一类特殊的社会行动者在社会政治经济元场域中所占有的支配地位，而另一方面，这些用来界定政治经济场本身的结构的不同位置，其本身就构成对于一定量的和结构的经济、文化和社会资本的占有关系。就此而言，各政府部门在社会元场域中的竞争既体现在为争夺支配地位所进行的权力斗争，也意味着隐藏在这些不同场域位置之后的利益争夺。因此，经济基础层面的资源和利益的争夺总是展现为意识形态层面的权力斗争，而政府部门之间的利益博弈和斗争最终展现为社会上层建筑层面的政策冲突。

三 政府部门与民众之间的利益博弈

当前我国正处于全面深化改革、推进社会主义现代化建设的关键时期，在西方自由主义思想的影响下，个人主义盛行，利益博弈现象频发，主要表现为改革主客体政策利益主体多元化、利益来源多元化、利益差别扩大化、利益关系复杂化、利益表达公开化以及利益冲突明显化，随着时间的推移呈现为愈演愈烈的趋势。在利益博弈过程中，政府部门扮演着政策制定和政策执行主体的角色，民众则扮演着政策目标群体的角色，两者之间的利益冲突是造成政策冲突的直接缘由，深刻影响着公共政策的实施与执行。比如在具体政策执行过程中，政府的拆迁补偿政策中补偿标准的设定，政府部门希望补偿标准尽量客观公平，而民众却希望补偿标准越高越好；再比如，某具体政策的实施，大量的公众与政府的对抗事件，因对案件判决不满与政府部门对抗、地方的上访与阻访、反对政府的某项规划进行的请愿等，政策的制定和执行等环节中利益受损的目标群体与政策主体之间产生冲突。

社会政策场域中政府部门与其他社会行动者所处的位置是不同的，前者一般处在支配地位，掌握较多的社会、经济或文化资本，而后者处在被支配位置；所以，政策系统中政府部门与民众之间的地位是不均衡的。其中，作为政策主体的政府部门居于主导地位，是政策的制定者、执行者、评估者、监控者，对于公共政策的制定过程具有很强的行为控制力和思想导向性；而人民大众作为公共政策的目标群体和被动接受者，大多是居于被支配地位的，经常受到公共政策主体的利益约束和行为限制。此外，政府与民众的利益诉求也是有差别的。政府是公共利益的代表，一般包括对于国家整体公共利益的代表、本地区局部利益的代表以及政府自身利益的代表三重角色。政府的三重角色的利益逻辑与作为目标群体的民众之间的利益诉求既存在一定的重合，同时也有较为明显的冲突之处。在现代民主法治社会的话语框架中，地方政府和民众之间也会围绕各自的利益展开博弈活动。

总体来看，政府是社会公共利益的代表，在公共政策执行过程中更多关注的是较为全局性的、更为长远的、谋求大多数人福利的利益，强调公共政策的公共性和共享性；而民众作为个体利益的代表和谋求者，对于政策利益的追求更多关注的是利己的、眼前的个体利益，强调的是公共政策的利己性。因此，在公共政策实践中，政府所代表的公共利益和民众追求的个体利益不可避免地会发生碰撞并产生冲突，同时在这种利益博弈和政策冲突的相互交织中推动公共政策不断进行。因此，"在每一行动之前，必须向党员和群众讲明我们按情况制定的政策。否则，党员和群众就会脱离我们政策的领导而盲目行动，执行错误的政策"[1]。作为政策执行主体的政府要向人民群众大力宣传党的精神、战略部署和政策举措，在全社会统一思想、形成政策共识，使民众正确认识到政府政策的公共利益与其自身利益诉求的一致性，进而增强政策执行的认同感，推动公共政策有序进行。

此外，在政策制定过程中还会受到利益集团的影响，利益集团具有很强的组织性并掌握一定的资源，能够对政府政策施加影响，从而使政策有利于本集团利益的实现。公共选择学派认为，在公共决策或集体决策中，实际上并不存在根据公共利益进行选择的过程，而只存在各种特殊利益之间的"缔约"过程。这些不同的利益集团有着不同的利益诉求，他们通过"合法"的"缔约"来瓜分利益。所以，有着共同利益要求的个体或群体有组织起来影响政府政策的需求，在共同利益驱动下集团成员之间形成合力影响政府政策。社会中存在着多个能对政策施加影响的利益集团，不同团体间的利益不同，组成团体的社会成员的利益所得必然是以其他社会成员的利益所失为代价。"为此它们会各自以不同的方式来对政策的制定、执行施加不同的影响，这就使得对同一社会问题因外因的影响而导致着眼点的不同或因着力点的不同而制订出不同的政策，其结果自然是出现前后矛盾、相互冲突的局面"[2]。

---

[1] 《毛泽东选集》第4卷，人民出版社1991年版，第1286页。
[2] 赵一霖：《政策冲突成因简析》，《湖北行政学院学报》2007年第2期。

第三节 政策信息的阻隔

公共政策面临的复杂信息环境，具有多样性和发展性的特点，政策信息输入—政策信息转化—政策信息输出—政策信息反馈这一信息系统的工作流程体现了信息要素贯穿政策全过程、各个环节的关键作用。然而，受政策主体的权力本位、缺乏沟通的传统和政策客体水平参差不齐等主观因素的影响，以及信息建设不完善、信息传播沟通体制与机制的不健全等客观因素的侵扰，政策信息在某些环节往往会出现一定的信息干扰现象，阻隔政策信息的有效传递，尤其是如果公共政策决策各部门之间通过不同渠道获取的信息有误差，就会直接导致决策和执行各部门出现内在不协调和政策不连贯、聚合力小的情况，最终导致决策冲突。因此，在公共政策过程中，必须建立现代化的信息系统，发挥现代化信息系统对公共政策各部门的强制约束作用，切实将政策信息的交流、沟通和共享规范在制度体系的保障下，使政策信息沟通达到公共政策制定和执行对其常态化和稳定化的要求，减少和避免出现公共政策信息阻隔，有效实现公共政策的信息价值。

一 政策信息公开的实效性有待提高

政策信息公开是信息时代的必然要求，公共政策从制定到实施一刻也离不开政策信息公开。充分有效的信息公开能够为政策主体和政策客体构建信息传递和交流的渠道，实现信息共享，减少政策冲突，提升政策制定的科学性、民主性和政策执行的高效性。

信息公开制度始于20世纪80年代，经过几十年的发展，政策信息公开建设正在逐步推进。2008年5月1日《政府信息公开条例》（以下简称《条例》）正式出台，这标志着我国行政法治建设迈上了一个新的台阶，《条例》规定"公开是原则，不公开是例外"，对政策信息公开、在政策中充分体现民意、提高政策执行力、防治权力腐败、打造透明政府具有重大意义。但在现实中，信息公开不充分造成的政策信息阻隔的问题仍然有待解决。

造成政策信息公开不充分的原因主要有以下几点：第一，对政策信息充分公开的认识淡薄。受传统观念的影响，政策主体中的一部分人员错误地认识政策信息公开的性质，简单地把自己与人民群众理解为一种管理者与被管理者的关系，缺少责任感和奉献意识。甚至将政策信息视为决策部门的特有资源，被动地进行政策信息公开或者有选择地进行信息公开，回避公开义务。除政策主体外，政策客体对政策信息公开的要求较低，公众参与热情不足、动力不高。社会公众受知识水平、政治素养和心理定式的影响，并不清楚享有信息公开是公民的一项权利，公民对政策信息的关注度远远不够，也是导致政策信息公开不充分的重要原因。第二，对政策信息公开的基础性研究不足。社会公众对政策信息的重视随着政务公开正在逐步推进，但缺乏深入全面、系统的认知。对政策信息公开的基础性研究相比现实政策信息公开需求远远不够，主要体现在对一些相关概念的界定比较模糊，容易造成使用混乱；对信息公开的主体范围规定得也比较单一，仅限于行政机关，这就将政策信息公开的范围缩小化，其他信息公开主体被排除在外，相应的政策信息也就无法公开；在信息公开程度和内容上也缺少科学合理的统一标准，很多政策信息本身存在隐讳性，用语较模糊、抽象，无法被政策客体准确地接收，形成虚假信息，阻隔正确的政策信息传播。第三，政策信息公开管理体制不完善。根据《条例》，行政机关对日常工作进行公开，并有相关部门对其进行组织、指导和协调。但对政策信息充分公开的标准制定还不够明确，很多政策信息存在公开难、内容有限的情况。一些负面消息，相关部门常常采用信息封堵的方式禁止信息传播。政策信息公开体制存在严重问题，政策信息公开无法落到实处。在政府网站公开的政策信息出现未及时更新、重形式轻内容的通病。规定和落实之间的差距造成了看得见却摸不着的"玻璃房子"现象，这样的信息公开并没有落到实处，群众想要的、监督所需要的政策信息仍然未能依法公开。

　　"信息公开"的不充分，影响了公共政策制定的科学化与民主化进程。同时，由于"数字鸿沟"的客观存在，也制约了公众参与的深度与广度。而在利益表达结构上形成的隔阂和政策信息反馈机制的不健全，必然会产生政策冲突。[①]

---

① 钱再见：《论公共政策冲突的形成机理及其消解机制建构》，《江海学刊》2010 年第 4 期。

二 政策信息沟通的畅通度有待加强

公共政策中的沟通指政策主客体间信息的收集、加工、传递、交流、反馈等。政策信息沟通是公共政策制定、执行和反馈的关键环节，良好高效的信息沟通对公共政策的有效运行有关键性作用。如果信息传播沟通不畅通会直接导致政策信息失真和信息虚假，进而影响政策本身及执行公正性和科学性，使公共政策的宣传和分解增加难度，对政策信息的多次解读增加了获取政策信息的成本投入，政策解读偏离政策目标。此外，信息沟通不畅还会对政府公信力造成影响，使社会公众对政策部门产生不信任感。在这样的情况下，政策信息很难经由多种渠道在目标群体与政策主体之间进行顺畅交流沟通，在传输过程中政策信息很容易产生大量的噪声或失真，政策沟通不畅通，信息损失严重，我国政府与公众间的政策信息阻隔由此加剧。

政策信息主要通过自上而下和自下而上两种方式的传递和反馈，完成信息在各要素主体之间的沟通。在政策信息流动和使用的过程中，决策者将政策信息传递给政策实施者，再到社会公众，信息传播为社会公众提供必要的政策信息，为政策主体获得社会公众对政策的理解、支持与认可，协助决策者和实施者开展政策执行工作，这是政策信息传播自上而下的过程；政策执行者向政策制定者或下级向上级汇报政策执行的实际情况，社会公众通过各种渠道向政府表达对公共政策制定和执行的满意程度，提出建议或意见，完成政策反馈，向决策者和执行者反映社情民意，提供信息支持，这是政策信息传播自下而上的过程。现实状况中的很多政策冲突正是由于政策信息在这种双向传递和反馈中沟通不畅引起的。

另外，政策信息传递和反馈还包括垂直和水平两个基本维度，但都存在一定局限性。垂直维度的信息沟通因经过金字塔式的行政层级结构传播，每一层级对信息的过滤和筛选都会受到知识水平、心理定式的影响，传播到下一层级的信息往往带有上一层级的"滤镜"，导致信息失真，出现元信息与传播后的信息不对等情况的发生，影响公共政策的科学性和高效性，导致政策信息阻隔。水平维度的信息沟通在现有的行政管理体制下，信息沟通存在明显障碍。各部门因其自身的独立性和部分职能划分较为模糊的情况，出现部门利益条块分割，整个政策制定部门无法整合力量，出现部门封锁的现象，常态化沟通难以实现。

此外，造成政策信息传播不畅的原因还包括传播手段落后和传播媒介错位两个方面。第一，新媒体环境下，传播手段没有及时更新。自媒体等大众传媒的兴起改变了传统政策信息"层层传递"的模式，更加直观和快速。但部分信息传播没有做到"与时俱进"，沿用传统手段造成政策信息传播效果差，常处于缺失状态。第二，传播媒介的错位。传播媒介的设置不合理、分布不平衡、管理体制缺陷是造成传播媒介错位的主要原因。部分传播媒介意识形态色彩过重，对信息内容的加工处理覆盖了原信息的"真实面貌"，致使信息失真。传播媒介在各领域、各地区的分布不均衡，信息资源存在较大差异。传统传播媒介管理机制的定式在一定程度上影响适应新公共政策信息环境的传播媒介制度改革，没有形成一套可行、高效的话语转化机制。

三　政策信息反馈的及时性有待提升

公共政策运作过程中信息双向流动，政策信息反馈是公共政策运作过程中不可缺少的一部分。通过信息反馈机制建设实现政策制定的科学性和民主性要求，对现实政策执行过程中欠缺部分尤其是政策冲突及时修改和调整，还可以对公共政策的基础性工作起到一定的推动作用。但考察现实政策信息反馈工作还有诸多弊病。

第一，对信息反馈认识不足。在政策过程中，部分政策主体习惯于对实践中出现的问题视而不见，或是以消极、应付的心态处理问题，从思想根源上不重视政策信息反馈，没有主动向相关部门反馈政策受阻信息，为后续的政策修订和执行工作带来更大的阻力。如果能在政策执行过程中及时反馈，并对政策矛盾方面进行及时修改，矛盾也许能在萌芽状态得到消除和解决，政策之间的冲突就不会表面化并导致政策在执行过程中受阻。

第二，没有健全的政策信息反馈系统。现实的信息反馈偏重于通过政策执行来获取反馈情况。常常与汇报工作混淆在一起，在体制上信息反馈与工作汇报没有严格的区分，出现"报喜不报忧"、空话连篇等弊病，将政策制定者作为第一责任人，导致信息反馈主体发生错位。现有政策信息反馈系统缺乏具体反馈的量化指标，对政策执行信息实行"选择式汇报"，漏报、虚报、谎报实情，准确的反馈信息难以获得。

第三，信息反馈渠道单一。上级政府过分依赖下级政府的单方面工作汇报，信息反馈结果受下级部门"筛选"影响，信息真实性受损。迎合政策信息多元化的现代化手段运用不充分，全面、真实的政策信息被掩盖，现实政策执行过程中的利益冲突和政策受阻情况没有及时被上传，错过了政策调整优化的最佳时期，增加了政策冲突扩大化发展的可能性。

第四，反馈信息处理滞后。信息反馈作为公共政策运转的关键工作，存在滞后性。如利用效果实例的汇编没有及时更新，数据过于陈旧，实用性较差；信息反馈数据统计过于宏观，缺少微观的针对具体行业、具体领域和相关专题的翔实数据；缺少以信息反馈数据为基础的合理化建议和解决草案，反馈信息处理滞后削弱了其在公共政策运转过程中应发挥的作用。

四 政策信息传导的封闭性有待突破

政务公开不充分、透明度不够，信息被人为地封闭，使得公共政策在进行社会利益分配时有失偏颇。从政策制定、执行到反馈被人为地封闭会造成公共政策中的信息不对称，进而导致政策信息阻隔。布坎南指出，在公共政策中的多个公共参与的主体是拥有有限的理性的"经济人"，政策主体对政策信息的获得、辨别和利用存在差异性的原因是政策主体的自利性。参与主体受自利性的影响会产生信息封闭、谋取自身利益的行为。且公共政策机关庞大，人员众多，在复杂的层次之间传递，信息失真和延缓是不可避免的现象，政策信息经过层层"加工"或"偷工减料"到达被传递层时已经"面目全非"，更无法发挥其原定价值。政策信息传递和反馈由于缺乏严格制度的规范也会受到人为因素的影响甚至阻碍，一些政策信息被人为地歪曲、破坏和筛漏，使得相关信息工作人员对信息处理从源头上出现错误，影响政策信息决策和执行。政策制定和执行过程中透明度不够，缺少社会监督和制约，信息系统无法获取及时全面的信息反馈，无法掌握政策执行情况，致使政策制定系统和执行系统缺乏交流，以上这些情况不仅无助于迅速有效地贯彻执行政策，更严重的情况是由于缺乏全面准确的信息导致政策流产。

信息封闭会直接导致信息不对称，信息不对称将对公共政策产生更大影响。这种不对称首先体现在时间的不对称上，部分政策信息强调实效性，信息传递效率受主客观因素影响，造成政策工作延缓，公共政策运转流程受限。其次，信息不对称体现在政策的内容上。在中央和地方的关系上体现得尤为明显，在官僚层级制中，制定和执行公共政策的主体无论是中央政府还是地方政府，信息获取主要依据的是各部门和基层逐级向下传递。一方面，受行政层级的影响，上级制定的公共政策往往具有宏观性、指导性的特点，在向下层层传递和落实的过程中，地方可能会依据本地区（部门）的利益需要运用自由量裁权对上级政策进行有选择性地接收和处理，进而导致政策精神理解不到位，政策执行与上级政策内容不符、偏离政策目标，违背政策精神的现象。另一方面，提供信息的部门和人员对信息的占有占据明显优势，上级组织可获取的有效信息相对有效，下级在执行政策过程中遇到困难和冲突，很难向上级反映真实情况，甚至出现"报喜不报忧"，为了迎合上级意图传递出不符合实际的信息，加剧信息不对称，比如说公众十分反感的"政绩工程"以及近年发生的多起性质恶劣的地方政府对当地矿难隐瞒不报的事件。此外，从科层制的优劣势视角考虑，过分强调规章制度在一定程度上限制组织成员的思维力和行动力，保持各部门独立性各司其职之外，欠缺沟通和写作，无法做到主动共享，"各扫门前雪"成为部门工作常态，信息阻隔因此产生，由此导致的政策冲突也就不难理解。

第四节　政策自身的错位

在公共政策冲突多发的背景下，公共政策冲突的原因不仅囿于政策价值观的分歧、政策利益的博弈、政策信息的阻隔，公共政策自身脚本问题也逐渐凸显。公共政策制定公共性缺失、目标不明确，执行过程有失公正等政策自身的错位问题成为导致公共政策冲突的关键因素，并越发受到学界的关注。对政策自身问题的关注既是冲突预防与冲突化解的切入点，也是实现公共政策协同发展的重要前提。

一　政策制定缺失公共性

政策制定是公共政策由权威性的社会价值分配方案变为现实的首要环节，决定着政策执行的效果，关系到政策愿景的最终实现，决定着政策的生命力。而政策治理本身是一个极为复杂的过程，政策冲突的产生往往要受到诸多因素的影响和制约，其中政策制定的科学与否对政策冲突的生发具有至关重要的影响。

政策制定主体的价值偏颇，将会导致公共政策的"公共性"缺失，进而促使政策冲突的产生。"最佳决策的前提是决策者的行为完全理性化，而满意决策的前提是决策者的行为有限理性化，后者才是现实的。"[①]在公共政策系统中，政策主体具有双重身份，一方面代表着社会整体的公共利益，以维护社会公平正义为职责；另一方面，又具有鲜明的"经济人"倾向，具有实现自身利益需求、追求利益最大化的价值追求。因此，具备政治身份的公共政策制定者不会因为工作性质而完全脱离理性经济人的定位；在具体的制定政策过程中，政策制定主体总是会"面临着公共利益和私人利益之间的冲突，因而出现了一种组织理想的非人格化与现实的主体人格化的张力"[②]。西蒙认为，政策主体不可能是完全理性的，只能具有有限理性。由于认知能力和决策能力的局限性，公共政策主体的理性判断受到抑制，因而不可能作出完全理性的决策。加之理性经济人是自利的，公共政策主体在政策制定过程中不可能完全超出自身利益的限制，而是将自身的偏好渗透于公共政策中，将公共政策作为其逐利的载体。所以，在公共政策制定过程中，政策主体常常不是按照集体行动的逻辑进行政策制定和实施，而是往往出现价值观念偏颇，把个人或者所依托的组织部门利益凌驾于社会公共利益之上，使政策制定权演变成自身谋取利益的工具，制定出与实现公共利益目标相反的公共政策，甚至还会"异化"政策执行的行为，阻挠和变相阻挠公众参与公共政策制定，激发政策主客体之间的矛盾，影响公共政策愿景的达成。此

[①] 刘雪明：《政策运行过程研究》，江西人民出版社2005年版，第51页。
[②] 庞娜：《公民参与政策制定的作用、困境及创新》，《福建行政学院福建经济管理干部学院学报》2005年第4期。

外，政策制定程序的不透明，导致政策制定的非理性，会引发群众对于政策制定"密室谋划、暗箱操作"的想象，使政策认同匮乏，引发政策信任隔阂；在政策制定过程中，如果缺乏系统咨询论证，不能充分地应用科学政策制定方法和手段，出台政策缺乏合理性和科学性，也将会导致政策冲突困境的产生，影响政策目标的实现。

二 政策目标缺乏明确性

列宁指出："方针明确的政策是最好的政策。原则明确的政策是最实际的政策。"[①] 政策目标是政策执行预期达到的目的、要求或结果。明确、易达的政策目标和手段获得基层政府机构如实执行的可能性和实现政策意图的能力较强。"作为人们行为的一种规范，政策必须明确、清晰，决不能模棱两可、含混不清，否则就会因政策执行者对政策目标和内容的误解或曲解而造成政策执行的阻滞。"[②] 政策目标往往是多元化的，而在同一政策实践中，公共政策目标的一致性是确保政策执行顺利的有力保障，不清晰的政策目标会造成政策主义对政策精神的认识偏颇，进而在政策执行中偏离原初设定的政策目标愿景，导致公共政策执行走偏走样；政策客体也可能利用政策自身目标的漏洞，为自身谋利益，导致公共政策执行中的利益冲突。不同政策之间的目标往往具有差异性，而同一政策目标在不同时期或者不同部门之间也可能是对立的。以"粮食直补政策"为例，在这项政策中，其内部冲突首先体现在政策目标是追求农民增收、还是优先考虑国家粮食安全上。"农民增收"和"国家粮食安全"是性质完全不同的两个政策目标，前者属于"再分配性政策"，侧重的是"普惠"（公平）功能，后者是"分配性政策"，强调的是"特惠"（效率）功能。[③] 这也直接导致了二者在政策手段选择上的差异，体现为直补政策计算依据的冲突。"再分配性政策"和"分配性政策"是对立性冲突，这两个目标之间的对立状态是造成冲突的主要原因。对基层政府来

---

① 《列宁全集》第12卷，人民出版社1958年版，第9页。
② 丁煌：《政策制定的科学性与政策执行的有效性》，《南京社会科学》2002年第1期。
③ 魏姝：《政策类型与政策执行：基于多案例比较的实证研究》，《南京社会科学》2012年第5期。

说，实现农民增收、按计税耕地面积补贴，相对于实现粮食增产、按实际粮食播种面积或产量补贴，政策目标更为明确、更容易测度，政策实施程序更为简便、成本更低。当然，对于地方主政官员来说，如果某项政策可以同时实现"政治晋升机会最大化"和"租金最大化"，那会更受青睐。

三 政策执行显失公正性

公共政策是否得到有效执行，执行过程是否坚持公平公正原则，是衡量和评价公共政策价值的重要标准。罗尔斯认为："正义否认了一些人分享更大利益而剥夺另一些人的自由是应当的，不承认许多人享受的较大利益能绰绰有余地补偿强加于少数人的牺牲。"[1] 政策执行过程不仅受到政策本身的正确性、具体明确性和稳定性因素影响，还要受公共政策执行的资源、执行的组织机构、执行人员的素质和政策环境的政策以外的因素影响。因此，在政策执行中，容易出现只能满足部分目标群体的利益而使政策执行显失公正的现象。"在社会转型期，随着各阶层的分化和利益集团的形成，政策价值容易偏向某些特定的阶层和利益集团，出现一些垄断性的公共政策，而一些社会群体和阶层的政策诉求却迟迟得不到回应，从而影响社会的公平与公正。"[2] 以"发票的开具以及报销——遵循哪方的程序"为例，M校和该权威性学术组织具有不同的报销流程，造成政策客体在报销过程中困难增大，同时给双方工作也带来较大不便。该案例中，政策执行主体双方缺少沟通、缺少思想和意识上的共识以致政策执行中缺少协调性是使公共政策执行显失公正、造成政策冲突的重要原因。此案例说明，公共政策在执行中应该坚持"协调性原则"，即公共政策执行者行为的协同一致性。政策的执行机构和执行人员是相互依存的，执行系统中每个要素功能的发挥都依赖于其他要素的配合，同时，每一要素都会对其他的要素产生影响，任何不协调情况都会导致执行系统内的矛盾。因此，政策执行机构和执行人员之间的配合与协调是公共政策执行系统正常运转和发挥作用的

---

[1] [美] 约翰·罗尔斯：《正义论》（修订版），中国社会科学出版社2009年版，第3页。
[2] 周庆行：《政策科学与中国公共政策》，重庆大学出版社2009年版，第273页。

重要保障。基于案例中的政策执行主体双方在流程上的不协调而导致政策执行客体的报销困难，应加强政策执行主体间的相互沟通，使政策执行人员减少分歧、增进了解、加强合作，最终使公共政策执行达到协调一致。

第 四 章

公共政策冲突的影响及效应分析

在公共政策领域，政策冲突作为一种客观存在，它与社会冲突一样，会对身处冲突中的政策主客体的行为产生影响，而政策主客体对不同类型政策冲突的回应策略则会累积形成不同的政策效应。本书从政策冲突对政策主客体行为自主性的非均衡强化、政策冲突对政策主客体行为合法性的冲击、政策冲突对政策主客体行为有效性的侵蚀等方面对公共政策冲突的直接影响进行分析。与此同时，对公共政策冲突产生的排挤效应和割裂效应进行深入探讨，即面向政策主体的政策冲突选择性执行导致的排挤效应，包括不同位阶政策冲突中政策主体的"就近式"选择、同阶政策冲突中政策主体的"权变式"选择、政策内部冲突中政策主体的"自利型"选择。面向政策客体的政策冲突多重性遵守导致的割裂效应，包括同阶政策冲突中政策客体的"被动型回应"以及政策内部冲突中政策客体的"趋利性回应"，最后对政策冲突效应与协调发展难题的内在关联进行"解构"。

第一节 公共政策冲突对政策主客体行为的
政治意蕴

政策冲突中政策主客体行为选择面临的制度性约束不仅仅来自权力结构、激励约束机制以及政策风格等制度基础的影响，还受到政策冲突本身这一特殊政治形式的作用。相互冲突的政策选择情景，必然作用于政策的运作空间和资源调度，对政策主客体行为的横向自主性与纵向自主性造成影响，面对彼此矛盾的政策脚本，政策主客体行为的合法性也备受考问,无论是意识形态基础或是制度程序性基础,都会在政策选择中受到消损。如果说国家和政府的存在源于人们对控制冲突和实现社会秩序的需求,有效性自然是政策主客体行为的重要指向,政策冲突又必然制约着政策主客体履行自身职责、有效实现治理目标。政策冲突对政策主客体行为自主性、合法性和有效性等重要方面的影响和作用,将直接关系着其在政策冲突中的实际抉择。

一 公共政策冲突对政策主客体行为自主性的非均衡强化

政策主客体行为自主性是拥有相对独立利益结构的政策主客体,超越政策束缚和权力影响,按照自己的意志实现其利益目标的行为能力,以及由此表现出来的区别于其他团体意愿的行为逻辑。

(一) 自主性是政策主客体行为的突出特征

从国家和政府的源起来看,自主性是其产生的根本缘由和依存的重要价值所在。恩格斯指出:"国家是社会在一定发展阶段上的产物。"[①] 作为国家的地方化呈现,追求超越社会力量限制的自主性是政策主客体行为的当然逻辑。而且政策主客体还同时面临着各种约束,自主性还意味着在中央放权改革的背景下、在法律授权范围内"遵循在中央的统一领导下,充分发挥地方的主动性、积极性",以及超越法律法规约束的自利性扩张。基于此,本书认为政策主客体行为的自主性是指拥有相对独立的利益结构的政策主客体,超越政策束缚和权力影响,按照自己的意志实现其利益目标的行为能力,以及由此表现出来的区别于其他团体意愿的行为逻辑。其涵盖了三个方面的含义:

一是政策主客体拥有相对独立的利益结构以及由其型塑的自主行为意愿。卢梭在《社会契约论》中区别了行政官身上所体现的三种不同意志:首先是个人固有的意志,它仅指倾向于个人的特殊利益;其次是全体行政官的共同意志,这一团体的意志就其对政府的关系而言是公共的,就其对国家——政府构成国家的一部分的关系而言则是个别的;最后是人民的意志或主权的意志,即公意[②]。对于政策主客体而言,它既可能

---

① 恩格斯:《家庭、私有制和国家的起源》,人民出版社1999年版,第176—177页。
② [法]卢梭:《社会契约论》,何兆武译,商务印书馆2003年版,第78—79页。

是国家意志的体现,也可能代表着辖区内民众的利益,或者国家意志在行政区的代表。尤其是分权化改革以来,不同意志的集合恰好型构了独特的利益结构,促成了政策主客体的自主行为意愿。

二是政策主客体具有按照自己意志行动,实现确定政治目标的行为能力。行为自主性不仅预示着政策主客体拥有自主选择的弹性空间,还指涉及在选择空间中实现自我意志的能力。辖区内人、财、物的丰裕状况以及对其进行调配的能力,是政策主客体贯彻自我意志、实现政策目标最为重要的支撑。分税制以及财政包干的实施、干部管理权限的下放,无疑都在强化着政策主客体自主行为的支撑条件。

三是政策主客体行为所表现出的相对独立的行为逻辑。由于所代表利益结构的复杂性,政策主客体当然不能完全等同于"慈善"辖区公共利益的代言人,但也绝非只是有意偏离、违背政策目标的自利"经济人",而是根据外部约束条件,选择性地履行自身职责、策略性地运用各种政策手段,呈现出其特有的行为规律。

(二)政策冲突对政策主客体纵向自主性的作用

以政策主客体行为的不同面向为依据,我们可以将其自主性分为纵向自主性和横向自主性两个维度。纵向自主性在积极意义上体现为政策创新的意愿、空间和能力,在消极意义上表现为"诸侯经济"地方保护主义盛行、"政令不出中南海"中央政策意图受阻等政策自利的流弊。

从对政策创新行为的作用来看,在上下位阶的政策冲突中很多冲突的生发是由于政策存在缺陷没有考虑政策主客体的特殊性,或是社会情况已经发生了变化而政策并未相应调整,这种冲突本身就表明需要新的政策规则的创立,而对于具体的政策执行机构来说,政策冲突无疑拓展了其进行政策选择与创新的自主空间,是遵从中央政府的号令继续推行不合时宜的政策主张,还是响应?上级政府的倡议结合本土实际进一步进行政策变通,它拥有了相对的自主权。但单一制国家体制下,和上位政策的明显矛盾又制约了实现自我政策意志的能力,而多是采取"无为""放任""暗中支持"等政策行为实现其政策意图。这在我国所有制变革和市场经济发展中颇为常见。这些改革进程清楚地展现了政策冲突所具有的正向创新激励功能,它"扮演了一个激发器的角色,激发了新规范、规则和制度的建立",灵活自主的政策主客体也在冲突情境中通过规范的改进和创造而受益。对消极意义上的纵向自主性而言，政策冲突的作用也呈现出政策选择自主空间拓展和自利能力弱化的特点。

以广东何耘韬案为例，广东省廉江市出台减免企业土地出让金的"会议纪要"本身就凸显了政府试图营造招商引资的良好环境以发展经济、积累政绩的政策自利倾向。面对上一级政府"会议纪要"与国土资源部"必须在缴清全部出让金后，才可以拿到土地使用权证"硬性规定互相冲突的政策矛盾情景下，作为具体政策执行人——廉江市（县级）国土资源局分管地籍股的副局长何耘韬，在理论上可供其执行的政策选项增多，实现政策自利的可能性增强。但在政策冲突中这种自利的政策行为面临着一定的合法性风险，制约了其实现自我政策意图的能力。何耘韬也正是因为执行违反国土资源部《招标拍卖挂牌出让国有建设用地使用权规定》的市政府决议，为金都公司签署土地发证审核意见导致其在2011年被当地法院以玩忽职守罪判处6个月有期徒刑。后经"多方努力"，在二审时，检察院以事实不清为由撤诉，他才得以重返工作岗位。所以，从总体上看，政策冲突一方面为政策主体提供了拓展自主选择空间的契机，另一方面又制约了政策客体将自主意志付诸实施的政策行为能力，呈现出一种非均衡的强化效应。

（三）政策冲突对政策主客体行为的横向自主性的影响

政策主客体行为的横向自主性是指政策主客体在何种程度上摆脱具有影响力的利益群体对其政策行为的影响。这种自主性也具有积极和消极两个面向。积极层面的横向自主性是指政策主客体不被任一利益群体"俘获"而保持自身利益的超越性和政策行为的公正性，体现为公平地制定和执行政策的意愿、空间和能力。消极层面的横向自主性是指纵向行政性放权背景下政策主客体不受社会力量任何约束的政策"任性"和政策自利。

在强调高度集中的计划经济时代，政策主客体基本上是行政指令的执行者，其行为自主性主要表现为纵向维度上被授权。市场化改革后，其作为利益代言人的创造力得以彰显，但随之而来的是利益本身所产生的分化，利益格局深刻调整，辖区内民众利益意识更加强烈、利益主体更加多元、利益关系更加复杂，政策主客体如何规避强势利益群体的左右、同时不忽视弱势群体的诉求，保持自己的独立性和自主性，公正行政以协调不同群体的利益关系,成为一个新的难题。公共政策冲突从本质来看就是不同利益诉求的较量和斗争,冲突本身为不同群体的不同利益诉求都提供了"辩解自身合理存在"的平台和机会,这就为党和政府关注不同群体诉求的合理性、公平行政创造了条件。冲突不仅仅是激发器,它还是整合器,冲突会导致政策冲突中的参与者"对本已潜伏着的规范和规则的自觉意识"并因利益或价值规范的相近而实现群体聚合,这将有利于加强弱势群体的群体意识和分离感,增强他们的利益博弈能力,并推动政策主客体正视他们的诉求,保持政策行为的公正性。

如果政府将其对辖区内各利益群体的超越性用在了实现卢梭所言的第一种意志和第二种意志上,即谋求私利和小团体的利益,就体现为横向自主性的消极方面。改革开放以来,简政放权成为我国行政管理体制改革的共识,但在纵向行政性分权背景下,权力无法在政治行政场域中依托不同主体的地位和能力实现均衡下放,而是在政治行政承包制作用下,呈现为横向集权,这实际上造成了政策主客体行为自主性的提升,且很容易在缺乏社会力量制约的情况下演变成"肆意妄为"。政策冲突则为地方民众钳制这种政策"任性"提供了表达的机会和抗争的武器。科塞在谈论社会冲突的功能时曾指出,因为利益一致时,人们不必关心自己的利益,所以"只有存在冲突的地方才有行为意识和自我意识;只有在这样的地方才有理性行为的条件"[①],对于政策冲突来讲,它不仅激发民众行动起来,还为其提供了进行博弈、谈判的依据。我们看到在政府"拉闸限电"的政策行为与国务院办公厅和国家发改委"确保居民生活用电"的紧急通知相违背的政策冲突中,国务院办公厅和国家发改委的"通知"实际为民众提供了合法依理抗争的"武器"。政策冲突作为"抗争武器"的作用在诸多事件中的体现尤为明显,并以非制度化的方式在一定程度上约束了政策主客体横向自主性的"任性式"扩张。

二 公共政策冲突对政策主客体行为合法性的冲击

(一)政策冲突消解了统一的价值基础

合法性本身体现为观念层面的支持与认可,人们的认知、信仰、价

---

① [德]科塞:《社会冲突的功能》,孙立平译,华夏出版社1989年版,第5—6页。

值观等理念是政策主客体行为合法性的重要来源,而公共政策冲突则预示着人们各自所信奉的价值理念及其相互之间的关系出现了分歧和矛盾。戴维·伊斯顿曾指出:"公共政策是对全社会的价值做权威性的分配。"[①] 虽然他的这一公共政策定义对"价值"的理解是宽泛意义上的,却提示我们价值取向是政策规定性重要的阐释维度之一。

从政策过程来看,公共政策的问题建构、备选方案形成与选择、政策执行、政策评估等环节无不需要价值取向的引导和控制,无不反映着一定价值观的影响和作用。所以,政策冲突不仅呈现了不同利益的矛盾,也暴露了不同价值观念的分歧与差异。节能减排与保障民生、可持续发展与当前经济平稳运行、调整产业结构与基本农田保护、农民增收和国家粮食安全等政策之间的冲突,实际上反映了我国经济社会发展中长远发展与当前发展、局部与整体、公平与效率等价值取向的矛盾。这些政策中的价值冲突一方面提供了多元的价值追求和价值判断标准,另一方面也削弱了所有价值诉求的认同度。因为"多元价值观并不会'自发'地走向和谐共生,价值主体面对价值客体时的价值选择具有排他性,竞争和冲突才是它们的本来面目。尤其是,如果丧失基本共识,又缺乏主导价值的整合,'多元'就意味着割裂和冲突"[②],而面临"割裂与冲突"的政策主客体,无论秉持何种价值取向、选择执行哪一政策,都会遗弃另一价值取向的合理性或另一群体的价值诉求,而使自身行为的合法性基础受损。

公共政策是立足于解决特定社会问题的重要手段,但"空间上中国作为大国在地域广度上所呈现的'共时问题多样化'以及时间上中国作为转型社会所导致的'历时问题共时化'特征"对公共政策制定与执行的科学性提出了更高的要求,使得公共政策出现冲突、相互矛盾的可能性大为增加。从长远来看,这些问题以及解决这些问题的手段——公共政策不存在根本冲突,"但是在特定时期内冲突不可避免,因为管理者的精力、时间和资源有限"。而且作为后发外生型的现代化国家,我国的经

---

① D. Easton, *The Political System*, New York, Kropf, 1953, p. 129.
② 任鹏、娄成武:《孝文化视角下当代中国价值观念的冲突及其调适》,《东北大学学报》(社会科学版) 2014 年第 3 期。

济社会发展具有很强的政策推动色彩，在国家关注的重点领域出台的政策密度较高。以科技创新领域为例，为了推动科技创新，我国制定出台了近 5000 种的政策文件，包括了"从科学发现、技术开发、技术转移到商品化等政策链条，涉及高校、科研机构、企业、金融机构、中介机构等各类主体，涵盖了财税政策、贸易政策、投资政策、产业政策、竞争、教育政策等"①，这有力促进了我国科技创新能力的提升，但丰富的政策资源也产生了政策拥挤、政策互相打架等负面问题。所以，从这些意义来看，公共政策冲突已经不再是政策主客体面临的"例外"情况，而成为一种"常规"情景。作为价值冲突意义上的政策主张冲突的常态化，充分展现了快速发展转型中的中国社会的价值冲突的现实性、广泛性和深刻性，也大大增加了凝聚政策共识、提升政策主客体行为合法性的难度。

（二）政策冲突破坏了规范的程序性基础

政策主客体行为合法性的另一重要来源是它遵循着一定的程序性规则，公共政策冲突则宣告政策主客体所应遵循的行为规则之间出现了相互的抵触。公共政策本身是一种具有强制性的行为规则，它规定着具体的政策对象以何种方式、按照哪些程序去做什么或者不做什么。但问题在于政策主客体时刻都处于复杂的政策网络中，面对着不同的程序性规则的"竞争性"要求。理查德·斯科特已在探讨"组织合法性"的问题时指出，"在那些比较复杂的环境中，个人或组织可能面临各种竞争性的统治或控制。那些面临冲突性的规范性要求与标准的行动者，往往发现自己难以采取行动，因为遵守其中一种要求和标准，就会妨碍获得其他机构或实体的规范支持。某个给定组织的合法性，受统治和支配它的不同权威的否定性影响，受着不同权威就其应如何运行的不一致解释的否定性影响"。所以，政策冲突中的政策主客体无论选择遵循何种行为准则、执行哪一政策主张，都会妨碍其他行为规则对其行为的合法性支持，从而削弱政策主客体行为的合法性基础。

在广东何耘韬案中，具体的政策执行机构广东省廉江市国土资源局

---

① 徐建培：《中国创新政策近 5000 种存在"政策拥挤"现象》，http://news.sohu.com/20131028/n389019345.shtml，最后访问日期：2020 年 11 月 9 日。

就面临着不同政策规范的取舍，按照国土资源部《招标拍卖挂牌出让国有建设用地使用权规定》的要求，"受让人依照国有建设用地使用权出让合同的约定付清全部土地出让价款后，方可申请办理土地登记，领取国有建设用地用权证书。未按出让合同约定缴清全部土地出让价款的，不得发放国有建设用地使用权证书，也不得按出让价款缴纳比例分割发放国有建设用地使用权证书"①，金都公司竞得的35596.49平方米的国有划拨土地，不符合划拨土地必须全部缴交土地出让金的规定，国土资源局不能为其办理土地变更登记的土地证；但依据廉江市人民政府办公室〔2005〕7号《市政府常务会议纪要》关于金都公司缴交土地出让金的办法以及廉江清理整顿房地产交易市场工作领导小组的批示"暂收土地出让金40%办证"，国土资源局又应该为金都公司办理土地变更登记的土地证。政策的相互冲突造成了廉江市国土资源局行为规则的混乱，并直接导致了政策行为的合法性危机。因执行市政府会议纪要违反国土资源部相关规定为金都公司发放土地证，广东省廉江市国土资源局副局长何耘韬被当地法院在一审判决以玩忽职守罪判处6个月有期徒刑，廉江市国土资源局地籍股长罗煊光因认罪态度良好判其犯滥用职权罪并免予刑事处罚。但这一判决所依据的国土资源部政策规定又面临着市政府会议纪要等相关政策的"合法性冲击"。所以，我们看到，在一审判决后，廉江市中级人民法院对何耘韬和罗煊光案件的上诉又认定为"原审判决认定上诉人何耘韬犯玩忽职守罪、原审被告罗煊光犯滥用职权罪的部分事实不清"，并发回廉江市人民法院重新审判。在重新审判中，廉江市检察院以案件事实、证据变化为由，向法院提出撤诉申请，经法院裁定后，准许廉江市检察院撤回起诉，何耘韬、罗煊光重获自由。这其中，按照上级政府决议办事、执行上级政府的政策要求，无疑是最为重要的申诉理由和重审依据，但这又置国土资源部的"明令禁止"而不顾，同样面临着"合法性"的考问。所以，对撤销诉讼、官复原职的这一裁定结果，又有学者依据《公务员法》的有关规定，指出"这不是纠错，而是错上

---

① 徐绍史：《招标拍卖挂牌出让国有建设用地使用权规定》，www.tieling.gov.cn/tlgtj/flfg42/kczyglxg flfg/172359/index.html，最后访问日期：2020年11月9日。

加错"①，与法治国家背道而驰。所以，政策冲突中不同规范或规则的分歧和矛盾，在一定程度上造成了政策主客体行为选择的合法性困境，并成为制约政策主客体行为有效性提升的重要障碍。

三 公共政策冲突对政策主客体行为有效性的侵蚀

（一）有效性是政策主客体行为指向的重要维度

综合目前学界的研究成果，本书认为，政策主客体行为的有效性是指政策主客体利用其行为能力以经济、效率的方式实现行为目标以促进地区经济社会协调发展和满足地区公众对公共产品需求的一种行为特性。它涵盖了三个层面的含义：其一是政策主客体行为能力的大小。即作为地区的普遍性和强制性组织，汲取公共资源、实现自我意志的能力，具体可划分为"汲取能力、调控能力、合法化能力和强制能力"。② 一定的行为能力是政策主客体行为有效性的基础和必要条件，但并非充分条件，因为强大的行为能力并不必然会转化为政策主客体行为对经济社会发展的积极效应，政策主客体可能拥有行为能力但不作为或者乱作为。其二是政策主客体行为效率的高低。行为效率首先是一个数量概念，指投入产出的比率，反映了政策主客体行为所耗费的货币、人力等实物成本。其次，效率还是一个时间概念，意指在较短的时间内完成了较多的工作或者单一行为耗费了较少的时间，反映了政策主客体行为的时间成本。其三是政策主客体行为效果的好坏。行为效果是指政策主客体行为满足社会需求的状况，即政策主客体的行为目标是否得到实现、地区的经济社会发展情况是否得到了改善、地区公众对公共产品的需求是否得到了满足。

要清楚地阐明政策主客体行为的有效性，还不得不探讨的一个问题是有效性与合法性的关系。很多学者把有效性基础作为政策主客体行为合法性的来源之一。从本源意义来看，任何政治体系的稳定与有效运行都需要两大基本要件：一是政治体系是否能够为经济与社会发展创造条件；二是政治体系的特性与作为是否能够得到绝大多数民众的认同，从

---

① 《浦江潮廉江"黑锅案"错上加错》，《华西都市报》2011年6月13日。
② 张静：《国家与社会》，浙江人民出版社1998年版，第1—2页。

而被人们视为应该接受并自觉服从的权力与制度。前者表现为有效性，后者表现为合法性。有效性指实际的政绩，就作用而言，即该政策主客体"在大多数人民及势力集团如大商业或军队眼中能满足政策主客体基本功能的程度"；合法性则是确定价值，指涉及政策主客体"产生并保持现存政治机构最符合社会需要的这种信念的能力"[①]。所以，二者是有显著差异的。至于有效性作为合法性的来源，要实现在有效性中累积合法性，更准确的含义应该是"有效性必然能够累积'体系作为合法性'，但并不必然导致'体系特征合法性'"[②]。正是在这个意义上，本书在观点上赞同把有效性作为政策主客体行为合法性的来源之一，因为政策主客体行为恰是体现为"体系的作为"，但就有效性作为政策主客体应具备的两大基本要件之一而言，它又是极为重要的和独立于合法性的存在，所以，在内容安排上将其作为单独的一个篇目来深入讨论。

（二）政策冲突增加了政策主客体的行为成本

政策冲突对政策主客体行为有效性的影响，具体体现在其对政策主客体行为能力、行为效率和行为效果的作用上。其中，政策冲突对行为能力的影响，带有一定的中介性，它最终体现和反映在行为效率和行为效果上。正如上文政策冲突对政策主客体行为自主性的作用中，政策主客体的自主行为能力也是分析政策冲突对政策主客体横向自主性和纵向自主性影响的"中间变量"。所以，从这个意义上着眼，本书把分析的重心放在政策冲突对政策主客体行为效率和行为效果的影响上。

上文已经分析指出行为效率是指涉及政府投入的人、财、物以及时间等成本，所以政策冲突对政策主客体行为效率的作用，主要反映在其对政策主客体行为成本的影响上。第一，政策冲突造成政策模糊化，会增加政策主客体的行为选择成本。政策的相互冲突，使政策执行者的行为丧失了明晰的依据，客观上造成了政策的模糊化，增加了政策实施行为的选择成本，会降低政策执行的效率，并给政策执行造成混乱。第二，政策冲突造成政策博弈，会增加政策主客体行为选择的沉没成本和机会

---

① ［美］西摩·马丁·李普塞特：《政治人：政治的社会基础》，商务印书馆1993年版，第53页。

② 蔡禾：《国家治理的有效性与合法性》，《开放时代》2012年第2期。

成本。政策冲突不仅是不同政策的矛盾状态，也是不同政策的博弈过程。中央政府政策与地方政府政策、经济政策与社会政策、长期性政策与阶段性政策之间的冲突和博弈，首先，会导致政策执行行为的时间成本增加，延迟政策的执行。其次，从政策作为一种资源的角度来看，政策冲突本身就预示着政策资源的过剩和浪费，而且政策冲突中的博弈带有高度的不确定性，博弈结果会随着政治情势发生变化，很多时候政策主客体需要在不同政策间"摇摆"，间歇式地对不同政策投入政策资源，这会导致政策主客体行为选择的机会成本和投入的沉没成本不断升高。第三，政策冲突造成政策的合法性危机，会增加政策主客体行为的实施成本。政策主客体顺利地执行政策、实施有效的行为成本控制，离不开其他团体的认可与支持，但政策冲突消解了统一的价值观基础、破坏了规范的程序性基础，使政策主客体身处合法性危机的困境之中，这不仅增加了政策行为的实施成本，而且加剧了其政策行为失败的概率。

（三）政策冲突削弱了政策主客体的行为效能

政策主客体行为效能是对政策主客体行为产出的关注，也是政策主客体行为有效性最重要的标志。政策冲突对政策主客体行为成效的影响，具体体现在以下三个方面：

第一，政策冲突约束了政策主客体的行为能力并从总体上影响了政策主客体行为所能取得的成效。公共政策作为一种具有权威性的行为准则，其冲突的生发不仅预示着规则的混乱，而且意味着不同权威效力的博弈，这大大增加了政策执行风险，使得政策主客体的政策行为始终面临着合法性危机，制约了政策主客体所能够调动的公共资源以及所能采用的政策手段，弱化了政策主客体实现自我行为意图的"汲取能力、调控能力、合法化能力和强制能力"[1]，从而影响了政策主客体行为成效的达致。

第二，政策冲突是政策主客体不同行为目标的零和博弈，势必造成政策主客体行为失效与有效并存。从政策的起点来看，公共政策是为解决特定时期的经济社会问题，实现一定的政治、经济和文化目标而制定

---

[1] ［美］理查德·宾厄姆：《美国地方政府的管理：实践中的公共行政》，九州译，北京大学出版社1997年版，第144—145页。

和实施的，公共政策冲突也意味着政府意图实现的不同政策目标的矛盾和冲突。政策冲突中的政策主客体只能依据特定的政治情势选择其中的某一目标作为自己优先的行为标的，而且政策主客体还会随着政治情势的变化而不断调整自己的行为选择偏好，客观上就形成了政策主客体不同行为目标的非合作性博弈过程，这种博弈的结果势必是政策主客体行为效果的有效与失效并存，造成"有得必有失、选择必放弃"的政策主客体行为效应。

第三，政策冲突是经济社会发展中的不同要求以及不同群体利益诉求的差异化博弈，势必形成政策主客体行为成效的不均衡累积。从本质和功能来看，公共政策作为分配或调整各种利益关系的工具或手段，是社会利益关系的调节器，所以公共政策冲突究其根源来说是不同利益诉求的矛盾。但问题在于，不同利益背后的冲突博弈能力是有差异的，这就导致在时间维度上，"有得必有失、选择必放弃"的政策主客体行为效应呈现为经济社会发展中的不同要求以及不同群体利益诉求的非均衡累积，政策主客体的行为产出只是倾向于实现经济社会发展中的中心任务或强势群体的利益诉求，这势必造成地区经济社会的发展失衡和公众的利益失衡，侵蚀政策主客体的有效性基础。正是在这个意义上，理查德·宾厄姆指出："除非冲突得到治理，否则就会对个人、机构及其所服务的选民产生破坏性后果，最低限度，冲突会造成资源浪费和坐失良机，在最坏的情况下，冲突则会造成个人和组织的功能失调并使受益人得不到这些组织所提供的服务。"[①]

第二节　政策主客体在公共政策冲突中的行为选择及其内在逻辑

一　面向政策主体的政策冲突——选择性执行：排挤效应

如前文所述，以公共政策所处的"权力位阶"的不同，我们把面向政策主体的政策冲突分为不同位阶政策冲突、同阶政策冲突和同一政策

---

① [美] 理查德·宾厄姆：《美国地方政府的管理：实践中的公共行政》，九州译，北京大学出版社1997年版，第144—145页。

内部冲突三类，以此来分析不同类型政策冲突中政策主体的回应策略及其产生的效应。

（一）不同位阶政策冲突中政策主体的"就近式"选择

现阶段不同位阶政策冲突，主要体现为地方政策和中央政策之间的冲突，此冲突情景中，政策主体倾向于"就近"选择策略。因为相比于中央政策，上一级政府政策更具有约束力。也就是"自下而上"来看，省、市级政府政策主张要获得基层政府的执行，必须和县级政府政策保持一致，否则会受到排挤；而中央政府的政策要获得执行必须和地方各级政府政策保持一致，否则也会受到排挤，而经过的中间层级越多，保持一致性的难度越大，获得执行的可能性越小。据此，可以推论：距离政策执行主体行政层级越远的政策，越容易受到忽视和排挤。

在欧博文和李连江的研究中同样发现"基层干部对政治前途的现实考虑胜过了对中央政策的服从；地方的强制命令完全压倒了自上而下的控制"。[①] 就近选择遵循"命令—控制"的强制性逻辑，体现了直接上级的政治控制力和政策意图渗透力，而从我国的行政层级来看，县（处）级的政策偏好对政策的最终执行至关重要。所以，"就近"大多数时候是"就"县处级政府机构的"近"，这就形成了所谓块块上的"县长治国"和条条上的"处长治国"。

在本书第二章不同位阶政策冲突的案例——"'拉闸限电'是顶风而上，还是顺势而为"的分析中。按照"中国特色财政联邦主义"的预设，当地政府拉闸限电、追求节能减排的政策行为是对"地方发展型政府"[②] 追求经济增长、经营企业、经营城市等"抓经济发展主动权"[③] 以实现财政收益最大化逻辑的离经叛道。"人不能仅仅靠面包来生活，这一点是常识。只是，学者们在探求解释人类行为的最简洁的方法和引导人类行为

---

① Kevin J. O'Brien, Li Lianjiang, Selective Policy Implementation in Rural China, *Comparative Politics*, No. 1, 1999.

② 郁建兴、徐越倩：《从发展型政府到公共服务型政府——以浙江省为个案》，《马克思主义与现实》2004年第5期。

③ 曹正汉、史晋川：《中国地方政府应对市场化改革的策略：抓住经济发展的主动权——理论假说与案例验证》，《社会学研究》2009年第4期。

的最佳途径时却经常忘记这一点。"① 尤其与企业相比，政府机构因缺乏对"经费、生产因素和机构目标"的完全控制权，其任务和目标的确定在更大程度上取决于各种外部因素，而不是机构的主观愿望。

在"分权化威权主义"看来，当地政府公然对抗国家部委的政策也是"纵向问责机制"所不可"理解"的。但实际上，因为党管干部体制是中央政府自上而下调控和引导地方政府行为的核心机制，而1984年后我们的干部管理权限又适当下放，实行了"下管一级"的体制。以至于"纵向问责"被肢解，中央的直接问责效力弱化，"分权化威权主义"的重心向"分权化"偏移。马特兰德曾指出，"因为必不可少的合作行动者可能不同意政策所设定的目标，所以成功的执行要么取决于拥有足够的权力将自己的意志强加于其他参与者，要么取决于拥有足够的资源通过讨价还价达成手段的一致"②"分权化的威权主义"恰好赋予了各级地方政府将自己意志强加于下一级政府及其雇员的足够权力。

案例中，浙江某市之所以在国务院"禁令"已经下达后，依然"顶风"限电、停电恰是因为省长在全省节能减排工作电视电话会议上强调："GDP增长8%还是10%，这只是预期性指标，但单位GDP能耗下降20%的目标是约束性指标，必须完成。"为此，专门给浙江十一个市长写了一封信，要他们确保"坚决完成"；而这些市长中的许多人，随后也同样给各自下属的县长亲自去信。如果完不成任务，等待他们的是考核时的"一票否决"，政府一把手"摘帽子"。③ 比起国务院的"紧急通知"，省长、市长的亲笔信、"官帽"对地方政府行为的约束要大得多，虽然这些讲话和信件并未要求"拉闸限电"。在欧博文和李连江的研究中，他们同样发现"基层干部对政治前途的现实考虑胜过了对中央政策的服从；地方的强制命令完全压倒了自上而下的控制"。④

---

① ［英］詹姆斯·威尔逊:《美国官僚政治——政府机构的行为及其动因》，张海涛等译，中国社会科学出版社1995年版，第193页。
② Richard E. Matland, Synthesizing the Implementation Literature: The Ambiguity-Conflict Model of Policy Implementation, *Journal of Public Administration Research and Theory*, No. 2, 1995.
③ 陈中小路:《节能减排倒计时，节能减排却成拉闸限电》，《南方周末》2010年第17期。
④ Kevin J. O'Brien, Li Lianjiang, Selective Policy Implementation in Rural China, *Comparative Polities*, No. 1, 1999, p. 176.

就像在税费改革之前，面对基层的税费摊派，有农民拿出中央关于减轻农民负担的政策和文件这一"尚方宝剑"，不想村干部则声言："现在'爹爹'（当地为祖父辈）是发话了，可'老子'（当地为父辈）没表态，我们靠'老子'过日子的，还只能执行'老子'的。"① 所以，实际的"分权化威权主义"在不同位阶政策冲突中体现为政策主体的"就近"选择策略。

（二）同阶政策冲突中政策主体的"权变式"选择

根据我们对"虾粮之争——促增长，还是保耕田"的实证研究②，同阶政策冲突中政策主体的政策选择策略，是对中央和上级政府政策偏好、政策受众压力以及焦点事件等政治溪流和问题溪流的"权变式"回应，是"自上而下"和"自下而上"政策因素③的综合作用。这种"权变式"回应，在实际的政策效应层面，不仅没有产生对彼此合理性积极吸纳的政策融合和创新，反而带来的是非此即彼、相互压制的"政策排挤"。

自1997年中央农村工作会议明确提出"调整优化农村产业结构，全面实现增产增收"以来，历年的中央农村工作会议都强调把"调整和优化农业结构，下大力气增加农民收入"，作为农业和农村经济工作的重要内容。尤其是2000年时任湖北棋盘乡党委书记的李昌平上书国务院，反映农村的突出问题，指出"农民真苦、农村真穷、农业真危险"，更是引起中央对"三农"问题的高度关注。这其中，农民增收困难是最突出的问题。④ 解决这一问题也自然成为党和国家这一时期优先考虑的战略目标。出于对"问题溪流（农民穷苦）和政治溪流（中央重视）"融合所形成的压力的回应，以及增加财税收入的自利偏好，"压力型体制"⑤ 下的地方政府选择了肯定并推广农户"挖塘养虾"的政策举措，"基本农田保护"成了"摆设"和可以被"舍弃"的对象。

---

① 沈恒君：《听"爹爹"的与听"老子"的》，《乡镇论坛》1994年第1期。
② 任鹏：《政策冲突中地方政府的选择策略及其效应》，《公共管理学报》2015年第1期。
③ Richard E. Matland, Synthesizing the Implementation Literature: The Ambiguity-Conflict Model of Policy Implementation, *Journal of Public Administration Research and Theory*, No. 2, 1995.
④ 江夏、孙杰：《中央农村工作会议在京召开》，《人民日报》2001年1月6日。
⑤ 荣敬本、高新军、何增科等：《县乡两级的政治体制改革，如何建立民主的合作新体制——新密市县乡两级人民代表大会制度运作机制的调查研究报告》，《经济社会体制比较》1997年第4期。

改革开放以来,随着经济的发展,城市化和工业化进程的快速推进,一些地方盲目设立开发区、大量圈占农业用地,造成耕地面积大量减少、粮食大幅度减产。"粮食安全和耕地保护"的重要性日显,逐渐成为党和政府关注的重要政策议题。尤其是在 2003 年,为了刹住"圈地"之风,2 月国土资源部下发了《进一步治理整顿土地市场秩序工作方案》,7 月国务院办公厅又连续发布了《关于暂停审批各类开发区的紧急通知》《关于清理整顿各类开发区加强建设用地管理的通知》《关于加大工作力度进一步治理整顿土地市场秩序的紧急通知》。10 月召开的党的十六届三中全会更从战略布局的高度指出,要实行最严格的耕地保护制度,保证国家粮食安全。在此背景下,国土资源部 11 月发布了《关于进一步采取措施落实严格保护耕地制度的通知》,与农业农村部联合开展了对基本农田保护工作的全国大检查。其中,"不准以农业结构调整为名,在基本农田内挖塘养鱼和进行畜禽养殖"赫然在列,与不准工业开发区乱批滥占耕地等"五不准"执行情况一起,成为检查工作的重点内容。至此,问题溪流和政治溪流已经发生了显著的变化,"粮食安全和耕地保护"跃升为党和国家的优先考虑事项,其他一切与之相违背的政策内容都要"让路",即使是具有一定合理性的政策诉求,如农业结构调整、增加农民收入等也不例外。所以,我们看到,在"分权化威权主义"权力框架下,出于对中央政策关注度和大检查压力的回应,地方政府的政策抉择从先前的"挖虾塘、促增长"转变为"填虾塘、保耕田",从 2002 年 11 月底开始大规模清理虾塘。"结构调整、农民增收"在政策博弈中暂时处于下风,成为被排挤的对象。但是,问题溪流和政治溪流的演变是"漂浮不定"的[①]。在 D 镇大规模清理虾塘的过程中,由于发生群众规模性的对抗,清理工作受挫,全镇推掉的虾塘只有 800 多亩。而且由于"调结构"和"保耕田"政策冲突的存在,政府内部和社会各界对清理虾塘的行动也莫衷一是,致使清理虾塘、保护农田的"刚性执法"最后也不了了之。但这并没有相应带来产业结构调整、农民增收的胜利。

因为同阶政策冲突的结果具有不确定性,出于对政策选择风险的权

[①] [美] 约翰·W. 金登:《议程、备选方案与公共政策》,丁煌译,中国人民大学出版社 2004 年版,第 27 页。

衡，D镇政府对挖塘养虾采取的是放任自流的默许策略。这种选择策略，造成的政策效果是，养虾多以农户自发、凭经验为主，缺乏系统的技术培训，无法形成规范的大规模养殖。这不仅风险很大，极易造成虾病大规模暴发，并且导致了耕地的盐渍化和水体的污染。以至于现在D镇南美对虾的养殖对多数农户来讲已经成了平本或亏本的买卖，而且虾塘的咸水渗到稻田，造成稻田严重减产，甚至颗粒无收，使少部分农户想"退塘还田"而不能。[1]

所以，更准确地讲，同阶政策冲突中政策主体的政策选择策略呈现的是一种"权变式"回应，形成这种"权变式"排挤效应的原因，有政策融合、创新的一般性制约，比如成本高、技术要求高、风险大，更主要的还在于我国政策制定的体制和执行风格。

从总体上看，我们的政策制定和执行呈现出强烈的"游击式"[2]色彩。这种"游击式政策风格"，注重战略目标的实现，有意忽略其负面效应，强调从大环境和具体情况出发，依赖于发挥主体的能动性和灵活性去应对不断更新的发展任务以及不稳定的国内和国际环境。这有效保证了在变幻莫测的战争环境中全力夺取胜利和在建设改革年代经济增长等中心战略目标的实现。但是，从长远来看，这种政策风格最严重的缺陷在于片面追求实现战略目标而忽略了这些追求所带来的负面效应，特别是那些长期才会显现的后果；而且在"压力型体制之下，目标设置主体单一，只考虑那些被上级政府认为重要的目标"[3]，非战略目标的积极意义和合理性被忽视，呈现出战略至上、中心任务压倒一切的排挤倾向。

（三）政策内部冲突中政策主体"自利型"选择

政策内部冲突是指同一政策内部的政策目标之间或政策手段之间以及政策目标和政策手段之间的相互抵触和矛盾现象。这种冲突情景，屏蔽了政策选择中的权力作用因素，为执行机构创造了相对自主的选择空

---

[1] "三农"协会：《2008年"三下乡"社会实践活动专题——北海调研报告（二）》，南宁师范大学，http://www2.gxtc.edu.cn/Sannong/xiangmu/zhinong/200810/42356.html，最后访问日期：2014年11月19日。

[2] Sebastian Heilmann, Elizabeth, J. Perry, *Mao's Invisble Hand: the Political Foundation and Adaptive Governance in China*, Cambridge: Harvard University Press, 2011, pp. 1-25.

[3] 欧阳静：《压力型体制与乡镇的策略主义逻辑》，《经济社会体制比较》2011年第3期。

间，表现为政策主体依赖政策特性的"自利"式回应。其会产生自利式强化，形成政策选择的"格雷沙姆"效应，即能直接实现"政治晋升机会最大化"和"租金最大化"的政策，排挤不能实现或有损"政治晋升机会最大化"和"租金最大化"的政策；明确、易达的政策目标和手段会排挤模糊、成本高的政策目标和手段，可计量的政策指标会驱逐不可计量的政策指标，可观察到成果的政策会排挤不易观察到成果的政策；付出和成果二者都能观察到的"生产型政策"、可以观察到付出但观察不到成果的"程序型"政策、可以观察到成果但观察不到付出的"工艺型"政策、政策付出和成果二者都观察不到的"应付型"政策，获得选择、执行的可能性依次减弱。

在"粮食直补政策——按计税耕地面积补贴，还是按实际粮食播种面积或产量补贴"的案例分析中，基层政府为什么会偏好农民增收、按计税耕地面积执行粮食直补政策？在分权化威权主义看来，这是无法理解的，因为这种偏好与上级政府的偏好（省级、中央偏好国家粮食安全和按种植面积补贴）不一致。但是，按照中国特色财政联邦主义的逻辑来分析，基层政府在粮食直补政策冲突中选择按计税耕地面积执行，是对其预测的政府实现成本最小化、收益最大化行动原则的印证。具体而言，同一政策内部的冲突，往往为地方执行机构创造了充分自主的行动空间，在这种选择背景下，政府确如中国特色财政联邦主义所言，主要考虑实现自身收益最大化，或者损失最小化，政策目标和手段本身的特性成为最主要的影响因素。实现农民增收、按计税耕地面积补贴，相对于实现粮食增产、按实际粮食播种面积或产量补贴，政策目标更为明确、更容易测度，政策实施程序更为简便、成本更低，自然受到基层执行机构的"青睐"。据此，我们可进一步推论出政策冲突中的"格雷沙姆"定律[①]，这种规律在我国各级政府考核评价体系的构建中得到了进一步验证。比如，很多政府为了回应中央对经济转型、科学发展的要求，提出了对招商项目的新要求——"高（科技企业）、大（型企业）、洋（企业）、名（牌企业）、新（兴产业）"，为的是项目的"形象好"，在上级

---

① [美] 詹姆斯·威尔逊：《美国官僚政治——政府机构的行为及其动因》，张海涛等译，中国社会科学出版社 1995 年版，第 193 页。

领导面前更显得有"政绩"。

政府对不同政策类型和不同政策目标优先性的考量，无疑已超出无视中央和上级政府等制度约束的"特色财政联邦主义"的解释范围，而转变成对"策略主义"行动中理性主义内涵的扩展。

通过具体、深入的案例分析可知，不同位阶政策冲突中，政策主体的"就近"选择策略一定程度上体现了分权化威权主义的逻辑，但"分权化威权主义"对政策主体"自主性"的忽略，致使其无法回答不同位阶政策冲突向同阶政策冲突进一步演化中政策优先目标的动态变化以及"节能减排"沦为"拉闸限电"所出现的政策异化。而在"回应型策略主义"看来，一方面，从"抗危机、保增长"的经济刺激政策实施到"节能减排"，甚至公然违背国家部委"禁令"的"拉闸限电"，具体政策选择是对中心政策议题的回应，而不是随心所欲地完全"自主式"政策建构；另一方面，这种回应又是策略主义倾向的，政策主体在各类使政策异化的"摆平术"和具体政策措施上保有"自主空间"。同阶政策冲突案例中，政策主体对政策偏好、政策受众压力以及焦点事件等政治溪流和问题溪流的"策略式"回应则进一步验证了回应型策略主义的解释力，丰富了我们对回应型策略主义中"回应"内容的认知。

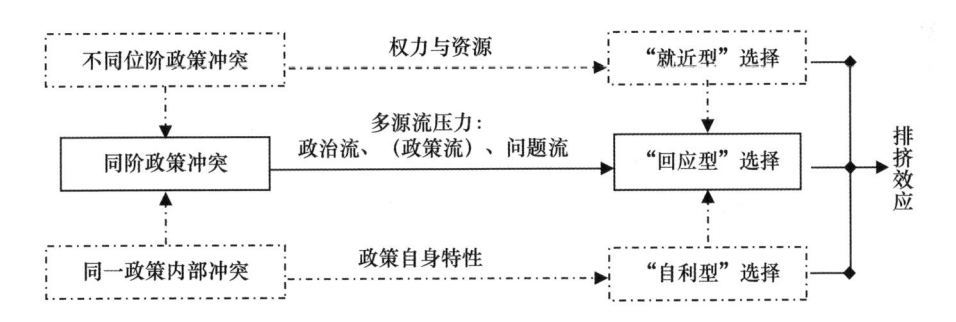

图2 政策冲突情景下政策主体行为选择的逻辑图示

资料来源：作者绘制。

同一政策内部冲突中，政策主体依赖政策特性的"自利"式回应，从表面来看，凸显了中国特色财政联邦主义的适用性，只是对中国特色财政联邦主义的理论预设，我们需要进一步追问，自主行动的政府为何要实现财政收入最大化？动力何在？詹姆斯·威尔逊（James Wilson）在论述政府机构与私营机构的差异时曾谈到，政府机构在很大程度上要受到如下制约：不能合法地保留其获取的收入并把它用于其工作人员的个人利益；不能按照其领导人的喜好分配生产要素；必须实现并非该机构自己选择的目标。[①] 然而，在我国由于"分税制"和干部的"属地管理"制度，使得政府可以合法地保留其获取的部分收入用于满足其工作人员的个人利益，这为谋求财税收入的增加提供了强大动力。但工资和福利的增加是有限度的，而且很难做到"按劳收酬"，往往还要受到中央政府或上级政府的监督以及社会舆论的压力。对政府的主政官员来讲，最大的效用函数，"要么是寻求职位晋升（Rank-seeking），要么是寻租（Rent-seeking）"[②]，所以，比起财政收入最大化，政绩最大化才是地方政府的"根本要务"，而政绩最大化不仅是"经济锦标赛"[③]，归根结底是"政治锦标赛"，甚至在史宗瀚（Victor Shih）、克里斯托弗·阿道夫（Christopher Adolph）和刘明兴的最新研究中，他们发现"经济的增长和更高职位的晋升之间并没有直接的关联"[④]。经济的增长、财税收入的增加，最多只是政绩最大化的副产品和实现手段，并不是越多越好。财税收入对政府的激励作用存在一个"临界点"，超过了维持政府正常运转需要的"临界点"，其在政府效用函数列表中的地位就会大幅下降，而且如果其与"政绩最大化"出现冲突，也是可以舍弃的。

比如，在"拉闸限电"案例中，限电的代价，据某县内部的测算，当地 2010 年 GDP 的增幅将可能因此削减 0.5%。[⑤] 但这一"经济增长的目标"与当前的"政绩目标"——节能减排的硬性任务相冲突，只能"让位"，遭受排挤。因为"政绩"的大小，主要取决于上级政府以至上

[①] ［英］詹姆斯·威尔逊：《美国官僚政治——政府机构的行为及其动因》，张海涛等译，中国社会科学出版社 1995 年版，第 141—142 页。

[②] Lv Xiaobo, From Rank-Seeking to Rent-Seeking: Changing Administrative Ethos and Corruption in Reform China, *Crime, Law and Social Change*, No. 4, 1994.

[③] 周黎安：《中国地方官员的晋升锦标赛模式研究》，《经济研究》2007 年第 7 期。

[④] Shih Victor, Adolph Christopher, Liu Mingxing, Getting Ahead in the Communist Party: Explaining the Advancement of Central Committee Members in China, *American Political Science Review*, No. 1, 2012.

[⑤] 陈中小路：《节能减排倒计时，节能减排却成拉闸限电》，《南方周末》2010 年第 17 期。

朔到中央政府的评价体系，与执政党所确定的国家中心任务和阶段性目标紧密相关。即使从政策内部冲突的案例本身来看，政府按计税耕地面积补贴不仅仅是为了降低工作成本，还有避免激化基层矛盾的政治稳定的考量，单纯财政收入最大化显然无法为政府的行为选择"自圆其说"。所以，与其说这是财政联邦主义的选择逻辑，不如更准确地讲，它体现了政府"回应型策略主义"的精髓。因为"策略主义"不仅表现为压力型体制下"不计成本、不惜代价"的非理性"摆平术"，更体现为自主性空间中"更少付出、更多回报"的自我理性追求。

相较于"中国特色财政联邦主义"和"分权化威权主义"，"回应型策略主义"在政策主体行为的自主性和回应性之间找到了平衡，更为准确地概括了政策主体因时、随势而不断调整政策选择策略的行为逻辑。而且它基本有效涵盖了"中国特色财政联邦主义"和"分权化威权主义"各自的解释范围，为我们提供了获得政策主体选择逻辑"全景式"解释的可能。

二　面向政策客体的政策冲突——多重性遵守：割裂效应

（一）同阶政策冲突中政策客体的"被动型回应"

在公共政策实践场域中，面向政策客体的政策冲突往往会直接造成政策客体的多重遵从和选择：这些相互矛盾的政策都对自己有同等的约束力，到底该遵从哪个政策呢？与政策主体不同，政策客体完全享有政策选择所带来的政策效益，政策由哪个部门制定、其权力位阶如何以及政策特点等形式问题不是其所关注的要点，遵从一个在结果上对自己更有利的政策是他们决定的主旋律。然而，对于不同政策方案的选择性执行，从本质而言是一种政策形成和输出的过程，并且这种政策的形成是在既定政策方案中的选择，政策溪流已无太大影响，问题溪流、政治溪流成为关键变量。因此，在面对同阶政策冲突过程中，位于政策权力"下阶"、处于政策行动从属地位的政策客体总是会对即使相互冲突的多重政策方案进行"就高遵从"和被动的回应选择，以实现自身的政策利益和主张。

但问题在于，同阶政策冲突中的不同政策主体，其政策意愿实现的强烈程度和政策意愿实现的能力是有差异的，政策客体的政策偏好能否最终实现，还取决于政策客体抗争能力与政策主体控制能力以及不同政策主体之间政策意愿实现能力的博弈。这在前文盐业部门《食盐专营办法》与农业部门《饲料和饲料添加剂管理条例》争"盐"夺利[①]的较量案例中体现得尤为充分，作为政策客体——饲料企业对政策规定的遵从一开始就是分化的，大部分抗争能力较弱的企业因为担心被盐业部门清查，主动选择了按《食盐专营办法》要求从盐业公司购买原料，而部分更看重利润、抗争能力强的企业选择按照《饲料和饲料添加剂管理条例》购买原料，结果遭到盐业部门查扣处罚。对此，农业部门也不甘示弱，要求认真贯彻《饲料和饲料添加剂管理条例》查处用食盐作添加剂的违法行为。这就意味着无论饲料企业使用食盐或氯化钠，但都会被另一部门查处。这种政策冲突所造成的多重性遵守让众多饲料企业无所适从、苦不堪言。但诸多政策的贯彻、多重遵从的加码，没有协同互促形成市场顺畅、食品安全加强的政策叠加合力效应，而是各自为政、以政策为争利工具，造成产业混乱和监管漏洞频出的政策割裂衰减效应。

（二）政策内部冲突中政策客体的"趋利性回应"

政策内部冲突中政策客体的"趋利性回应"是指政策目标群体在面对政府的政策内部冲突时所作出的趋利避害的选择。在公共政策系统内部中，政策执行的顺利推进必然直接指向公共政策客体——政策目标群体，在此过程中，必然会影响到政策目标群体的利益分配问题，其中，对政策执行的成本—收益分析决定着目标群体对政策执行的支持与否及其行动选择。政策执行过程其实质是关于利益分配的行动，在实现自身目标利益最大化的冲突和竞争情况下，政策内部的政策主体和目标群体为寻求最大的利益获得，都希冀将自身的损失减少到最小限度，而政策的成功与否取决于政策主客体的"利益选择"。如果目标群体认为政策及其执行能够给自身带来一定的净利益，就会对此政策作出积极回应，并积极地奔走宣传和鼓动实施，推动政策的顺利进行；反之，如果目标受众群体对其收益成本分析发现政策执行的成本—收益低于预期，则会对政策执行表现出消极的回应，对政策执行进行规避和不作为，以"政策观望"排斥和拖延政策执行，甚至明确反对和抵制政策执行。

---

① 吕明合、孙然：《农业、盐业部门争"盐"夺利》，《化工管理》2014年第28期。

下面以 H 市房地产行业楼市去库存与为了控制房价而征收房产税产生的政策冲突为例,分析同阶型政策冲突下公众产生的"趋利性回应"。在 2016 年,H 市受"转方式,调结构"等政策的影响,政府在制定楼市政策过程中,一是鼓励自住性、租赁性的住房消费,而非助推投机性和不住、不租的投资性需求。二是通过鼓励地产开发商降低房价等措施,稳定和降低房价,防止推高房价。三是通过推动地产商兼并重组,整合资源,引导地产商由房地产开发商向城镇住房综合服务商转型,促进资源要素向优势房地产企业和品牌集中。四是撤销对房地产市场的过时限制,促进房地产去库存。同时,在相应改革不到位、体制机制未转变的情况下,对商品房销售限制措施应区分情况,有利于缓解而非加剧住房供求矛盾。五是去库存政策措施应注意与住房制度改革相衔接。房地产去库存还与各类保障性安居工程相结合,消化部分库存房。H 市推出了各种保障性安居工程,如棚户区改造、外来务工人员公租房政策等,大部分地区的安居工程实行货币化分配、PPP 共建等多种方式,旨在打通商品房市场与棚改安置房、公租房和租赁市场,消化一部分库存。[①]

然而,与此同时,该市为调控房价,也有意提出房产税政策,对拥有房屋套数较多的市民增收房产税。对于征收房产税和去库存之间政策的冲突,政策颁布之际,在公众范围内展开了激烈的讨论。对于手中没有房产,准备购房的群体,他们希望征收房产税,以此促进一些拥有房屋较多的人抛售房产,抑制房价;然而对于手中拥有房产较多的市民,他们希望政府更多出台去存库的政策,推迟房产税。由此可以看出,当面临政策冲突时,公众会根据自己的利益来判断是否支持政府的决策,并反馈给政府。当政策有利于自己的利益,就会认真贯彻;当政策会损害自身既得利益时,就会反对该政策,并向政府部门提出意见。这种政策内部冲突造成的政策客体"趋利性回应",将会导致政策客体以自我为中心、把争取自身利益最大化为政策执行的最终目的,稀释和解构政策整体利益和行动共识,造成"政策乏力"难以执行甚至"政策放弃"的政策割裂效应。

---

① 牛福莲:《楼市去库存应该怎么去?》,《中国经济时报》2016 年 3 月 4 日。

第三节　公共政策冲突效应与协调
发展难题的内在关联

一　政策主体选择性执行的排挤效应与协调发展难题

本书并不着眼于对政策主体行为作科学预测和理性规范，以发挥政策主体行为的积极性、规避其消极效应；而是主要集中于研究政策冲突中政策主体行为选择的特点和逻辑以及选择所造成的后果，即选择行为与社会协调发展治理难题之间的内在关联。基于此，本书选择了当前社会协调发展中的实践难题和研究中的热点问题来分析，试图建构起其与政策主体政策选择的逻辑关联，进一步阐释政策冲突中政策主体的政策行为选择所形成的排挤效应，同时为解构政令不畅、政绩工程等协调发展治理难题提供多样的思考维度。

（一）"就近式"选择与政令不畅的固化

1. 政令不畅是政策主体进行理性政策行为选择的结果

"政令不畅"多指称政策无法得到政策主体有效执行的一种现象。这种现象在我国的行政实践中非常普遍、且对政治生活影响很大。对于"政令不畅"这一政策实践中面临的难题，学界进行了认真的研究和积极的思考。《中国行政管理体制现状调查和改革研究》课题组在调研了上海市、重庆市、广东省、福建省、辽宁省等14个省（市）的四级政府后，归纳总结了导致中央政令不畅的七个主要原因：地方保护；中央权威不足；法制不完善；中央政令忽视地方利益；政出多门，地方政府无所适从；政令本身的科学性和可操作性不足；缺乏执行政令的人、财、物手段。并将这些原因归为利益因素、科学因素、制度因素三类。这项研究以其大范围实证调研的基础和全面的原因总结成为目前学界对"政令不畅"问题专门研究中最具影响的成果，但它的思考深度显然是不够的，还停留在影响因素的简单枚举阶段，缺乏过程性分析和进一步的有关作用机制（机理）的探讨。其他为数不多的有关"政令不畅"问题的专门研究中，颜南平总结了"软"——对政令的落实督察软弱无力、"变"——对上级的指令层层乱加变通、"浮"——干部作风不实、

"滥"——滥发指令、"乱"——政出多门等政令不畅的五因素①；谭雄伟指出了"政策命令理解不够、政府层级过多、地方政府与中央的利益不一致"等原因，具有一定的代表性，但依然是对实务性工作的表象归纳，且没有超出《中国行政管理体制现状调查和改革研究》课题组的总结范围。而作为一般意义的公共政策执行研究，提出了诸如"官僚制模型、政治动员模型和博弈模型"②等解释框架，但对政令不畅的针对性回应又明显不够。这种不够"给力"的研究现状与政策实践中对政令不畅的诟病，形成了鲜明反差，亟须学理研究的跟进。

　　本书认为，鉴于政令不畅已成为一种较为普遍的行政现象，就不能简单停留在表层的问题逻辑层面，把政令不畅作为一种反常的政策结果，追问导致的原因，然后"按因索骥"试图铲除这个顽症。我们需要的是首先将其作为一种客观的政策现实，在此基础上更深入地挖掘这种现象的形成机理，重视它存在以至普遍化的"合理性"和内在逻辑，再尝试在可治理的限度内找出可行的解决办法。从政策过程来看，"政令不畅"是政策主体政策执行的一种结果。而执行或不执行、以何种方式执行到何种程度，这本身是政策主体的一种政策行为选择。它的诸多导致政令不畅的行为选择，如"政策敷衍、政策损缺、政策附加、政策替换、政策停滞、政策误用、政策投机、政策违背、政策抵抗"③等，既不是与生俱来、无法改变，也不是无心为之、善劝可改的，而是有着自己选择标准、遵循一定选择逻辑的理性行为抉择。这种抉择当然也不是"随心所欲"，而是像马克思主义指出的"在直接碰到的、既定的、从过去承继下来的条件下"选择。对此，新制度主义进一步说明，选择不是一个随意的过程，而是日常生活中的制度—物质性安排、规则和程序等积累形塑的产物；同时，选择也不是一个机械的过程，而是按照制度对角色和情景的关系来确定选择的适当性。

　　2. "就近式"选择是政策主体面对政策指令的重要选择策略

　　"就近式"选择是本书通过设置的政策冲突这一特殊政策选择情景所

---

① 颜南平：《政令不畅原因分析》，《党政干部论坛》1995 年第 4 期。
② 虹波：《中国公共政策执行的理论模型述评》，《教学与研究》2008 年第 3 期。
③ 王国红：《地方政府的政策规避与政策创新辨析》，《政治学研究》2007 年第 2 期。

观察到的政策主体的一种政策选择策略。这种选择何以可能？取决于制度设计为政策主体提供的两个条件。一是具有了可选的空间和自主的能力，二是具有了促成选择的动力。分权化的权力规则使政策主体成为具有独立政治和经济利益的政策行为主体，并与崇尚灵活性的游击式政策风格一起赋予了政策主体进行自主选择的空间和能力，对上负责的考核激励安排、向下的行政逐级发包则明确了政策主体选择的目标和方向，促成了"就近选择"的动力，同时游击式的惯常做法又为政策主体"任性"的政策执行方式提供了预期和重要借鉴，他们共同形塑了政策主体"就近式"的政策选择和执行的逻辑基础。

"就近式"选择意味着政策主体在政策选择和执行时对直接上级政策意图的优先考虑，其实质是分权化的威权主义。无论是广东何耘韬案或是"拉闸限电"案，我们都看到中央政策在博弈中"败北"，执行机构毫无例外都选择了执行直接上级的政策要求，这形象地印证了"县官不如现管"的实践逻辑。

但还有一个关键症结在于，如果就近选择在逻辑上是自洽的，那自上而下来看，政策指令应该政策主体所贯彻，依此逐级类推，上级政策意图也可以在基层得到很好的执行。但现实的情况是中央的政令不畅、政策很难得到贯彻。问题不仅在于中央政策意图在层级传递中的"自然衰减"，还在于它的人为"加速衰减"。因为面对协调多种社会利益的需要，中央政策从来都不是单一的存在，而是处于复杂的网络系统之中，比如有刺激经济增长政策，还有节能环保政策，有推动城市化政策，还有保护耕地政策，有维护社会稳定相关政策，还有全面深化改革的政策、发展健全民主政治的政策等，且每一个政策诉求看来都是极为重要的，但是政策主体的效用偏好与约束条件在不同层级间存在着差异。依据姚先国的实证研究发现，层级越高，政治风险意识在其行为取向中的权重影响越大；层级越低，其政策导向偏重于本地的经济利益，实用主义倾向越严重。省级是最高层级，并直接受到中央的控制，政策选择与执行中政治责任的考虑具有决定意义；县市、乡镇级，主政官员的个人利益以及公共利益与本地区经济发展的总体利益有着更密切的联系，其行为偏好更着重于本地经济利益，政治责任的考虑退居其次。① 这就导致各级政策主体对不同政策的敏感度不同，他们在自主范围内对中央政策进行"过滤"和"解读"，并重新确立自己的优先政策目标，从而也加速了中央政策意图的衰减和扭曲，无法成功实现"我的主人的主人＝我的主人"的逻辑推演。

"就近"是政策主体重要的政策选择标准。这种选择背后的逻辑是什么呢？是利益最大化的结果性逻辑还是"角色—认知"的适当性逻辑？简单的利益最大化已招致很多学者的质疑和批评。首先，是谁的利益最大化，这至少包括官员、部门、公众利益，而且这三者的利益也并不是完全一致。其次，如何算是"利益"最大化，是尼斯坎南的"预算最大化""官职晋升最大化""租金最大化"？或是"最少的行政成本、最多的行政产出"？这很难说清。最后，由于信息水平的局限和决策风险的存在，政策主体在进行很多政策选择时，往往无法预期是受益或是受损，甚至有些时候明知利益受损，它也会"勇往直前"。这些情况都在消解着利益最大化的理论预设，但完全诉诸文化—认知层面的适当性逻辑，似乎也有些支配乏力，尤其是在政策冲突中面临不同角色的认知冲突时，它是政府代理人要贯彻中央的政策指令，又要实现上级的政策要求，哪一种角色认知起着支配性作用呢？所以，更准确地讲，政策主体的"就近"选择既不是简单的利益最大化的结果逻辑，也不是纯粹的"角色—认知"的适当逻辑，而是遵循"命令—控制"的强制性逻辑。

3. "就近式"政策选择加剧了政令不畅的固化

前文已通过不同位阶政策冲突的选择情景，推理出政策主体的就近选择产生的排挤效应。因为按照就近选择的标准，自下而上来看，省、市级政府政策主张要获得基层政府的执行，必须和县级政府政策意图保持一致，否则会受到排挤；中央政府的政策要获得执行，必须和地方各级政府政策意图保持一致，否则也会受到排挤，而经过的中间层级越多，政府的效用偏好与约束条件偏离越严重。

所谓"中央大晴天、省里毛毛雨、县乡雨遮天"，保持政策意图一致性的难度越大，政策获得执行的可能性越小。所以，作为距离政策执行主体行政层级最远的中央政策，最容易受到忽视和排挤，政令最不易畅

---

① 姚先国：《浙江经济改革中的地方政府行为评析》，《浙江社会科学》1999年第3期。

达。就近选择遵循"命令—控制"的强制性逻辑,体现了直接上级的政治控制力和政策意图渗透力。而从我国的行政层级来看,县(处)级的政策偏好对政策的最终执行至关重要。因为相对于乡镇(科室),县(处)是上级政府(机构),具有贯彻自己意志的完整"任意权"。乡镇虽然是最基层政府,却又是不完整的一级政府,没有独立的财政,人大、政协不完整,没有检察院,没有法院也没有公安,很多职能承担不了,也缺乏相应的政策资源,科室同样在职能上存在欠缺,无法构成一个独立的政策领域,只能作为政策的具体执行主体。所以,县(处)"承上启下,成为国家上层与地方基层、中央领导与地方治理、权力运作与权力监控"、政策决策与政策执行的"接点部位"和经常性触点区域。尤其是在"压力型体制"之下,"省和市这两个中间层级在一定程度上既不最终承受压力也不直接面对矛盾"①,于是矛盾与压力、政策的最终执行和落实都集中交织在县(处)这一级。所以,从实际的政策运作情况来看,"就近"的关节点是在县(处)这一级,"就近"大多数时候是"就"县处级政府机构的"近",这就形成了所谓块块上的"县长治国"和条条上的"处长治国"。

在 2015 年 4 月 15 日的国务院常务会议上,李克强总理曾严斥国务院常务会议已经讨论通过的政策,竟还卡在几位处长手里"把关"。② 这不是个案,而是对当前部门政治中"国家权力部门化、部门权力个人化"这一普遍实际情况的典型揭露,是政策"就近"选择逻辑的必然结果。而目前普遍反映的,不能很好被执行的政策,诸如土地政策、房价调控、节能减排、征地拆迁、食品安全、环保政策等,其不能"畅达"的主要原因也在于这些政策与县区级政府自身的效用偏好不一致,因为政府的层级越低,其政策导向越偏重于本地的经济利益,急功近利倾向越严重,而这些政策的目标恰恰是要遏止追求经济利益的冲动、谋求长远的社会协调的可持续发展,自然会受到县区政府的政策"过滤"。同时,包括县级政府在内的政府行为受制度化监督系统的约束有限,加之政策风格对

---

① 蔡霞:《以县政改革为切入点,启动国家政治改革》,《东南学术》2010 年第 1 期。
② 王子约:《李克强严斥"处长把关"耽误政策》,中国政府网,http://www.gov.cn/zhengce/2015 - 04/16/concent_ 2847537. htm, 最后访问日期:2015 年 4 月 16 日。

灵活性的崇尚，它们的政策选择具有相当的自主性。所以，"就近"政策选择所形成的"县长治国""处长治国"的政策决策与执行现实使中央的政令不畅几近成为必然。当然，还必须要加以说明的是，就近选择的实质是分权化的威权主义，反映着"命令—控制"的强制性逻辑，而"县长治国""处长治国"只是它的一种"表象"。如果中央政府对某项政策议题高度重视，这种重视还被地方负责人强烈地感受到，且这项政策是便于监督的，即满足"高层的决心+恰当的政策"[①]这个条件，那么这项政策就可突破"县长治国"的惯性，按照自上而下的就近选择逻辑得到很好贯彻、执行。但问题是，中央需要面对的政策议题很多，能够成为高度重视的只是极少数，或者中央对大多数议题都高度重视，那导致的结果又是都不重视。还不要说能满足"恰当政策"条件的也是少数。故此，"就近"选择多是自下而上的"县长治国"和"处长治国"，中央政令常常难以畅达、落实。

(二)"自利型"选择与政绩工程的泛化

1. 政绩工程源于"政治功利+经济企图"的政策选择

政绩原指政府官员在任职期内作出的业绩，这些业绩是"领导干部和人民群众结合本地本部门的实际，坚决贯彻执行党的路线方针政策，创造性开展工作的结果"[②]；离不开客观条件、集体智慧，特别是民众辛勤劳动等多种因素的相互作用，但更少不了主要决策者和组织者的正确领导、科学谋划和辛勤付出，某种程度上综合反映了负责该项工作官员的政治素质、作风修养、领导才能和知识积累情况。所以，政绩本意是对政府主政官员工作成绩和实际贡献的正面肯定，也是上级部门考察、评价、使用干部的依据所在，是含有褒义的词汇。但加了"工程"二字的"政绩工程"，则变成了贬义词，意指地方主政官员为了个人或小团体的利益，不顾民众需要和当地实际，利用手中权力而搞出的浮华不实、劳民伤财却有可能为自己和小团体带来"政治晋升"机会和"租金"的业绩。无论政绩和政绩工程，它的取得都依赖于公共政策的制定和实施。

[①] 薛立强、杨书文：《论中国政策执行模式的特征——以"十一五"期间成功关停小火电为例》，《公共管理学报》2011年第4期。

[②] 龙明姬：《"政绩工程"的体制性根源及其治理》，《组织人事学研究》2004年第5期。

所以，从公共政策角度来看，政绩是地方政府官员为满足地区公众利益和履行公共管理职能在政策制定和执行过程中所创造的业绩，政绩工程则是地方政府官员以"政治晋升"和获取"租金"为导向进行政策选择和执行所产生的政策成果。政绩工程和政绩的根本区别在于政绩的政策选择取向与民众的根本利益相一致，具有良好的正向社会效益，而政绩工程的政策选择取向则是服务于政府主政官员的个人私利，具有负向的社会效应，与民众的根本利益背道而驰。

改革开放以来，随着我国对政府官员考核评价制度从政治忠诚、阶级出身转向"德、能、勤、绩"，并着重考核政府官员履行岗位职责的工作情况和实绩，对实绩的追崇成为地方官员行为选择的"主旋律"，这一方面摧毁了只唯政治的"乌托邦"，成为中国经济持续、高速增长的重要制度诱因；另一方面在对上负责的压力型体制下也催生了地方政府官员政策选择的"政绩工程化"。据《中国青年报》报道，2014年10月党的群众路线教育实践活动收官之际，中央晒出了对各地"政绩工程"的治理清单：全国叫停663个"形象工程""政绩工程"，存在弄虚作假的436起问题中，共有418名个人被查处。这让我们看到了中央反对"四风"、治理"政绩工程"的决心和成效，但另外也让我们体会到"政绩工程"的普遍和危害，这663个被叫停的"政绩工程"只是被曝光的一小部分，且严重损害党和政府形象，经济损失巨大，动辄耗资上千万元以上，甚至这些被叫停的"政绩工程"如何收场都成为一个"钱窟窿"。[①]"政绩工程""一方面劳民伤财，百姓深为厌恶，中央一再强调坚决制止；另一方面，不少地方党委政府与主要官员却对此情有独钟，一味追求"，甚至成为他们实现升官发财梦的政策"捷径"。

2. "自利型"选择是政策主体进行自主选择的主要策略

"自利型"选择是本书在政策内部冲突情境中总结的政策主体的政策选择策略。它的适用范围在于政策主体需要拥有相对自主的选择空间，较少受到或不受中央和上级政府权力因素以及民众舆论、政治意识形态等外部政治情势的影响，自身的偏好成为政策主体政策选择的支配性因素。这种情况普遍存在于自由裁量权范围内的政策制定与执行事宜、中

---

① 杜放、叶前：《全国663个"政绩工程"被叫停》，《中国青年报》2014年10月15日。

央和上级政府没有明确偏好或同等重视的政策议题等。

"自利型"选择是对政策主体政策内部冲突中选择行为的形象描述,其背后蕴含的是政策主体利益最大化的结果性逻辑。前文已经指出了利益最大化结果逻辑的欠缺所在,为什么说在此时自主选择情境中的政策主体利益最大化的结果性逻辑就是适当的呢?原因在于:首先,相对自主的选择空间,为政策主体实现自身效用最大化提供了可能。其次,自主选择情境中利益最大化的主体是相对清楚的——政府主政官员个体或者负责该项工作的官员小团体。主政官员是利益最大化的首要主体,权力格局中的"一把手"负责制,赋予领导干部将其偏好凌驾于普通公务员之上的足够权威。因为主体明确,所以利益或偏好就可以确定。在偏好的来源上,本书更赞同规范制度主义的认识,认为偏好和效用函数是形成于制度塑造而不是外在于制度。从普遍性而言,"官僚"晋升会产生"官职荣誉"的优越感,因为"官僚制的不同等级显示着个人在政治上的成就、个人能力的社会实现程度以及个人抱负的自我实现程度等"[①],而在我国当下的政治制度设计中,官(政治家或政务官)僚(文官或事务官)不分且官员等级森严、不同级别享有不同的待遇和特权,即使晋升激励会随着年龄和晋升阶梯的增加而出现激励效果的下降,但干部的不断年轻化会弥补这种激励的不足。所以,"政治晋升机会最大化"是众多地方主政官员的当然偏好,进而成为效用目标和政策选择的最主要依据。而在面临与政治晋升关联不大的政策选择时,晋升(发展)激励弱化,作为负责该项工作的政府官员——他们也是领导干部实现行政目标的主要依靠力量以及考核、晋升评价的重要主体——效用目标影响凸显。市场经济条件下的基层政府普通工作人员和升迁机会渺茫的少数地方官员,他们大多晋升无望,讲究的是实用主义,看重的是生存激励,追求的是"自我工作成本最小化"或"租金最大化"。在案例"粮食直补政策"中恰是如此,对基层政府来说,实现农民增收、按计税耕地面积补贴,相对于实现粮食增产、按实际粮食播种面积或产量补贴,政策目标更为明确、更容易测度。政策实施程序更为简便、成本更低。当然,对于地方主政官员来说,如果某项政策可以同时实现"政治晋升机会最大化"和

---

① 王希坤:《政绩与政绩工程辨析》,《三江论坛》2013年第4期。

"租金最大化",那会更受青睐。最后,自主选择情境中,因为政策主体对政策选择权的完全控制和对政策结果的明确预期,政策选择的不同"成本—收益"对比已经很清楚,选择风险大大降低。所以,利益最大化的结果逻辑成为自主选择中政策主体进行"自利"选择的支配法则。

3. 自利型政策选择催生政绩工程的泛化

自利型选择的直接效应在于形成政策主体对不同政策或同一政策的不同政策目标或手段选择的自利式强化,产生政策选择的"格雷沙姆"效应,即能直接实现"政治晋升机会最大化"和"租金最大化"的政策,排挤不能实现或有损"政治晋升机会最大化"和"租金最大化"的政策;明确、易达的政策目标和手段会排挤模糊、成本高的政策目标和手段,可计量的政策指标会驱逐不可计量的政策指标,可观察到成果的政策会排挤不易观察到成果的政策;付出和成果二者都能观察得到的"生产型政策"、可以观察到付出但观察不到成果的"程序型"政策、可以观察到成果但观察不到付出的"工艺型"政策、政策付出和成果二者都观察不到的"应付型"政策,获得政策主体选择、执行的可能性依次减弱。

从表现形式看,"政绩工程"多是新颖、可观的"亮点"成果,是服务于政治晋升机会最大化最好的政策选择,且工程多伴有"建设"项目,衍生了巨大的寻租空间。因此,"不计成本、只求形式"的政绩工程自然成为政策主体自主空间中的普遍选择。以新农村建设为例,2005 年 10 月中国共产党十六届五中全会通过《"十一五"规划纲要建议》,提出要按照"生产发展、生活宽裕、乡风文明、村容整洁、管理民主"的要求,扎实推进社会主义新农村建设,新农村建设成为政策主体亟须推动的一项重要政策议题。但是,对"生产发展、生活宽裕、乡风文明、村容整洁、管理民主"的政策目标,中央并没有制定明确的标准,这为政策主体预留了充足的自主选择空间,劳民伤财的政绩工程成为大多数政策主体的自利选择。所以,我们会发现在很多地方的新农村建设中,"发展生产"成了"推广几台农机","生活宽裕"就是"修建几幢别墅","乡风文明"成了"制定几条乡规民约","村容整洁"就是"刷墙壁、写标语、立标牌","种植几处城市草坪","管理民主"就是"设立村务公开栏",全是易于观察到的"形象性工程",而修缮水利设施、支持农村产业发展、增加农民收入、民风民俗养成、基层组织建设等日常性、基础性的工作则鲜有人问津。尤其,"修建别墅"既能美化村容,又能象征农民生活宽裕,还可以大兴土木、乘机"寻租",最受地方政府的青睐,自然也成为"政绩工程"的显著标注。

自利型选择对政绩工程的泛化效应还体现在其对政治风气的塑造上。我国当前政府官员的政治晋升是任期制基础上"政治锦标赛",这意味着政府官员必须在有限的任期内取得比同级官僚更好的政绩,所以,一旦有地方官员通过选择"政绩工程"在短期内积累了较好的政策业绩,那其他官员就会迅速跟进、争相效仿,力图用更大胆的政策举措搞出超越于同僚的"政绩",这些官员"往往得到较快的晋升"[①],并进一步为其他官员提供了政策示范;而立足于真正解决民众利益诉求的政策,往往因为见效慢、周期长、不具"观赏效应"被搁置和忽略,选择执行这类政策的官员因不会进行自利型的"政绩工程"布景长期得不到升迁,在官场被人认为是老实、"傻帽"。这就形成了一种"逆向选择"的政策生态圈和政治生态圈,使政绩工程泛滥成灾。所以,党的十八大报告指出,要完善竞争性选拔干部方式,提高选人用人公信度,不让老实人吃亏、不让投机钻营者得利。2013年《关于改进地方党政领导班子和领导干部政绩考核工作的通知》更进一步明确,要求完善政绩考核评价指标,根据不同地区、不同层级领导班子和领导干部的职责要求,设置各有侧重、各有特色的考核指标,把有质量、有效益、可持续的经济发展和民生改善、社会和谐进步、文化建设、生态文明建设、党的建设等作为考核评价的重要内容。这值得期待,但难度很大。问题在于如果不从根本上改变对上负责的绩效评价和政治晋升体制,政策选择的"格雷沙姆"效应就是一种必然。更进一步来说,即使改变了绩效评价主体,变成真正的多主体评价,但有些政策的特性是无法更改的,它们无法具体化为可测量的指标,所以,一定程度上的政策排挤依然存在,"政绩工程"无法从根本上消灭。当然,这不是说我们就可以对"政绩工程"置若罔闻,而是提醒我们要对治理它的难度有清醒的预估。

---

① 人民论坛调研组:《政绩工程别在农村扰民——"上面热、下面冷"现象调查》,《人民论坛》2007年第1期。

二 政策客体多重性遵守的割裂效应与协调发展难题

面对发展中的问题，我们的解决策略是以问题为导向，充分发挥政策的工具作用，坚定不移地推动协调发展，而不是"无为而治"、逃避风险。因此本书还对政策冲突中政策客体行为选择的特点和逻辑，以及所造成的后果进行了重点探讨，即试图建构起"权变博弈""就高遵从""政策放弃"等面向政策客体的选择行为与社会协调发展难题之间的内在关联，进一步阐释政策冲突中政策客体的政策行为选择形成的割裂效应，同时为其协调发展治理难题的解决提供思路。

（一）"权变博弈"增加经济社会协调发展成本

经济社会协调发展成本是我们国家社会各方面运行发展的综合成本，体现着社会整体发展的质量和效率，经济社会协调发展成本与制度交易成本和企业运营的微观实际成本不同，是宏观层面经济社会发展运行成本。党的十八大以来，我国各级政府深入推进简政放权、"放管服"改革工作取得实质性进展，经济社会协调发展降成本工作取得明显成效。但是在供给侧结构性改革中的政府"简政放权"改革、制度落实、政策实施过程中只是表面换了张皮而已，程序性审批的各种"要件"或者具体设置的一些"关卡"，都使得降低经济协调发展成本困在了"最后一公里"。同阶公共政策冲突带来的经济社会协调发展成本主要表现在：

第一是增加了政策客体制度性成本。"制度性交易成本种类繁多、弹性较大且其中暗藏'灰色地带'，正成为当前企业的最大困扰。"[1] 汪玉凯（2016）[2]、贾康和陈少强（2017）[3]、傅志华等（2017）[4] 将"制度性成本"定义为体制性成本，即企业在运转过程中因遵循政府制定的各种制度、规章、政策而需要付出的成本，或者由体制机制问题造成的时间、经济、机会等成本。本书主要从政策主体和政策客体关系层面来理解制

---

[1] 《制度性交易成本调查：种类繁多 暗藏"灰色地带"》，《中国经济周刊》2016年第19期。
[2] 汪玉凯：《降低企业制度性成本》，《人民日报》2016年7月7日。
[3] 贾康、陈少强：《如何降低企业制度性成本》，《中国财经报》2017年5月16日。
[4] 傅志华、赵福昌、石英华等：《广西、云南降低企业制度性交易成本的调研思考》，《财政科学》2017年第8期。

度性成本，公共政策冲突增加了企业的制度性成本，主要聚焦于案例中的"权变博弈"和"政策打架"现象。博弈是一种互动的决策行为，"权变博弈"背后的根本驱动力是利益，即表现出的是一种利益博弈。

第二是增加了政策运行成本，即维持政策实施运转所消耗的各种人力和物资等成本或支出。安装防盗窗事件中，公安部门与消防部门在政策执行过程中，陷入了一种循环往复的政策执行"死结"。"公安来检查了，就把防盗窗安装起来；消防部门来了，就把防盗窗拆下来。"无所适从的政策冲突，不仅使得居民对遵守政策规则的两难选择，不管是居民的人身安全还是居民的居住安全，最后都没有被保障，还大大增加了社会运行成本，浪费政策执行资源，更成为经济社会协调发展的障碍。

第三是增加了政策相对人对不同政策的学习成本。盐业部门的《食盐专营办法》与农业部门的《饲料和饲料添加剂管理条例》都属于合法性政策文件，政策客体——饲料企业在生产过程中，既要对《食盐专营办法》进行学习，又要熟悉《饲料和饲料添加剂管理条例》的具体规定，在办理合格证等程序时还要与两大部门进行"谈判"，"氯化钠是不是盐？"到底适用于哪种法律框架内，甚至部分政策客体会花费大量资源与"争议执法"的政策主体谈判以争"盐"夺利。

政策客体的"权变博弈"导致了"企业守法成本高、政府监管部门实施成本高、政策执行成本高"的现象，政策层面为企业"松绑"变成了空话；不仅浪费了大量的人力、物力、财力，影响了整个公共政策实施的效率，还造成了对政府的公信力和政府形象损坏的影响，对经济社会协调发展造成了不可调和的矛盾。

（二）"就高遵从"阻碍区域协调发展的实现

2013年12月，习近平在中央经济工作会议上，提出要把促进区域协调发展作为中央解决的六项重要任务之一。促进区域协调发展是我国当前经济社会协调发展的重要内容，也是全面深化改革面临的突出问题和异常紧迫的战略任务。影响区域协调发展的因素诸多，区域之间的自然资源、相关政策、经济发展规模、地理位置、风俗习惯等因素的差异，造成了各区域经济社会发展的不平衡不充分。

本书主要涉及公共政策层面的冲突对区域协调发展的影响。区域协调发展的核心在于协调各区域利益主体和各发展要素之间的关系，促进各区域的有序发展。但是因公共政策主体的多元性和非隶属性，即各区域属于同阶政策主体，拥有平等的行政地位，出台的政策、法规具有同等的效力，同时各区域必然根据本区域的实际情况来制定、实施、执行政策，再加上各区域地理位置的分离，各区域沟通不及时、沟通渠道不畅通、政策信息公开不及时或者人为的信息阻隔等原因，致使政策层面的区域协调发展本应是"公平、协调、共享"的状态，最后各区域却出现各自为政、政策相互冲突的现象，且多为不损坏本区域经济社会的发展而选择"就高遵从"，增加了政策客体的守法负担，也严重阻碍区域合作的顺利进行，影响区域经济协调发展。

公共政策的"就高遵从"阻碍区域协调发展，主要表现在：第一，影响公共政策效力的发挥。"一江之隔，两策相争"案例，在 A 地可以顺利通行，在 B 地却被要求必须办理证件，否则要罚款。企业要想继续正常运营，不得不"就高遵从"公共政策，最后孙某不得不租用"运营成本肯定比自家车要高不少"的旅游客车，最终导致公共政策失效。第二，阻碍了各区域之间宏观经济的顺畅运行。政策冲突带来的是政策客体人力、物力、财力的无效流动，阻碍资源优化配置和区域经济协调发展。第三，不利于区域之间的社会稳定。政策冲突不仅没有促进区域协调发展，还导致经济发展差距的拉大，甚至区域之间的恶性竞争、就业机会和工资福利水平的差异，导致人口流动明显，给区域城市管理造成巨大压力，不利于区域之间的社会稳定。

（三）"政策放弃"消解政策的社会协调效用

社会协调功能是公共政策的一个重要功能，政策制定者通过平衡经济发展、政治保障、文化建设以及人与自然、社会等各个方面的关系，以实现社会稳定的政策目标，促进社会整体协调、高质量发展。改革开放 40 多年来，我国政府从深化改革、经济发展和社会稳定的全局出发制定诸多公共政策，坚持从不发展到发展、不平衡到平衡、不充分到充分方向上协调，也是为了不断协调社会方方面面的利益关系，提高整个社会的积极性和凝聚力。

我国在推进社会公平、维护社会稳定的一系列举措中，最根本的就是社会政策要托底，就是要守住民生底线。比如，我国在实施"西部大开发"战略期间，高度重视西部地区经济民生和交通基础设施建设，中央直接投资历时多年建造了青藏铁路，贯通连接了祖国内地和青藏高原的联系，极大方便了人员、物资的流动，促进了西藏经济社会发展，维护了西藏民族稳定与团结，保障了西藏人民的生活水平，加强了西藏地区与其他区域的交流合作，这就是公共政策发挥社会协调效用的实例。

本书主要涉及公共政策影响人与自然、社会协调发展的政策效用问题。第一个案例，某医疗集团开办专科医院时，遭遇程序上的"互为前置"的案例中，相关人向卫生部门办理医疗执业许可证时，被要求先找规划部门把商业用地变更成为医疗用地。而规划部门却告知，办理土地使用变更要先拿到医疗执业许可证。第二个案例，某新型企业在申请工商营业执照，工商局和环保局在针对项目办理程序上，将各自业务互设为"前置"，造成办事"死结"，最后结果就是企业选择放弃，不仅导致公众对政府的信任度和满意度下降，更致使公共政策失去了应发挥的社会协调效用。

由于同阶型政策冲突，形成的政策主体层面的"政策放弃"、政策客体层面的"被动型回应"，会导致公众对政府的信任度和满意度下降，各社会群体在政策实际贯彻过程中，不会有很大的积极性。这种执行中的非主动会直接导致政令不畅，从而带来政策效果的不佳，而这种效果不佳往往会导致难以协调发展。公共政策是利益的调节器，是影响和调节人与社会关系的重要砝码。我们讲"政通人和"，好政策可以"得民心"，有利于发挥公共政策的社会协调效用最大化。反之，就会失去人心，致使社会不满情绪的滋生，消解政策的社会协调效用。故此，我们应该完善利益表达机制、拓宽利益诉求渠道、加强政策创新，协调政策主客体之间的关系，促进整个经济社会的协调发展。

第五章

公共政策协同与经济社会协调发展的良性互构

本书主要针对面向政策主体的政策冲突和面向政策客体的政策冲突两个层面，通过考察政策主体对政策规范的选择性执行及其造成的排挤效应和政策客体对政策规范的多重遵循及其造成的割裂效应，从政策执行的视角出发，对不同政策规范之间以及政策内部存在的竞争和矛盾现象，提出具有针对性和可操作性的具体举措。

公共政策协同与经济社会协调发展良性互构的中心思想是分类治理、逐级跃升。对"病态"的面向政策客体的政策冲突实现对双向弱化发展问题的有效规避；对"常态"的面向政策主体的政策冲突实现对单向发展问题的逆向选择。进而实现"冲突性政策—碎片化政策—协同性政策"的跃升和"对抗式发展—妥协式发展—一体化发展"的转换。最后注重政策创新，实现政策主客体对冲突的积极回应以期待构建"各美其美、美美与共"的协同政策生态愿景。

第一节 强化系统设计，实现对"病态"政策冲突中双向弱化发展的有效规避

党的十八届三中全会提出，要"加强顶层设计和摸着石头过河相结合，整体推进和重点突破相促进，提高改革决策科学性，广泛凝聚共识，形成改革合力"。立足全面深化改革总目标促进政策协同，必须强化顶层设计，加强宏观性的战略部署和制度安排，妥善处理"整体政策安排与

某一具体政策的关系、系统政策链条与某一政策环节的关系、政策顶层设计与政策分层对接的关系、政策统一性与政策差异性的关系、长期性政策与阶段性政策的关系"①，积极运用目标管理的手段增强政策冲突治理的目的性和方向感，不断满足人民日益增长的美好生活对协调政策冲突、实现政策协同的需要。本章从完善公共行政体制、加强信息沟通与共享、协调不同政策价值观的冲突、加强政策咨询和公众参与、优化公共政策生态环境五个方面实现对"病态"政策冲突中双向弱化发展的有效规避。

一 完善公共行政体制

公共政策是公共行政体制的产物，从公共政策的制定、执行到最后的政策终结，公共政策的整个过程都运行在公共行政管理体制范围内。因此，公共政策冲突与公共行政管理体制有着不可分割的内在联系，公共行政管理体制是否具备科学性、合理性及规范性直接影响着公共政策冲突的发生与否。构建科学规范的公共权力体制、科学民主的公共决策机制对于解决公共政策冲突有着重要意义。

（一）构建科学规范的公共权力体制

公共权力体制是指公共权力构成要素的结构及其运作的制度性体系。在当前中国语境之下，国家治理现代化从根本上体现为中国共产党领导人民科学、合意、规范地运用公共权力来进行治国理政，形成科学规范的公共权力运行机制，是国家治理体系和治理能力现代化的必然要求和重要目标，"国家治理体系现代化的首要衡量标准就是国家公共权力运行的制度化和规范化"②。构建科学规范的公共权力体制有利于促使公共权力进入规范的运行轨道，有助于防范权力滥用，从而有效减少和规避"病态"公共政策冲突的发生。规范公共权力的配置及其运行机制主要表现为以下几个方面。

首先，要合理规范中国共产党与人民代表大会之间的权力配置及其

---

① 《习近平总书记系列重要讲话读本》，学习出版社、人民出版社2014年版，第54页。
② 俞可平：《衡量国家治理体系现代化的基本标准》，《北京日报》2013年12月9日第17版。

运行。中国共产党的领导是中国特色社会主义最本质的特征,"中国共产党的领导,就是支持和保证人民实现当家做主。我们必须坚持党总揽全局、协调各方的领导核心作用,通过人民代表大会制度,保证党的路线方针政策和决策部署在国家工作中得到全面贯彻和有效执行"①。中国共产党作为执政党,在公共权力体系中拥有最高的领导权和决策权。以"党政分开"为目标的权力配置,把权力配置局限在党和政府的关系上,忽视了党和人民,党和人民行使权力的机关——人民代表大会这一社会主义根本政治关系。这种政党"双轨体制"所导致的党的领导与政府自主性行政之间的冲突一直是造成我国权力重叠、政出多门及公共政策冲突的重要原因。因此,必须合理规范党与人民代表大会的权力运行配置,按照党总揽全局、协调各方的原则,规范党委与人大之间的权力配置,支持人大履行国家权力机关的职能,经过法定程序,使党的主张成为国家意志,使党和人大在法制化的轨道上规范有序地运行,从党与人大之间权力配置及其运行的优化上有效减少和规避"病态"公共政策冲突造成的影响,实现政策协同愿景的顺利达成。

其次,要合理规范中央与地方政府间的权力配置及运行。中央与地方政府间纵向的权力配置在整个国家现代治理体系中处于重要位置,其科学规范化程度直接决定着国家治理效能的有效发挥,关系到经济、政治、社会、文化、生态等各项公共政策目标的达成和人民利益的实现。优化央地之间权力纵向配置的体制和机制并使之运行规范化、法治化,是有效消解协调发展过程中的政策冲突,实现国家治理体系和治理能力现代化的必然选择。目前,中央和地方的权力配置存在不足,中央政府的最高行政决策权与地方政府执行中央政策权力设定模糊、运行不畅。尤其是我国实行地方分权改革以来,地方政府拥有了较大的自主权力,这会导致地方政府在竞争过程中更倾向于选择有利于本地区的保护性政策,从而增加地区之间的交易成本,破坏上级政策的综合平衡,进而导致中央和地方政府的政策冲突发生。形成中央与地方权力配置的规范化、法制化及制度化;合理界定中央与地方的决策权限及其职责,尤其要明

---

① 习近平:《在庆祝全国人民代表大会成立60周年大会上的讲话》,《人民日报》2014年9月6日第2版。

晰中央和地方在事权与财权上的配置边界；建立中央控制和地方能动的平衡机制，合理规范中央与地方利益分配机制，推进中央与地方权力和利益分配的法制化、科学化进程，进而为公共政策冲突治理提供重要的保障。

最后，要加强权力监督体制建设。党的十九大报告提出"健全依法决策机制，构建决策科学、执行坚决、监督有力的权力运行机制"，阐明了权力监督的机制、环节和最终目标，为完善权力监督体系推动政策冲突治理提供了理论支撑和实践指南。对公共权力缺乏有效的监督和制约也是导致公共政策冲突的重要原因。严密的监督体制是防止权力滥用造成政策冲突的重要保障。因此，必须加强权力监督体制的建设，把权力关进制度的笼子里，以制度的力量来约束决策权力，使权力在制度的规范内运行，保证权力正确行使，确保公共政策运行的规范、合理、有序。第一，丰富和完善监督体系，加强内部监督和外部监督等多种监督体系的建设，构造完备的监督体系；第二，完善和加强人大对政府决策权及政策过程的监督；第三，强化法律对公共政策的监督，把政策监督纳入法制化轨道；第四，增强监督机构的独立性和权威性，明确监督主体的职责；第五，建立健全权力监督情报信息网络建设，加强群众监督和舆论监督体系的建设。

（二）构建科学民主的公共决策机制

公共决策机制的科学性是确保公共政策科学合理性的决定性因素，公共决策机制存在问题是导致公共政策冲突的重要原因。习近平指出："要发挥好'一把手'的领导艺术，处理好多种声音与一种声音的关系，确保决策的民主化和科学化。"[①] 因此，必须构建科学民主的公共决策机制，提高公共政策制定的科学性和民主性，有效减少和避免公共政策冲突。

第一，完善中枢决断机制。决策中枢系统是公共决策机制的核心和主导结构，包括咨询系统和信息系统在内的所有决策子系统，均围绕着这个核心并在它的主导之下开展活动，中枢系统拥有最终的政策决断权。因此，完善中枢系统的决断机制有助于从本质上提升公共政策的科学性。

---

① 习近平：《之江新语》，浙江人民出版社2007年版，第21—23页。

改革和完善中枢决断机制就必须进一步理顺行政部门与人大、中央与地方政府、不同政府部门之间的关系，以法律明确界定政策主体的决策权限和职责。完善和落实重大问题的集体决策制度，提高决策方案的可行性，建立和实施中枢决断的票决制度，提高党委决策的科学化和民主化程度。在明晰决策权责的情况下，坚持并完善行政首长负责制，与此同时建立法律监督机制，使中枢决断机制既能集中群众智慧，又能保证高效运行。

第二，完善信息处理机制。信息处理系统是公共决策机制的重要组成部分，信息处理系统为决策者制定公共政策提供依据。信息的全面和有效是公共政策科学性的重要保障，更是减少公共政策冲突的有效方式。要保证信息反映灵敏、迅速、准确，必须采取有效措施，健全和完善信息处理机制，推动信息工作的规范化建设。可以考虑建立隶属中央垂直管理的专门信息情报机构，制定相应的法规制度，让信息机构的信息搜集、处理和分析工作规范化、有序化，使政府信息公开化和报告规范化、法制化；充分利用现代科学技术改进信息收集方式，进一步拓宽信息渠道，建立上下互通、左右互联、内外互通的立体化、综合式政策信息网络平台，为公共政策信息快速处理、公共政策有效执行提供重要信息保障。

第三，完善公民参与机制。完善健全的公民参与机制是防止决策主体单一，实现公共政策科学民主化，减少公共政策冲突的重要途径。要扩大公民参与主体范围和增强平等性，畅通公众利益表达机制，完善政府决策公民参与机制，加强制度和法制建设。通过立法确定公众直接参与和间接参与政府决策的范围与方式，丰富公众参与权利类型，增强公众的参与能力，为公众参与决策提供制度化和法制化的保障；完善政府重大决策听证制度；完善人民代表大会制度，通过制度创新加强人民代表与人民群众、人民代表与政府决策机关的联系，规范完善人民代表参与政府决策的行为程序和方式。

第四，完善决策沟通机制。政府机构之间及政府与公众之间的沟通不畅是导致公共政策冲突的一个重要原因。完善决策沟通机制能有效减少决策失误和政策冲突。当前我们要加强制度建设，以制度保障拓宽公众与政府之间的沟通渠道，实现沟通渠道的多元化；完善政府信息公开制度，形成政府信息公开多元化渠道；实现政府内部信息共享，建立跨部门的专业沟通协调机构，在促进政府各部门信息交流的同时加强对政府各部门政策的审查，从而防止政策冲突。

第五，完善决策监督机制。加强对政府决策权力及决策行为的监督是减少公共政策冲突的有效方式。不断完善规范领导班子的议事、决策程序等行为，健全领导班子的内部监督管理机制，强化领导班子内部的自我监督意识；畅通监督方式，用完善健全的法律和制度来确保对政府决策监督的多元化；强化人大对政府预算的监督控制，加强公众和媒体对政府决策的监督；建立健全政策审查制度、政策评价制度及决策问责制度，通过对政策过程的全程监控，来确保政策权力及决策责任的有效使用和落实。

二 加强信息沟通与共享

"信息是一种有价值的基础性资源，是公共政策制定、执行活动的重要条件，它贯穿于整个公共政策过程中，在公共政策中起着重要的导向作用，它是公共政策的物质基础，是沟通政策主体和政策客体的桥梁。"[①]加强公共政策信息的沟通与分享，有助于提高公共政策主客体的信息意识和政策水平，提高政策制定的科学性和政策执行的有效性。因此，有效的政策冲突治理必定离不开政策信息的治理与建设，需要进一步完善信息制度建设，拓展信息收集与传播的渠道，促进各种政策信息之间的共享等。

（一）优化信息传递方式，畅通信息流通渠道

为形成良好的信息交流机制，要建立政策信息"高速公路"，力求在政策制定主体、政策执行系统以及公众之间及时、快速、完整而准确地反馈信息。一方面，要改革政府现存的金字塔形科层结构，减少或消除政府的中间管理层次，推行网络化的扁平政府结构，以求缩短信息传递距离，加快信息传递速度，最大限度地降低信息因传递而产生的损耗和失真；另一方面，要坚持政府在政策信息传输中的主体地位之外创新政策信息传递主体，大力倡导和支持其他社会组织参与政策信息

[①] 李永忠：《论公共政策信息的特性、类型及作用》，《中国行政管理》2011 年第 7 期。

传输活动。① 公共政策信息传输中要鼓励"第三部门"的参与，提高政策信息传递的公正性、有效性和准确性。作为正式传输渠道的必要补充，要积极利用非正式传输渠道来弥补公共政策信息传递速度慢层次过滤多的问题。公共行政组织作为公共政策主体，要建立多方面的信息沟通渠道，要提高政策沟通体系的独立性和自主性，也要完善并加强政策沟通的制度化建设，形成一个既相互统一又相互独立的纵横交错的沟通网络。目前这个阶段，要利用现有的沟通主渠道继续发挥更大作用，同时辅以宣传、协商对话、大众传媒、公众舆论、民意测验的作用，力求沟通渠道的多元化，使政策沟通的渠道真正自由地反映民意。

此外，还需要强化公共行政组织与公众的双向沟通，使公共政策信息在公共行政组织、公民两者之间充分地流动，从而减少信息不对称，使公众能更加积极地参政议政，政府能根据公众的反馈更好地进行宏观调控。还可设立固定的政府信息公开设备设施、定期召开政府新闻发布会、设立服务热线等吸引公众积极参与信息公开。在公共政策过程中，正确决策和有效执行的必要条件和关键因素是信息的畅通和完备。② 各种利益主体会有不一样的利益诉求。在政策制定和执行过程中，中央政府与地方政府必须加强信息交流和意见沟通，拓宽利益表达渠道，强化地方政府之间的合作精神，以中央政府为核心建立制度化的协调机构，加强信息沟通③，引导地方政府在制度范围以内用一种积极而健康的方式理性地表达各种诉求和意愿。只有进行充分的信息交流和意见沟通，才能防止资源分配不公，避免利益矛盾激化，确保政府行为的规范有序和中央政府决策的科学合理，实现地方特殊利益和中央整体利益双赢。

（二）发展电子政务，降低信息成本

电子政务是推进公共政策冲突治理的有效手段，不仅有助于贯通民意的上达和政府决策下接"地气"，改善公共政策主体与目标群体的关系，还有助于推动基层民主制度的建设，显著提升公共政策冲突的治理

---

① 陶学荣、孙冰：《合理制定公共政策的路径有效利用决策信息系统》，《行政与法》2006年第6期。
② 钱再见：《公共政策执行的风险与对策》，《理论探讨》2001年第5期。
③ 陶学荣、孙冰：《合理制定公共政策的路径有效利用决策信息系统》，《行政与法》2006年第6期。

效能和绩效，为政府善治的实现创造条件。电子政务实施包括政府部门内部的电子化和网络化、政府部门之间的信息共享和实时通信、政府部门和民众之间的双向交流。电子政务的实施目标是以计算机网络技术为支撑，通过现代化管理手段，转变传统行政方式，提高政府行政效率，降低成本。在政策信息的传递过程中，尽量缩短耗时，同时加大信息传递渠道的建设，使信息渠道的传播效率大大提高。在实践层面大力推动电子政务发展，可以进一步增强政策信息传输和网络收集、扩散的能力。所以，要切实依照"统一规划、协同发展、资源共享、安全保密"的原则，加强政府机关内部办公业务网、政府系统业务资源网、政府公众信息网、政府系统共建共享的信息资源数据库"三网一库"的建设，从而使得横向和纵向的信息交流渠道得以打通。

其一，发展电子政务，实现政务办公自动化，缩短政策信息传递距离。当前，应由各级政府电子政务办公室负责，采取统一规划、分级建设的模式，在充分利用国家公共通信资源基础上，统一技术要求和标准规范，积极稳步推进电子政务工程。要建立电子政务传输网络、电子政务内外网应用系统、综合门户网站，开发一批为社会提供服务的数据库，除国家明文规定不许上网的信息外，只要社会需要，政府所有部门的信息资源都要开发、整合、利用、上网。建设外网门户网站，实现政府可公开信息资源共享、动态更新和互动，充分发挥网络优势。同时，加强已建系统的互联互通、资源共享，形成统一的电子政务网络，既要保证政策执行系统内部横向、纵向信息沟通的流畅，也要使社会公众能了解政府的计划、设想和政策过程，提高公民的政策参与度，拓展政策制定的信息源，保证政策的科学化和民主化，消除政策目标群体因素引起的政策冲突现象。

其二，在推行电子政务建设中，要优势集成城市运转的综合服务资源，简化办事程序，降低信息成本。要设立网上政务大厅，及时更新政务信息，避免信息公开单一化、形式化；设立专门的信息查询处，或定期出版专门的信息专刊，让老百姓及时、零距离体验到政务信息公开的便利。对于依法申请公开的信息，要及时给予反馈，如在规定时间内没有给予答复的，则要追究政府部门的责任。此外，电子政务的建设为公众便利快捷的获取政务信息和政府及时发布信息资讯给予了有效的方式，这使得公众不再因为信息获取成本过高而继续维持"理性的无知"状态，相对于政府来说，电子政务系统的利用减少抄送、公告、复制等诸多烦琐的事务性工作，能够便捷保存和管理信息，降低信息公开成本，同时提升工作透明度。如此，公众尤其是政策目标群体可以较低交易成本获取大量政策信息，从而进一步提升公共政策的科学性和民主性。

（三）完善信息资源交流与共享建设

进入大数据时代，必须不断完善和加强信息资源交流与共享，提升公共政策信息服务的协同化、智能化、便捷化水平，有效增强政策冲突治理、提高政策执行效果，助推以人民为本位的公共政策目标的有效达成。

第一，树立政策信息资源交流与共享理念。理念是行动的先导。进入互联网大数据时代，政府部门需要大力践行共享发展理念，打破"趋利避害"的公共政策信息开放共享的偏见，不断加强自身对大数据信息资源共建共享的认识，牢固树立政策信息资源交流与共享理念，增强互联网思维、大数据思维，有效释放政策信息的潜在资源和优势，为政策冲突有效治理提供信息保障，使政策信息真正造福于广大人民群众。

第二，加强政务信息资源开放共享的法律制度建设。完备、有力的法律法规制度，是推动政策资源开放共享、有效服务于政策冲突治理实践的重要保障。因此，需要依据实际需要，科学制定和出台相应的政策或规划，依法保护政务信息资源开放共享，不断增强政府决策能力、优化政府决策水平，促使政策向治理信息化和现代化转型。

第三，加强组织机构建设，建设管理政策信息的组织与机构。目前国家层面有国家信息化领导小组，地方政府分别有各自的信息管理机构，但缺少统一的信息管理机构，造成中央与地方的对接管理出现问题。中央或省级政府应统一部署、协调、督促，建立专门的信息建设综合管理部门，实现信息建设组织协调、指挥控制的多项职能相统一，不断适应政府、民众和企业单位对于信息共享的需求，打破部门间信息孤岛的壁垒，实现部门间不同管理平台信息的互通互联。

第四，加强对政策信息公开与共享的监督与评估，确保信息的公开与共享发挥实际作用。建立科学的信息公开和共享工作的考核机制，将政策信息资源的开放共享纳入领导干部的个人年度考核以及政府部门的绩效考评之中，要求定期向公众公开政府资源信息共享工作报告，以考核制度为牵引，调动各部门对于信息资源公开的工作积极性和责任使命，切实提升各职能部门信息开放共享的质量。

第五，信息资源共享的前提是资源共建，在共建的过程中，必定要加强组织资源的保障。政府部门在进行政务信息资源开放共享过程中，需要加大政府的财政支持，强化技术、人员、资金等保障，为信息资源的开放共享提供坚实的物质基础，进而实现政策信息资源开放共享的良好运行，为公共政策冲突治理提供有利条件。

为了监督电子政务推行情况，各级政府要建立健全权威的政府信息公开工作考核评议制度，健全完善的考核评价指标体系。考核由上级政府和群众共同完成，采取平时考核与年终考核相结合的方式，并将考核评议纳入各级政府的目标管理中，向社会公开考核、评议的结果，以提高政府信息公开的有效性和及时性。此外，各监督主体之间也要加强沟通，建立专门的沟通渠道，定期召开监督工作的协调会议。建立专门网站，开设市民信箱，定期公布对每项政策执行的监督进展，并及时更新监督信息，使人民群众的意见与建议能够及时反馈给监督机构，形成"运行—反馈—运行"的良性循环，这样既有利于各监督机构之间协调工作、共享信息、互通有无，又能及时发现工作中的不足，提出改进措施，提高监督的透明度和有效性，防止"漏监"。

三 协调不同政策价值观的冲突

政策价值观是受政策主客体"价值观和行政组织共同价值观等综合影响而在公共政策过程的各环节中所表现出来的价值观念和价值取向模式，它始终指导与影响着政策系统行为的选择、实施与评价机制"[1]。政策价值观是政策过程的行为指南，是实现公共政策目标的基石。公共政策从提出问题到解决问题会引起现实生活的变化，这种变化首先是各种价值因素参与政策制定过程的结果。不同政策主体间的政策价值观也会不同，不同政策价值观之间可能存在不一致甚至冲突的情况，由此造成公共政策之间的冲突。因此，需要建立完善的政策价值观引导机制，协

---

[1] 何程久丽：《大数据时代的政策价值观问题》，《黑河学刊》2016 年第 5 期。

调不同政策价值观之间的冲突,进一步减少政策冲突带来的负面作用。

(一)完善政策价值观引导机制

政策价值互动机制首先需要完善政策价值观引导机制,引导政策主体树立科学合理的政策价值观。建立一种包含合作、公正、权力、义务等价值取向的社会普遍认可的政策价值观,需要引导政策主体的价值判断。例如,我国的吸烟人群规模大,损害身体健康,近年来政府陆续出台了一些禁烟措施,但烟草行业是税收的重要来源,《中国烟草控制规划(2012—2015年)》的数据显示,2010年烟草行业缴纳各项税费4988亿元,占全国财政收入总额的比重约为6%。而且烟草的生产经营提供了大量就业岗位,地方政府并不愿意开展严格的禁烟措施。这种冲突是利益冲突和政策价值观冲突的双重结果,除了进行利益协调外还需要引导地方政府树立正确的价值观,使其真正认识到公众的健康是比经济效益更高的价值选择。所以,在社会价值观趋于多元化的时期需要保证社会主义核心价值观的主导地位,以科学发展观为指导,加强对科学合理的政策价值观的宣传教育。

要创新开展政策价值观教育,加强思想政治教育工作,提高政策主体的思想政治素质和认知能力,坚持多元价值取向与一元价值导向有机结合,在个体价值追求基础上强调集体主义价值导向。这就要求在思想政治教育过程中以为人民服务为核心和集体主义原则。在公共政策中,价值观教育要坚持先进性和广泛性的统一。把马克思主义科学价值观作为提高人们思想道德素质的重要组成部分,联系社会现实,让价值观教育更有针对性,从而完善价值观引导机制。

(二)构建政策主体间的交流平台

政策价值互动需要政策主体间的交流平台,促进各种政策价值观间的交流沟通。政策价值观具有多样性,政策价值观之间的不一致并非不可调和的,交流平台为不同政策价值观提供交流的机会,有助于不同的政策价值观整合。一般可以从交换、说服和强制三个方面来加强政策价值观的整合效果。

第一,以政策价值观的交换促进政策价值观整合。政策价值观交换是指两个或两个以上的政策主体通过一定的途径把自己的政策价值观传达给对方,并了解对方的政策价值观取向。政策价值观交换的前提是各方政策具有某种联系或某一政策掌握对方所需要的政策资源等，各方都希望通过谈判达成一致。第二，以政策价值观的说服来促进政策价值观整合。政策价值观的说服是向对象表明自己的政策立场并说服对方接受自己的政策价值观。在这个过程中包含着一个利益诱导的过程，强调接受自己的政策价值观具有积极的作用。第三，以政策价值观的强制推动政策价值观的整合。政策价值观的强制是指充分利用自己掌握的权力或巨大的利益优势迫使对方接受自己的政策价值观，往往在交换和说服不能发挥作用，而政策价值观的整合又必须达成的情况下使用。在政策价值观整合的过程中各方必须保持开放、包容的心态，积极参与，相互协商，必要时作出一些妥协退让才能达成政策价值观整合的目的。

四 加强政策咨询和公众参与

公共政策主要是由政策主体参与制定的，而政策主体的能力和知识是有限的，所以科学合理的政策需要吸纳其他政策利益相关者的参与，为政策活动提供建议和意见。党的十九大报告指出，公众参与政府决策是社会主义协商民主的重要内容，公众参与政府决策有助于提高决策的民主化和科学化程度，实现广泛真实的人民民主。但现实生活中还存在许多问题制约。公众参与在公共政策制定过程中应该发挥积极作用。需要从以下几个方面改进：

(一) 完善决策过程中的专家咨询

首先，树立重视专家参与决策咨询的理念。目前，虽然专家咨询已经引起了我国各级政府的重视，但仍有一些部门认为咨询可有可无，甚至在决策中存在着把专家当作下属工作人员的现象，不重视专家的意见。只有树立重视专家参与决策咨询的理念，积极引入"外部力量"，才能进一步引导政府决策层由传统的决策地位中的"主体"向"主导"转变，有力地促进决策的科学化和民主化。同时，要保障专家咨询过程的独立和公开，要确保专家在行政决策过程中发表自己独立见解的权利，最大限度地降低其他不相关因素的干扰，切实发挥专家咨询的优越性。

其次，完善专家咨询机制。完善的参谋咨询系统有助于减少决策者有限性的影响，从而减少政策失误。建立完善的专家咨询机制，一方面要加强智囊机构的建设，不仅要为高层决策者配备正式的决策咨询师，也要在各层级政府和部门设置专门的政策分析研究机构;另一方面要加强行政组织立法建设,明确专家组织决策咨询法定性;调整现有政府所属的政策研究机构的人员结构、知识结构、能力结构,真正落实其政策咨询的职能。

最后,优化专家结构,提高咨询质量。专家自身的素质建设,是提高咨询质量的重要前提。在重视专业技术能力的同时也不能忽视对道德方面的要求,在提供建议的时候要综合考虑经济、社会、伦理等方面。目前对专家的选择多是考虑相关专业方面的知识,还没有找到有效的方法严格规定专家的道德素质,专家的一些不遵循民意的论证容易招致公众的不满、降低专家的权威性。因此,发挥专家咨询作用必须采取措施提升专家的公信力,大力加强专家的自身能力与素质建设,提高其为政策活动建议的科学性与可行性,更为重要的是加强专家与社会公众的联系,确保专家在为政策建议时多考虑社会公共价值和人民群众的利益。

(二)拓展公众参与渠道

政策咨询与协商的主体不仅有专家,更需要人民群众,公众是公共政策的主要适用者,也是自身利益的最好判断者,决策中吸纳公众参与是避免政策与公众利益冲突的重要举措。2008年6月,国务院出台《关于加强市县政府依法行政的决定》,首次明确提出要推行重大行政决策听证制度,在决定事关人民利益的事项时听取群众的意见。但在实际运行中很多听证会都流于形式,在代表的选择、听证的程序等方面都不完善,公众往往感觉自己"被代表",反而打击了公众的参与热情。在政策的制定、执行、监督等活动中公众的参与都还处于低水平,公众作为政治民主的重要因素,必须提高公民的政治参与程度。公众参与程度是政府因素和公众自身因素共同作用的结果。政府是否把公众参与放在突出的位置、是否提供畅通的参与渠道、政府的制度化建设是否完善等都影响公众的参与。公众的参与意愿与参与能力也制约着公众的参与,如个人的行动一般进行成本—收益分析,在一般情况下大多数社会公众对大多数政治问题持理性的、无知的态度。在政策过程中单个人对政府决策的影响较小,个人能够获知的信息有限,而且个人去影响政府政策需要投入成本,个人进行理性的成本—收益分析的结果往往没有动力去参与政府决策。

因此，拓展公众参与渠道，提高公众的参与意识，需要从以下方面努力：第一，必须拓展政府机构与政府活动的开放性，利用网络参与公共政策这一新途径，建立门户网站接受网友的建言献策，进一步完善政府的信息公开，让公众能够真正参与到政策活动中。第二，政府要加大对提高公民参与意识的宣传教育，让公民参与具有内生力，真正感受到政策活动与自己的切身利益息息相关，参与活动更具原动力和真实性。针对公民参与能力不足的情况，相关部门组织公众定期进行参与能力与技巧的培训，例如：参与手段与方法等，以此提高公众参与素质和能力。参与的稳定性与固定性需要制度化与组织化，一些实践有效的公众参与经验需要以制度或立法的形式固定下来，因此，要加强公众参与的立法与制度建设。第三，开展广泛的民意调查，重大政策的出台或调整之前要通过与公众直接接触的方式获知公众的态度倾向。规范的民意调查不仅能让公众参与到政策制定的过程中来，还能提高公众对政策的认同度，减少政策实施阻力，提高公共政策水平。

（三）建立公共政策的公众参与机制

公共政策的民主化和科学化决定了公共行政的整体效能，其中重要的是公共政策的公民参与机制是否完善。公民参与机制越完善，越能促进决策民主化实质意义的实现。政治参与是指"参与制订、通过或贯彻公共政策的行动"[1]，就是公民凭借间接或直接的合法途径试图影响公共政策，使公共政策有利于自身利益得以满足的一种行为方式。公众广泛参与公共政策过程，通过正式或者非正式手段表达个人意愿，体现的是公众与政府之间的沟通与交流，有助于强化公众与政府间的信任交流感，维护社会和谐统一。

一方面，公众参与广泛讨论政策目标及措施，能够避免政策成本与收益分布的严重不均衡，有助于减少决策的盲目性与随意性。"日益扩大的视野可能有助于参与者们找到共同利益、发现新利益，或者以和他人

---

[1] ［英］戴维·米勒、韦农·波格丹诺：《布莱克维尔政治学百科全书》，邓正来译，中国政法大学出版社2002年版，第563页。

更一致的方式优先考虑他们自己的利益"①。另一方面，公众提出建议，这一参与过程本身就是一种公众与政府之间的沟通过程，有利于密切公众与政府之间的关系，消除误解，使政府获得来自公众的友善的合作，政策过程将会因此而变得更加顺畅，公众的政策参与不仅意味着公众参与政策问题的确定、政策方案的选择，在政策实施过程同政策执行主体展开合作的义务，而且意味着公众有权对政策实施及其结果作出自己的反应，从理论上讲，公众是政策这一公共产品的最终消费者，因而只有公众才是政策绩效最权威的评价者。② 公众作为消费者预先付费纳税的，有权对于政府提供的公共产品评价，有权要求生产者提供称心如意的公共产品。这样，体制外的公共政策分析评估机制也就很有必要建立和健全。一旦公众对公共政策难以作出客观评估和分析，培育一个不依附于政府的、独立的、能够深入跟踪分析政策方案和政策实施结果，并反馈分析结果给政策决策主体，为修改完善政策方案，或中止政策执行出谋划策的民间性政策分析评估机构是一个可行性方案。

所以，建立公共政策的公民参与机制要拓宽公众参与渠道，使参与形式多样化，建立民意调查制度，宣传政府的政策，获取民众的理解和支持，掌握民众对政府服务的满意程度。此外，还要在整个公共政策执行体制中建立和完善政策监督、考核体系，加强对行政机构及执行人员的监督和制约，是统一政策执行的公共利益指向，防止、减少和克服政策执行走样不可或缺的"刚性"措施。建立和完善政策执行监督体系，首先，要确保监督体系的独立性，保障监督的有效性和权威性。目前我国监督流于形式的问题是由政策执行职能和监督职责不清的问题造成的。因此，要设立专门的监督机构，要消除政策执行、监督集于一身的问题。其次，要强化权力机关的监督功能，增强监督力度，拓宽监督途径。公共政策执行监督"不仅是政府专门监督机构，更重要的是权力机关、人民大众社会舆论的监督"③。公共政策执行在自觉接受全国人大及常委会、

---

① [美]马克·E.沃伦：《民主与信任》，吴辉译，华夏出版社2004年版，第318—319页。

② 何显明：《优化政策过程构建社会和谐的长效机制》，《中共浙江省委党校学报》2005年第3期。

③ 周志忍：《"大部制"难以承受之重》，《中国报道》2008年第3期。

政协的监督的同时,要高度重视人民群众监督和社会舆论监督的作用。应加大信息披露的力度,增加政策执行工作的透明度,建立健全政务公开制度,保障公众的知情权、参与权、监督权。① 最后,还要完善社会公示制度,将政府行为暴露给公众,使一些公众关心又需要公众理解、支持和配合的政府重大决策,在公众的监督之下落实到政府管理之中。

五 优化公共政策生态环境

公共政策的制定与实施离不开一定的政策生态环境,政策生态环境的好坏及政策主体对生态环境的适应程度都极大地影响着政策的科学性、合理性和有效性。公共政策冲突的产生在一定程度上也是由于政策主体对生态环境的不适应或政策生态环境为主体带来不良影响所导致的。因此,适应并建设良好的政策生态环境,促进政策主客体与生态环境间的良性互动是治理公共政策冲突的一个基本途径。

(一)完善社会主义经济体制,深化政治体制改革

优化公共政策的生态环境离不开物质条件的支撑,因此需要坚持发展社会主义市场经济,厘清"社会主义"与"市场经济"的整合关系。在市场对资源配置中起决定性作用的经济环境下,市场的参与者必然会不断追求自身利益地最大化,并以此作为主体地位确证和自我实现的一种方式。但是,在当前的语境下,"市场经济"并不等同于资本主义国家的"自由主义""自由市场",我国的"市场经济"是社会主义市场经济,这一关键的定语决定了我国经济体制的根本性质,即社会主义性质。因此,发展市场经济并不反对创造价值和获取收益,但所有的经济行为都要符合社会主义制度的根本要求。立足于社会主义制度本位,对市场经济体系进行整合,这既是宏观经济发展的客观要求,也是发挥经济生活的社会政策功能的重大任务。

所以,优化公共政策生态环境必须加快社会主义市场经济的发展。一方面,增加社会财富,提高国家经济实力,增强公民的平等意识、权利意识、民主意识、法治意识,让公民更加主动地参与公共政策从制定到实施的过程中去,推动公民社会的发展,在一定程度上加强民众对政

---

① 高琼英:《建设服务型政府必须坚持以人为本》,《重庆交通大学学报》2008年第6期。

策主体的监督,从而减少公共政策冲突;另一方面,国家经济实力的提升,让政府有足够的政策资源去整合与协调各种利益关系,减少由于对抗性的利益冲突而带来的公共政策冲突。因此,完善社会主义市场经济体制,推进社会主义市场经济快速生成与发展,加快转变经济发展方式对于当前解决公共政策冲突有着非常重大的现实意义。

另外,政治体制是政策生态环境最基本的政治制度框架,任何公共政策的制定和执行都是在一定的政治制度平台上展开的,政治体制的优劣与公共政策冲突有着紧密联系。因此,公共政策冲突的治理客观上需要深化政治体制改革。通过举行听证会汲取民众的建议,共同商议共同管理。当前深化政治体制改革最重要的就是改革和完善我国权力体制结构。比如,确保中央政府权威的同时,授予地方政府更多的自主权力,充分调动地方的积极性;改革利益分配机制,赋予地方和社会更多的利益共享,让民众享受到更多的改革红利;进一步改善党政关系,解决以党代政的现象;进一步建立健全科学化、民主化的决策机制等。

(二) 重塑现代政策执行文化

构建中国现代的政策执行文化,是营造良好公共政策生态环境、破解政策冲突难题的重要方式,要以科学化、市场化、人本化为导向,营造崇尚实干、保障执行的政策文化氛围,切实提升政策执行力。第一,以科学化为前提。积极营造研究政策执行规律的浓厚氛围,搞清楚中国特色政策执行的定位、方法、工具、保障,弄明白政策执行刚度、高度、效度、速度、包容度和公信度的要求,真正理解利益最大化结果逻辑、"角色—认知"适当性逻辑、"命令—控制"强制性逻辑、"情景权衡"适应性逻辑的适用范围;积极营造尊重规律、按规律执行政策的浓厚氛围,切实抛弃"拍脑袋"、凭经验的执行陋习,形成科学决策有依据、有效执行靠规律、政策评价善改进。第二,以市场化为动力。在政策实施过程中,要充分重视市场对资源配置的决定性作用,形成借助市场力量、运用市场思维解决政策执行问题的能力和习惯,将市场配置与政府管制相结合,以市场化手段不断完善政策执行的各项体制机制,强化政策执行的内生动力,使参与市场化政策执行的所有主体都能够充分实现自身利益诉求。第三,以人本化为保障。科学化和市场化是理性主义对政策执行的必然要求，但只有融入人本化的灵魂，才能克服理性主义见物不见人的缺陷，保证全面深化改革中的政策执行不会偏离以人民为中心的发展思想。营造人本化的执行文化，必须关注改革主体，完善改革中政策执行的容错纠错机制，鼓励广大党员干部敢闯敢干敢试，在全社会形成良好的改革氛围，为改革探索、政策创新开辟更为广阔的空间；同时，必须关照改革客体，了解群众所思所想所盼，把人民群众获得感作为政策执行成效的评价标准。

（三）培育和发展公民社会

培育中国特色社会主义公民社会是中国特色社会主义和谐社会的必然要求，同时是民主政治建设的重要保障。随着中国特色社会主义经济的发展和民主政治改革的不断深入，社会主义现代化的公民社会正在日益成长和发展壮大。现代公民社会的兴起与发展在一定程度上对政府公共权力的监督和制约产生积极作用，对于公共政策制定和执行的行为主体、方式、手段等都会产生重要影响。其中，充分的公民社会不断唤醒公民的公共意识，对于增强公共政策制定的科学性和民主性、强化政策执行的可实施性、增强政策监督的有效性具有重要作用。因此，要充分发挥公民社会对于公共政策冲突治理的重要功能，驱动政策主体不断提升政策行为的科学性、公共性、民主性和合法性。第一，要加强公民意识教育，增强公民思想道德水平和文化素质，积极推进公民文化的建立，不断强化社会主义核心价值观的主导地位，使公民对公民社会发展路径达成共识；第二，要建立健全规章制度对公民社会组织发展的规范与引导，避免社会组织的活动杂乱无章而造成的政策冲突；第三，要积极培育和发展非政府组织。公民社会的兴起与发展在很大程度上依赖于非政府组织在公共领域的重要作用，要依托社会资源为非政府组织的创建和活动搭建优质平台，以便更好地发挥作用，确保公共政策的有效执行。

第二节 加强制度建设，实现对"常态"政策冲突中单向发展的逆向选择

相对于政策冲突，更值得我们关注的是政策冲突中"回应型策略主

义"所造成的排挤效应。无论政策冲突呈现的是"政策创新母体"的积极功能，还是表现为破坏政策秩序、引发合法性危机的消极作用，都是政策领域的客观存在，只能"调适"而无法从根本上"消除"。所以，治理政策冲突，更准确地讲，其实是要消解政策冲突中政策主体行为选择所造成的政策排挤效应。当下我国社会出现的诸多协调治理难题，都与政策排挤效应有莫大的关系。因此，治理社会协调发展难题，实现"常态"政策冲突中单向发展的逆向选择，不仅仅需要立足于应急管理的权宜性思考，更需要从政策理念、制度建设上构建公平合理、统筹各方的利益实现机制和矛盾疏解机制，本节从构建公共政策纠偏机制、健全利益调处机制、建立政策资源投向调控机制、完善激励与问责机制等措施着手，以实现对"常态"政策冲突中单向发展的逆向选择。

一 构建公共政策纠偏机制

公共政策是国家和政府出台、实施的各项政策，它具有导向、调节、分配公共资源的作用，是调整社会关系、优化利益分配、化解社会矛盾、规范社会运行、实现美好蓝图的有效工具和强大武器。但公共政策在具体的制定和执行过程中往往会受到诸多因素影响，出现资源配置失衡、利益分配不均、社会关系恶化、群众性事件频发等偏差现象，从而对我国社会主义现代化建设产生严重后果。在我国，公共政策偏差主要表现为：第一，国家利益和个人利益定位上出现偏差；第二，因政策主客体自利性，或者各利益主体之间的利益博弈，不可避免地出现公共政策目标的偏差；第三，在政策执行过程中，囿于政策活动者的影响，出现政策执行过程的偏差等。

（一）公共政策理念纠偏

政策理念是公共政策制定的基础，政策理念的落后直接阻碍了公共政策协同与经济社会协调发展的良性互构。所以，政策理念的转变是实现对"常态"政策冲突中单向发展逆向选择的第一步。

中华人民共和国成立70多年来，我国在不同发展时期形成了不同的政策发展理念：第一阶段，从新中国成立到1966年，以赶超式为主。新中国成立后，以毛泽东为核心的党中央领导人民逐渐恢复在革命战争时期遭到极大破坏的国民经济，满足人民群众的基本物质需求，开始了向社会主义社会过渡的伟大征程。"一五计划"和"三大改造"提前完成之后，基本确立了社会主义制度。当时人们建设热情高涨，党中央随后提出了"赶英超美"的规划口号。由于地方政府片面追求数量，不断缩短规划时长，扩大钢铁产量，造成了大量资源浪费。第二阶段，从1966年至1976年，"文化大革命"期间的阶级斗争至上论。"文化大革命"期间，在以"抓革命，促生产"为口号，以政治革命和阶级斗争为纲的导向下，虽然在经济、科技、国防方面取得了一定进步，但同时错过了发展机遇，拉大了我国与发达国家的发展差距。第三阶段，1978年至党的十八大，以经济增长为主的发展理念。党的十一届三中全会后，邓小平提出"以经济建设为中心"的基本路线，强调"发展才是硬道理"，社会主义的本质就是解放生产力、发展生产力，最终实现全体人民的共同富裕，以提高经济效益为中心成为了这一时期公共政策制定与执行的首要原则。第四阶段，党的十八大以来，逐步形成"创新、协调、绿色、开放、共享"五大发展理念。以习近平同志为核心的党中央始终坚持人民至上的价值理念，在增加经济发展总量的同时更加注重提升发展质量，不断增加发展动力；在提高经济效率的同时更加注重公平正义，不断推动协调发展；在推动经济发展的同时更加注重发展的可持续性，不断转变经济发展方式；在发展国内经济的同时更加注重发展的内外联动作用，不断拓展经济发展空间；在依靠人民发展经济的同时更加注重全体人民共享发展成果，不断增强人民的获得感、幸福感和安全感。

实践表明，有效的政策理念纠偏机制需要引导局部利益让位于全局利益、短期利益让位于长期利益、私人或部门利益让位于公共利益、经济让位于生态、效率让位于公平等，所以我们在政策纠偏时，要改变过去只讲速度不讲效益、只讲经济追求不讲环境保护、只讲效率不讲公平、只讲数量不讲质量、只重城市不重乡村发展的思路，要强化弱项补齐短板，推动协调发展。《中共中央关于制定国民经济和社会发展第十三个五年规划的建议》指出，"协调是持续健康发展的内在要求。必须牢牢把握中国特色社会主义事业总体布局，正确处理发展中的重大关系，促进经济社会协调发展，促进新型工业化、信息化、城镇化、农业现代化同步发展，在增强国家硬实力的同时注重提升国家软实力，不断增强发展整体性"①。习近平在党的十九大报告中指出,我国社会主要矛盾已经转化为"人民日益增长的美好生活需要和不平衡不充分的发展之间的矛盾"②。十三五规划中提出了协调发展理念,指出其本质就是要增强补弱,解决我国发展中的不全面、不平衡、不协调的问题,进而促进我国各项事业协调永续发展,所以政策理念纠偏也是解决我国发展中不协调问题的途径之一。

(二) 公共政策执行纠偏

从本质上看,"实现利益是人们结成政治关系、制定实施公共政策的出发点,而利益实现要求的主体性与实现途径的社会性之间的矛盾,以及利益实现要求的差异性与实现规则的同一性的冲突、利益实现要求的无限性与实现资源的有限性之间的紧张"③,这导致实现利益的工具——公共政策必然时常处于冲突之中,使得政策偏离政策方案的预期方向和既定目标。在实践中,政府经常需要在不同的政策间进行权衡、取舍,以保证有充足的时间、人力、财力和物力来实施自己所偏好的政策,这就使得政策执行偏差普遍存在,这种执行偏差具体表现为:

第一,政策敷衍。即政策执行主体单纯追求个人利益,只做表面工作,敷衍了事,只注重政策制定而未采取实际执行措施,热衷于政策形象工程,将政策内容中的实质性部分如组织安排、资金分配等相关规定束之高阁,这种偏差不仅会影响政策效果,还会造成政策资源的无端浪费,造成利益损失。

第二,政策照搬。即执行者在政策执行过程中不灵活,没有联系实际情况,对政策内容缺乏足够的理解,政策执行僵化。在执行公共政策时,不仅缺乏具体问题具体分析的态度,更不能将公共政策的原则性和因地制宜有机结合,将公共管理推入了"教条主义、本本主义"的泥坑,达不到预期的公共政策目标,同时还浪费政策资源。

第三,政策选择性执行。选择性执行表现在两个方面:一种是执行

---

① 《中共中央关于制定国民经济和社会发展第十三个五年规划的建议》,《人民日报》2015年11月4日第1版。

② 习近平:《决胜全面建成小康社会 夺取新时代中国特色社会主义伟大胜利——在中国共产党第十九次全国代表大会上的报告》,人民出版社2017年版,第11页。

③ 任鹏:《新时代中国特色政策制定模式》,《马克思主义研究》2018年第6期。

尺度过大。盲目扩大政策外延，执行力度和预期标准超出了原有政策的要求，这些不相关的扩大政策往往缺乏足够的科学合理性，使完整的政策变得残缺不全，公共政策的整体功能难以得到发挥，政策目标的良好实现也大打折扣。另一种是执行尺度过小。表现为政策执行者按照其主观意愿选择式地实施政策，或者选择有利于自身利益的政策，使得公共政策偏离政策目标。政策主体或者公职人员把是否符合地方利益、部门利益和小团体利益，而不是把国家利益、全局利益和长远利益作为判断政绩和个人价值的标准。为了个人利益和短期利益，政策主体之间，或者政策主客体之间出现各顾各、相互拆台的情况，极少数地方和部门不择手段歪曲中央政策，使全局利益受到极大损害。常常凭经验、想当然，主观片面地理解和执行政策，把片面追求功利看成有经济头脑，带来政策执行工作中的简单化、短期化、功利化等非理智倾向，使执行不能正确体现决策的意图，导致了政策的错误执行。

"政策执行者在政策执行过程中有可能不顾大局而去保护、追求自身利益，从而造成各种形式的政策执行偏差。从本质上说，政策就是对社会利益的规范，政策执行的最终结果就是对政策对象利益的调整与稳定。""如果政策执行者把自己所代表的局部或个人利益的损益作为政策执行的参数，势必会使政策执行出现偏差"[1]，如2004年以来，为了支持农业的发展、提高农民的经济收入和生活水平、推动农村地可持续发展，而对农业、农民和农村给予的政策倾斜和优惠。党中央、国务院采取了一系列直接、有力的惠农和扶贫政策，但在具体执行过程中，个别地区单纯追求地方利益或任意解读政策，使得惠农政策大打折扣，在一定程度上偏离了种粮直接补贴、取消农业税等国家优惠政策给农民带来的实惠，农民形象地将这种政策的变形走样称呼为"中央普降甘霖，地方毛毛雨"。

这些公共政策冲突和执行偏差，乃至产生的排挤效应和割裂效应，不仅囿于政策制定中未得到协调的利益诉求矛盾，以及沟通不畅带来的信息阻滞，更在于政策执行中冲突不能得到及时调处。政府应当在制度安排上重新考虑，纠正以前的政策执行机制，要对政策冲突进行调适和

---

[1] 宁国良：《论公共政策执行偏差及其矫正》，《湖南大学学报》2000年第3期。

政策纠偏，并消除其产生的不利影响。所以，需要从政策审查——消除冲突存在、政策仲裁——避免冲突升级、政策巡视——冲突动态预防三方面建立完备的制度：第一，在政策执行中建立健全政策法规审查制度，在政策法规备案制的基础上，定期对已颁行的政策法规进行梳理和处理，及时对有冲突的内容进行废止和修正。第二，建立健全政策争议仲裁制度。政策法规审查可以解决文字表述中的"文件打架"问题，但有很多政策冲突是潜在、发生于实际执行中，对此应建立跨部门（区域）的政策争议仲裁制度。第三，建立健全政策落实巡视制度。从被动的冲突仲裁延伸到积极的冲突预防，对重要、关键的政策议题进行专项巡视，杜绝选择性执行和多重性遵守，切实增强政策执行的合意度和有效性。

二 健全利益调处机制

马克思主义认为，对阶级社会的社会现象展开分析时，"必须到生产关系中间去探求社会现象的根源，必须把这些现象归结为一定阶级的利益"[1]。政策执行作为人类社会秩序维持最为重要的社会现象之一，绝不只是公共权威组织履行管理职能的主要方式，也不只是实现既定目标的过程性活动，更不简单是政党和政府遵从规范的行为再现，而是统治阶级意志的集中体现，是统治阶级对社会共同利益的支配性实现和对社会利益矛盾关系的权威性处置。因此，必须强化政府的利益协调机制，健全利益表达，强化利益补偿，注重利益协调，进而实现对"常态"政策冲突中单向发展的逆向选择。

（一）健全利益表达机制

王绍光指出，"谈到政策制定，一般人都把注意力集中在决策过程本身，而忽略了一个至关重要的问题为什么有些事情被提上议事日程，而另一些却没有，能否影响决策过程固然是权力的一面，能否影响议事日程的设置则是权力更重要的另一面"[2]。公共政策问题的确定是政策过程的逻辑起点。某项利益诉求是否能够通过政策输入渠道并且顺利地被安排进政策制定系统，是这项利益诉求能够被重视、考虑并最终实现的关

---

[1] 《列宁全集》第1卷，人民出版社1984年版，第464页。
[2] 王绍光：《中国公共政策议程设置的模式》，《中国社会科学》2006年第5期。

键环节。因此，需要不断完善和健全公共政策的利益表达机制，不仅要充分发挥公共政策的利益协调、整合功能，对列入政策议程的政策问题具备充分的"回应性"，还要根据实际工作需要开辟新的利益表达渠道和创新利益表达形式，引导公共政策主体和客体理性的、合法的表达自身利益关切。

第一，要推动公共政策利益表达机制的制度化建设，引导政策利益群体依法依规、理性有序地表达利益诉求。健全完善的利益表达机制，需要从制度层面着重发力，以制度化的方式不断调整和规范公共政策利益主体的利益表达方式，通过制度的权威性支持和保障政策利益主体合法、正当和富有建设性的利益表达，以严明的利益表达制度保障和规范公共政策各利益主体的职责和权力，积极引导政策利益群体通过合法途径理性地表达利益诉求和政策愿望，控制、疏导非制度性利益表达，防止和化解抗议性利益表达。首先，要加强政策利益表达的法制建设工作，依法保障和规范各方政策利益主体的利益表达权力。通过立法过程中广泛的沟通、交涉和妥协等制度性环节，可以进一步减少公共政策主体的利益冲突和价值观分歧，形成多数人都能接受的利益协调方案，减少了各利益群体之间的矛盾。其次，要充分发挥人民群众参与公共政策过程的主体作用。通过建立健全社会协商对话制度，完善和扩展公共政策决策听证制度和政务公开制度，消弭利益主体对公共政策信息获得的不对称，发挥其在民意表达、政策解释、政策监督等方面的功能，增强人民主体参与公共政策过程的主体地位，进而有效减少不同公共政策利益主体之间的冲突与摩擦，凝聚起一致的公共政策利益共识。

第二，要强化人大、政府、政协等职能部门的利益表达功能，真实有效地反映人民利益需求和政策愿望，推动公共政策有效进行。首先，要充分发挥人民代表大会的政策利益表达功能，构建与公共政策各利益主体密切联系的利益表达主渠道。继续完善人民代表大会候选人的选拔制度，在地域选拔的基础上，更多考虑代表候选人的行业、职业和产业的特点，特别是社会各阶层的特点，充分发挥人民代表大会制度对于人民意志体现、政策利益协调的巨大作用。其次，要坚持政府为主导，充分利用和创新各种手段，建立公众利益沟通和政策愿望表达的意见收集机制，并将广泛征求公众的政策建议确立为政策议程的常规程序。最后，要充分发挥人民政协政治协商和民主监督的职能，拓宽公共政策利益表达的渠道。通过发扬政协民主团结精神，广泛联系和团结公共政策各利益关联主体，在平等协商的基础上进行利益协商和诉求表达，依托政协上下沟通、左右协调的桥梁作用，为公共政策利益表达创造条件。

第三，要广泛动员社会力量，加强社会组织的利益表达能力。一方面，要充分发挥工会、共青团、妇联和各社会行业协会等社会团体的利益表达作用，最大限度、最大范围地建构人民群众利益协调和政策诉求表达的非正式渠道，为各级政府部门进行科学决策、反映大多数人利益提供重要保障；另一方面，要加强对公共政策利益主体的领导，在公共政策利益组织、群体中建立健全党团组织、工会妇联等，为公共政策目标群体的利益表达创造良好条件，使之能够有效地通过制度化的政策信息传输渠道传递到政治体系和决策系统中去，以减少公共政策的摩擦和冲突，维护社会稳定发展。此外，还应该依托社会组织力量，建立支持和帮助社会弱势群体的利益表达机制，提升公共政策利益表达的公益性和共享性，使得利益群体及其成员可以采用合法有效的渠道来谋求利益的表达及实现。

第四，要充分发挥互联网和大众媒体的利益表达功能，创新公共政策利益表达形式。随着新媒体技术的不断发展，尤其是自媒体成为当代传播的重要载体，为政策利益的有效表达创造了有利条件。首先，要注重发挥大众媒体的开放性和社会性特点，不断完善和健全大众传媒的组织机构和体制，建立畅通反映群众意见、倾听群众利益呼声、反馈群众利益诉求的正规渠道。其次，要充分依托信息技术的信息收集分发的独特优势，建立与政策利益主体的有效联系，真实收集、分析和上报群众利益反馈的重要关注问题和信息，为上级政府部门作出符合人民利益的决策提供重要参考依据。最后，要顺应时代的发展和技术的进步，充分发挥互联网的新媒体作用。加强新媒体政策信息平台建设，注重发挥大众传媒的议程设置功能，主动设置符合公共政策执行的各种议题，巩固和扩大公共政策传播阵地；通过开展非物质性、立体、互动、动态和声光电混合的图像叙事创新，表达群众诉求，反映群众心声，影响政策利益主体对公共政策的关注和判断，切实增强公共政策利益表达的实效性，使其成为人民群众和不同利益群体表达利益要求和呼声的窗口。

(二) 健全利益补偿机制

"补偿"是指在一个实践过程中，获益的一方为弥补受损一方的利益损失，作出部分利益偿还的过程。经济学中的"利益补偿"，意即在一个经济行为中存在一方的经济利益受损，另一方在过程中获得了经济利益，为了弥补受损方的经济损失，由获益方作出的经济补偿，就叫作利益补偿。在我国生态发展政策和资源保护政策的领域中，利益补偿的运用最为广泛。

利益补偿实质是政策实施外部性转向内部化过程，作为一种平衡各方利益诉求和协调各方利益关系的正式制度安排，具有强大的经济功能和现实意义。第一，激励与约束作用。利益补偿机制的建立具有强大的激励约束功能，约束不同位阶政策冲突中政策主体的"就近式"选择、同阶政策冲突中政策主体的"权变式"选择、政策内部冲突中政策主体"自利型"选择。第二，平衡各方利益关系。政策冲突涉及不同的利益主体，因资源禀赋和发展阶段及利益评价标准的不同，利益关系也变得更为复杂，利益冲突的处理方式也会变得棘手，利益补偿机制可以有效地促进这些利益矛盾解决。只有建立完善的利益补偿机制，协调好各方的利益诉求和利益关系，进而推动我国现代经济社会的协调发展。

在公共政策冲突中的政策主客体并不自然就是"慈善"的公共利益实现者和政策"应声虫"，但也绝非只是有意偏离、违背政策目标的理性"经济人"。在公共政策冲突背后大量存在的长期性政策目标与短期性政策目标、整体性政策谋划和部门性政策诉求、经济增长政策和社会发展政策等政策取舍本身的现实性矛盾。要化解这些利益矛盾，建立有效的补偿机制是一种较为直接的办法。政府在制定政策时不可能兼顾各方的利益，个人利益应当服从集体利益和长远发展。但是，如果一方为公共利益牺牲了个人利益，国家与社会给予一定的补偿，调和矛盾，则是合情合理合法的。因此，要建立规范有效的政策利益补偿机制，对未能享受中央的某项优惠政策而利益相对受损或因执行中央政策而利益受损的地区，要考虑给予其他的政策优惠或者一定的利益补偿。与此同时，要始终将实现人民生活美好作为公共政策的价值旨归，综合采用资金补偿、技术补偿、实物补偿、资源补偿等形式，以维护社会公平为导向，使得受到不公待遇的政策群体也能获得公共政策释放出来的部分红利，更好满足人民在经济、政治、文化、社会和生态文明等方面日益增长的需要。其中，资金补偿是公共政策利益补偿中最直接有效和经常使用的补偿办法，能够直接弥补政策利益主体的经济利益的损失；政府主导的大型工程类公共政策实施的利益补偿多采用技术性补偿或者是实物补偿的形式，这样有利于政府集中统一支配补偿资金，更好地完成政策工程，进而实现公众整体利益，惠及更多人民群众。

以经济发展和生态文明的利益冲突为例。习近平在党的十九大报告中提出了"人与自然是生命共同体"的科学理念，人与自然存在着彼此依赖、相互制约的循环和共生关系……良好的生态环境是人类生存与健康的基础。生态文明建设是对现代化问题的反思，它要求人类的社会生产实践必须兼顾人类利益和自然利益的同时发展，这就决定了首先人类在社会生产实践中必须尽可能地规避对环境的破坏，其次对不可避免的环境损失或者未能享受优惠政策而利益相对受损需要进行补偿，以保证生态可持续的发展。因生态的公共性和经济发展的逐利性，在我国经济发展过程中，生态环境总是处于利益受损的一方。所以，经济发展对于生态保护的利益补偿，需要深刻认识开发利用和保护环境的辩证关系，将环境开发实践中可能对环境产生不良影响的生产经营开发者以及受益于环境保护者为对象，通过市场经济调节的手段，以环境的利益为出发点，试图在不影响人类总体长远利益情况下，对已被剥夺的环境利益进行最大限度的补偿，意在使环境再捕获和恢复自身的内在价值，为人类的再生产与生活提供物质基础。

此外，要建立一套保障利益补偿实现的制度机制。在这一过程中，政府部门必须出台相关的法律法规维护政策利益补偿的合法性和强制性，确保利益补偿过程的公开透明和结果公正。同时，政府还应该发挥主导作用，积极搭建和维护公共政策冲突系统中利益补偿主客体双方的协商对话平台，保障利益补偿机制运作过程的公开透明和结果的合法公正。此外，还要加强对政策补偿过程、行为和结果监督，及时评估和反馈政策利益补偿的实施效果和进度，不断改进公共政策补偿机制的漏洞和不足，为公共政策目标的顺利达成创造条件。

（三）健全利益妥协机制

公共政策的冲突和矛盾源于政策主客体之间的不同利益选择和利益

诉求。在阶层分化、利益主体多元化的社会主义市场经济中，公共政策利益冲突和矛盾发生的情况不可避免，所以利益妥协是推进公共政策治理的重要环节，即通过谈判、对话、协商和相互让步的方式来协调和化解各政策主客体的利益矛盾和冲突。长期以来，妥协是人们解决社会冲突和矛盾的一种常用方式。在公共政策情景中，广义的利益妥协是指在公共政策推进过程中，政策利益矛盾的一方采取非对抗性的方式达到矛盾对立面的统一，从而推动公共政策利益朝着有利于自己的方面转化、发展；狭义的利益妥协多指矛盾冲突主体间通过谈判、对话、协商以及互谅互让的方法手段，达成矛盾各方都能接受的利益诉求，实现冲突各方基本权益的一种利益整合方式。

妥协作为一种有效的利益整合机制，是消除传统的将政策效率同民主选择对立的错误观念，建立政策方案民主化竞争优化机制的重要基础。高度集权的政策决策机制，其优势在于政策制定效率较高，相应的劣势是政策执行效率低下。反言之，经由民主程序制定出来的公共政策，尽管所耗费的时间和费用在制定的过程中相对高昂，但是利益相关人较为充分的理解和支持，公共政策制定过程体现的民主参与和民主决策，有效降低了政策执行的阻力和政策实施与监督的成本。民主化的公共选择过程，有利于不同的利益集团通过相互之间的沟通、协商、妥协，最终形成兼顾各方利益的公共政策选择，使不同的社会阶层在重大公共政策的选择上达成最基本的共识，尽管这种公共选择模式在公共产品的生产过程中所消耗的成本相对较高，但其最终的产出，即有效的公共产品的产出却比集权条件下的公共选择模式大得多。对于竞争性政策方案的选择，"可以通过建立统一审查完成，统一审查就是指建立一个权威的专门机构对主要的公共政策进行统一审议和统一审查，统一提出审议审查结果报告和修改意见"[①]。这种审查制度，能够保持同一政府机关以及各层级政府机构所制定的政策之间相互衔接和相互统一，避免政出多门。

因此，为应对社会主义市场经济条件下出现的公共政策利益矛盾与

---

① 袁明旭：《官僚制视野下当代中国公共政策冲突研究》，中国社会科学出版社2009年版，第192页。

冲突，需要不断健全和完善政策利益妥协制度。首先，构建畅通有效的利益诉求平台，为协调和化解公共政策利益矛盾和冲突奠定基础。通过建立为社会各阶层提供利益诉求的制度性平台，能够确保群众的政策利益诉求及时、顺畅地到达相关部门，避免群体因自身合法合理利益诉求被侵害而产生的过激行为；与此同时，还能够使群众的政策意愿通过正规、合法的渠道进入各级公共决策过程之中，为决策机构制定符合人民利益诉求的公共政策提供重要依据。其次，要创新对话形式，构建利益妥协的对话机制。利益对话是公共政策利益妥协的联系纽带，不同公共政策利益主体之间的对话是由政策利益主体为了政策利益而广泛参与的论辩过程，是最终达成利益妥协、疏解利益冲突的重要环节。只有坚持自愿参与对话的原则，营造公正平等的对话环境，心平气和地进行对话协商，才能取得不同政策利益主体间的对话共识，有效地制定和执行公共政策，才能最终保证所有政策利益主体都能够享受到政策带来的益处。最后，要通过法律制度来协调和保障利益妥协机制的实现。有效的法律保障机制是实现利益妥协的重要保障。在实践过程中，不仅要对正当、合理的政策利益对话协商活动进行保护，进而引导不同政策利益主体之间政策共识、利益诉求的有效达成，还要以法律规范利益妥协机制，既要追求效率，又要兼顾公平，建立相应的法律制度以保障弱势群体的合法权益，有效调整和均衡公共政策中主客体之间的利益关系，维护社会公平正义的局面。

三 建立政策资源投向调控机制

公共政策的功能就是对资源进行优化配置、对利益进行合理划分，使政策主客体都能在公共政策执行过程中获益，从而调节社会关系、规范社会运行，使得社会能够持续良性运转。同时，公共政策本身也是一种非常重要的资源，因为它直接规定着其他资源、利益的分配，最终决定着能否使利益相关者获益。因此，树立政策资源投向调控理念，优化政策资源投向配置，调整政策资源投向调控结构，尽快"补短板""强弱势"，是谋求社会的可持续发展必不可少的重要条件。

（一）树立政策资源投向调控理念

从政策执行的时空场域看，合意高效的政策执行不仅需要执行主体自身的政策角色认知、政策领会沟通、综合施策把握等主体能力，还包括政策环境对经费、人力、信息、权威等关键资源的配给水平和保障能力，它直接制约或决定着政策执行的成效。并且，在政策执行现实中，单一分散或结构松散的政策保障资源并不能自发推动和促进政策执行目标效果最优解的达成，政策执行"整体效应"的呈现，需要在明确政策特点的基础上，统合保障要素，构建完善的政策执行环境保障体系，保证执行资源的整体有效性供给，才能使政策在执行实施中获得充足的保障资源和良好的运行环境。因此，需要树立政策资源投向调控理念，创新执行资源投放模式，不断优化资源配置保障能力。在政策执行系统中，政策资源配置能力是指执行主体综合运用经济、行政、社会等政策工具，组织调配、综合集成人力、物力和财力等各种有利的要素资源和外部环境条件，推动政策规划实施，保障政策有效落实的能力。强化配置资源能力，推动政策实施落实，需要掌握不同政策执行工具的适用范围、实践程序和实际效果，做好整体规划全面考虑、综合推动多点共时投放，不断创新政策资源投放模式，推动政策资源投入由"单一中心"模式向"多中心、有机协同"模式转变，促进政策资源的有效耦合、良性互构，激活政策执行活力，拓展政策执行空间，进而争取改革政策的高质量落实和贯彻执行的整体最优效果。

在公共政策具体执行中，由于政策主客体具有"经济人"的特征，因此具有自利性。在政策执行过程中出现政策冲突，政策主体的回应策略及其产生的排挤效应，即"就近式"选择、"权变式"选择、"自利型"选择而导致了政令不畅的固化、"政绩工程"的泛化等社会协调难题。这些协调治理难题的一个重要方面在于政策资源的不平衡配置。政策主体选择性执行表现出的排挤效应以及对排挤效应的应对之策——"实现对政策冲突中单向发展的逆向选择"向公共政策资源配置的投向与重点提出了挑战。

在本书第二章"拉闸限电"的案例中，从应然状态来看，节能减排并不意味着就要拉闸限电，长远的协调持续发展也并不必然要损害当前的经济平稳运行。"不同责任目标和内容之间从长期看不存在根本冲突，但是在特定时期内冲突不可避免，因为管理者的精力、时间和资源有限。"① 从根本上来说，政策资源的投入度对政策执行的影响是极其深刻的，政策资源投向调控是优化政策资源配置的关键，是实现对政策冲突中单向发展逆向选择的关键途径和有力保障。在这一案例中，公共政策冲突首先表现为下位阶政策主体——地方政府停暖、限电的"土政策"与上位阶政策主体——国家发改委、国务院办公厅的"禁令"背道而驰。深层次的冲突在于节能减排与保障民生、可持续发展与当前经济平稳运行等协调发展问题之间的矛盾。所以，要对社会发展中处于弱势地位的民生领域、可持续发展领域进行更多的政策资源投入，树立正确的政策资源投向调控理念，立足于"保基本、补短板、兜底线"，加大对民生领域、可持续发展领域的资源投入力度，采用适宜的政策资源投入调控方式，在时间和空间上对政策资源进行有效布局和供给，对属于经济社会发展弱势、薄弱的领域和行业进行政策倾斜、支持和扶持，为实现政策冲突中单向发展的逆向选择提供保障。

（二）优化政策资源投向调控结构

我国当前正处于决胜全面建成小康社会的关键期、"两个一百年"奋斗目标的历史交会点。因此，优化政策资源投向调控结构不仅是加强制度建设、实现对"常态"政策冲突中单向发展的逆向选择、把制度优势转化为治理效能的关键，更是新时代中国推进社会主义现代化建设、实现中华民族伟大复兴的时代要求。其中，最为紧要的问题是不断增进民生福祉和实现人与自然的和谐共生，从而走出一条生产发展、生活富裕、生态良好的文明发展之路。

1. 把更多的资源投向民生领域

中华人民共和国成立后长期实行计划经济体制，逐渐形成的城乡二元结构，促使自然资源和国家公共政策资源更多向城市和发展较好的地区倾斜。改革开放之后，国家支持东部沿海地区优先发展，于是出现了重工轻农、重城轻乡、重经济轻民生等思想，在大力发展工业、推进城市化建设过程中，把主要精力和资源都投放在工业发展和城市建设上，忽视了农村农业农民的发展，环境问题和民生问题成为社会协调发展必

---

① 杨开锋、吴剑平：《中国责任政府研究的三个基本问题》，《中国行政管理》2011年第5期。

须要面对的难题。与此类似，公共政策资源配置也存在明显的地区倾向性，造成区域资源配置失衡，即我国公共政策资源配置出现了城市多于乡村、发展经济大于民生改善等不协调、不平衡现象。2004年以后，我国进入"以工补农、以城带乡"的发展阶段。此后，中央连续发布15个一号文件聚焦"三农"，强调"三农"问题的重要地位，并在政策上实行"倾斜"，提出乡村振兴战略、精准扶贫方略，逐年加大对农村领域的支持力度。

当前，我国社会主要矛盾已经转化为人民日益增长的美好生活需要和不平衡不充分的发展之间的矛盾。这种发展的不平衡主要体现在城市与乡村、民生改善与经济发展的不平衡，农业农村处于弱势发展的滞后性则是最大的发展不充分。因此，公共政策资源的投入度要从"农业支持工业、农村服务城市"的城市偏向到"工业反哺农业、城市支持农村"的农村偏向转变。这种偏向表现为对弱势和薄弱地区优先发展的战略和政策导向，比如"在新中国成立初期，为应对当时恶劣的国际环境，迅速建立起相对完整的现代工业体系和国民经济体系，我国实行了重工业优先发展战略。改革开放以来，为促进各项社会事业的快速发展，我国又先后实行了公共交通优先、就业优先、教育优先、人才优先等发展战略"[1]。

党的十八大报告强调，加强社会建设，必须以保障和改善民生为重点。根据中央经济工作会"守住底线、突出重点、完善制度、引导舆论"的民生总体工作安排，当前要以强化民生保障为基础，促进公共资源向欠发达地区延伸、向农村覆盖、向困难群体倾斜，切实提高民生保障水平，要把更多的教育、人才、医疗、卫生、就业创业、社会保障等资源投入民生领域，比如鼓励人才、青年回农村创业发展，继续加大对农村的人才扶持力度；政府及相关部门从政策资金上鼓励农民搞好特色化农业规模建设；投入更多的教育资源引导农民积极参加新型职业农民培训，用科技知识带动增收致富；加大力度对农村基础设施建设的投入等。这些都要体现在公共资源配置和政策支持上给予优先考虑，集中科技资源、人才资源、资金资源等优先投向民生领域，尽快弥补短板，促进区域、

---

[1] 魏后凯：《农业农村优先发展的内涵、依据、方法》，《农村工作通讯》2017年第24期。

城乡民生工作协调健康发展。

2. 把更多资源投向可持续发展领域

新中国成立以来，我国一味追求经济发展，希望在工业总量方面赶超英美等国家，高消耗、高污染、低产出的生产模式对环境造成了严重破坏，例如土地荒漠化、水污染、大气污染等环境问题；改革开放以后，生态环境问题并没有被高度重视，生态压力越来越大。针对我国长期以来存在的以生态环境为代价换取经济增长的问题，党的十八大以来，"绿水青山就是金山银山""人与自然和谐共生""人类命运共同体"等论断阐释了尊重自然、保护自然的生态文明观念，党中央多次强调"决不以牺牲环境为代价去换取一时的经济增长"，而是要把可持续发展同经济发展结合起来，将生态文明建设纳入社会主义建设"五位一体"的总体布局中，党的十九大更是将生态文明建设提高到富强民主文明和谐美丽的社会主义现代化强国战略目标的高度。所以从社会管理角度看，针对生态环境的弱势发展，要将更多政策资源向环境和可持续发展领域拓展，比如制定绿色税收、绿色信贷、绿色金融以及生态补偿、环境整治等重大政策，弥补生态环境发展短板。同时由政府主导，强化政策激励，出台关于生态环境保护的奖补政策，加强对生态系统和自然保护区的生态保护和生态修复，对完成任务的地区要实施奖补。围绕乡村振兴，深化污染治理，围绕优化生态环境空间结构，利用政策资源支持建设更多的道路林带、生态片林和生态绿廊，坚持以环境改善为重，推进可持续发展，加大生态系统的保护力度，打赢、打好污染防治攻坚战，推进生态文明建设。

四 完善激励与问责机制

政策主体将利用其自主性空间和能力去追求什么（行为偏好）、又如何追求（行为方式），很大程度上取决于激励和问责机制的引导与塑造。由于政策行为最终都会具体化为政策主客体的行为，所以，更准确地说，制度安排对政策的激励约束作用实质体现为其对政策主客体尤其是政策主体的直接影响。因此，严格、合意、有力的激励和问责制度安排是对政策主体行为偏好的良性塑造，实现对"常态"政策冲突中单向发展的逆向选择的重要实践路径。

(一) 加强激励机制建设

根据地方政府官员对政府行为选择影响力以及效用函数的不同，可以将其分为领导干部与基层普通公务员两类。领导干部是各项公共事务的决策者，处于地方权力结构的中心，追求职务晋升是其核心的效用目标，而晋升激励也就成为对领导干部进行激励的主要手段。[①] 但问题在于官员晋升是一个复杂的政治过程，影响因素较多。樊红敏通过对地方政治场域的实证考察，发现影响干部职业地位获得的相关资本要素主要有："个人素质——文化资本、政绩——政治资本、靠山——关系资本、位置——体制资本、个体人格、机遇。"[②] 通过对104个城市市长的研究，兰德里发现经济绩效仅对官员的政治命运产生有限的积极影响，任期、年龄等特征也会对晋升产生影响。[③] 有学者也指出，"在现实操作中政绩往往并不是最重要的，营造好关系，碰到机会，再加上适当政绩，极有可能被提升"[④]。所以从现实来看，无论是单一绩效维度的"政治锦标赛"模式，或者是多维度的"技巧类政治竞赛模型"[⑤]，只考虑政绩表现的理论概括都不能充分阐释地方政府行为选择的真实动因。但只要晋升最大化的效用目标设定是符合官员实际需求的，在"官（政治家或政务官）僚（文官或事务官）不分、上级而非公众（及其代表）在官员晋升中起决定性的主导作用、党管干部等晋升制度"[⑥] 的作用下，政绩表现、关系运作等对上负责的形式就必然是地方政府领导干部行为选择的重要影响变量。即使晋升激励会随着年龄和晋升阶梯的增加而出现激励效果的下降，但干部的不断年轻化会弥补这种激励的不足；而且从趋势来看，全面深化改革以及从严治党的推进，将逐步重塑地方政治生态，把"政

---

① 周黎安：《中国地方官员的晋升锦标赛模式研究》，《经济研究》2007年第7期。

② 樊红敏：《县域政治：权力实践与日常秩序》，中国社会科学出版社2008年版，第40—50页。

③ Landry F. Pierre, The Political Management of Mayors in Post-Deng China, *The Copenhagen Journal of Asian Studies*, No. 17, 2003, pp. 31–58.

④ 谢志强、青连斌：《影响干部职务升迁的主要因素——一项对地（厅）级干部的调查》，《中国行政管理》1999年第2期。

⑤ 李永刚、管玥：《地方官员竞争的政治锦标赛模型及其优化》，《江苏行政学院学报》2012年第2期。

⑥ 吴建南、马亮：《政府绩效与官员晋升研究综述》，《公共行政评论》2009年第2期。

府官员的激励搞对"，使科学的政府绩效成为官员晋升最为重要的决定因素。

对基层普通公务员来讲，成为政治精英进入地方领导干部序列的机会是极其渺茫的，他们选择公务员作为职业最看重的是"公务员工作和收入的稳定性"，其"追求的效用目标是实惠型的，即更好的福利待遇"①。而在现有的财政包干体制下，要改善办公条件，提高工资、奖金等福利待遇，则离不开地方财政收入的增加以及与此紧密相关的地方经济的发展。所以，当 GDP、财税收入等经济增长表现成为上级政府的"硬指标"，领导干部的晋升（发展）激励与基层普通公务员的生存激励就实现了统一，成为相互强化的激励机制；但是当政治情势发生变化，环境保护、维护稳定等社会治理目标成为上级政府的"优先事项"时，领导干部的晋升（发展）激励与基层普通公务员的生存激励就可能出现背离，而在地方权力格局中的"一把手"负责制，则赋予地方领导干部将其偏好凌驾于普通公务员之上的足够权威，领导干部的晋升（发展）激励成为主导地方政府的激励机制；在上级政府偏好不甚明确或有多重相同权重偏好的政治情势下，领导干部的晋升（发展）激励弱化，而基层普通公务员作为地方领导干部实现行政目标的主要依靠力量以及考核、晋升评价的重要主体之一，其效用目标的影响凸显，基层普通公务员的生存激励就成为主导地方政府的激励机制。

因此，我们应该加强现有公务员激励机制建设，切实解决考核标准过于笼统、考核结果等次偏少、奖励程序缺乏强操作性、激励有失公平的现实问题，需要把奖励（荣誉、晋升、财物等）与责任的履行协调一致。首先，要创新多元化的激励手段，不断激发政府官员的工作热情。要在坚持传统精神激励和物质激励相结合的模式下，高度重视对政府官员的培训激励工作，根据实事求是、与时俱进的原则，在政府体制内统一划定的薪酬标准基础之上，有计划地增加一批通过官员自身能力优势、工作方法创新赢得奖励薪酬的工作项目，进而以薪酬组成改革为牵引，不断提高政府官员的工作积极性。其次，要依法制定完善、规范执行政府官员的绩效考核制度，不断优化考核方法、促进考核指标的科学量化，

---

① 何显明：《市场化进程中的地方政府行为逻辑》，人民出版社 2008 年版，第 202 页。

发挥考核制度的基础作用。要坚持依法、规范、科学、公平的原则，以制度性保障考核过程和结果的客观公正，避免考核流于形式、以领导主观意志决定考核结果，促进政府公务员内部竞争的公平性和公正性。与此同时，要向民众公开公务员的薪酬标准、薪酬考核结果，增强民众的了解，促进社会外部的共公平。再次，要突出待遇保障激励。严格管理和关心信任并举是我们党关爱干部成长发展的一贯政策。中国共产党依托政策倾斜、政策补偿、政策交流等综合政策工具不断加强执行主体的待遇激励保障制度体系建设，注重从政治激励、工作支持、待遇保障和心理关怀等方面入手，增强政策工作的荣誉感、归属感和获得感；还充分利用经济性工具强化激励、约束效果，不断优化和完善政策执行主体的合理诉求和利益保障机制，使所有政策执行过程的参与者能够在政策落实中充分实现合理利益诉求，实现安心、安身、安业的统一，以此最大限度调动和发挥政策执行主体的积极性、主动性，提高政策执行效能。最后，要加强内外相结合的激励监督机制。要完善和加强政府内部的激励考核监督机制，明确监督部门的主体责任和工作范围，强化连带监督责任，使内部监督成为保障激励考核制度顺利进行的重要保障。此外，还要健全外部的激励考核体系，充分发挥人民监督作用，不断增强公民的监督意识和责任意识，并且要在相应法律法规的保障约束下，大力加强媒体监督、网络监督等形式，以严格、合意、有力的激励监督制度对作为政策主体的政府公务员的行为偏好进行良性塑造进而为公共政策顺利推进提供正确导引。

（二）加强问责机制建设

加强问责机制的建设主要反映了政策效应由单边强化向双边强化的发展过程。面向主体的政策冲突主要表现就是主体的单边强化逐渐加强，我们要想改变这种情况，实现主体的双边强化，问责机制建设必不可少。问责要求政策主体在政策过程中始终要做到权责的统一与对等，这既是现代公共政策科学发展的直接体现，更是国家治理和治理能力现代化的内在规定和题中之意。在面向主体的政策冲突中，需要对政策问责主客体、方法手段、渠道方法等完整的问责内容进行加强和完善，以便于对其政策行为及其过程和结果进行纵横结合、全过程全方位的责任追究，进而实现对"常态"政策冲突中单向发展的逆向选择。

第一，要明确公共政策问责的主体。从政策治理权责利统一视域来看，公共政策问责主体不仅意味着对政策越轨行为和政策异化过程、结果拥有赋权的权力，还意味着必须要承担起政策问责的责任和义务，要对整个政策问责行为和过程本身负责。所以，对于公共政策过程中问责主体的确认，必须依据政策冲突治理中涉及政策主客体利益以及各自利益的大小多少来确定问责主体的地位或分量。同时，在遵循自上而下确定政策问责主体之外，还应该按照横向结合的原则，确定与面向政策冲突视域中利益相关的，以及利益大小多少来确认公共政策的问责主体及其问责的程度。所以，必须明确公共政策问责主体角色定位，培养问责主体的权利意识、服务意识，树立"权责一致"的治理理念，勇于担当问责责任，既实现政策冲突问责的应然要求，又在实然层面实现政策治理问责到位。

第二，要合理规范公共政策治理的问责清单。细化政策冲突治理问责的清单，将有助于提升公共政策治理问责主体的知识面，明确问责目标和工作要求，全面提升问责能力、保证问责效能。所以，首先，要坚持全面性的原则，切实以政策冲突治理过程中的问题入手，将政策治理过程中的来源、性质、作用范围、大小、运作的整个过程和细小环节全部纳入其清单范围，列明政策治理过程中各个环节、每个领域的利益风险点和问题部位。其次，要体现具体性，要对政策治理过程各个政策对象和作用程度、效能状态、利益冲突等所有细节进行明确，落实落小落细。最后，要坚持规范性的原则，要对政策治理中涉及的政治、经济、社会、生态等各方面的政策进行规范化，依据各级各类各层次职责权限对公权力进行权力清单明细分类，避免政策治理漏洞或真空等现象存在，推动政策治理良性发展。

第三，要切实提高政策治理的问责能力。切实提高问责能力，是推动政策冲突化解、提升政策治理效能的重要内容。首先，要加强学习，掌握好政策治理问责的理论武器，找准政策冲突的症结、明确政策问责的标尺，实现主观和客观、动机和方法、过程和目的的有机统一，避免政策问责的盲目性、随意性，确保政策问责的严肃性和有效性。其次，要严于律己，在对公共政策治理问责过程中树立"执纪者必先守纪、监督者必受监督"的理念，以纪律规矩为戒尺，公正用权、廉洁自律，树立"打铁还需自身硬"的形象,理直气壮问责、公平公正问责,让政策问责的正向力量得到充分释放。

第四,要坚持纵横结合原则,积极拓宽政策治理问责的渠道。一方面,纵向问责机制建设主要是从政府自身出发,协调中央政府和地方政府的政策,通过政府内部的监督问责机制,形成中央政府与地方政府政策制定的良性互构,从而提高政策的可行性,减少不同阶的政策冲突。其中,防止任意性权力,避免政策解读的以偏概全和减少政策下达的层层消解;提高渗透性权力,中央政府和地方政府做到政策颁布内容、执行目标的一致性是加强纵向问责机制的两个重要方面,如果在具体的实践中我们可以做到这两点要求,那么政府内部的监督问责机制可以说是建立起来了,政策的矛盾冲突也会随之减少,有助于实现公共政策协同与经济社会协调发展的良性互构。另一方面,横向问责机制建设就是要加强人民代表大会的行政立法以及人民代表大会和人大代表的监督,加强司法机制建设和司法监督。注重上下级政策法规的协调,防止中央立法与地方性法规的冲突,强化对各级部门公共政策的监督保障,有效避免和化解公共政策冲突。此外,还应该打通和拓宽民间的问责渠道,加强媒体问责渠道建设,打通网络监督"死角",确保基层人民的问责渠道时时畅通、处处畅通,有效化解政策冲突,实现政策目标。

第五,要及时公开政策治理问责的信息。政策治理问责信息发布的真实性、及时性,是反映政策问题治理真实程度、遵循政策问责基本原则、影响政策问责效果的重要影响因素,对于化解协调发展过程中的政策冲突具有重要意义。因此,首先,要培养政策治理问责信息公开的意识,积极回应政策对象的诉求,主动公开政策治理问责运作过程,保持政策问责过程的公开、真实和透明。其次,要积极利用互联网信息技术,创建线上线下相结合的政策问责信息公开阵地,使广大政策治理问责主体能够及时有效的了解到政策制定、执行、反馈等个过程信息,凝聚公共政策治理共识,推进政策最终落实。最后,要加快制定和完善相关配套制度机制,对政策治理问责公开信息进行规范,明确界定政策问责信息公开的范围,确保能公开的政策信息最大限度公开。

第六,要主动回应、及时跟踪评估政策政策治理问责的情况和结果。我们必须正确对待问责的回应,将其作为政策治理问责过程的必要环节来对待,做好政策问责结果回应的思想准备,创造积极有利条件,不断完善问责回应制度,规范问责回应操作程序,提高问责回应效率,为政策冲突治理的有效进行提供重要保障。此外,弗朗西·拉宾诺维茨和马丁·雷恩认为,纲领发展阶段、资源分配阶段和监督阶段属于政策执行过程的三个不同的阶段。因此,我们从制度上界定清楚政策冲突与执行主体、执行方式之间的对应关系,使政策执行者在行使政策执行权的同时承担应有的责任。并且要在相应明确的赏罚措施基础上,加强政策治理问责过程的监督,强化政策问责效果的考核,不断增强政策执行主体的风险意识和责任感,使政策执行者在政策执行过程中审慎用权,增强自我约束能力。

第三节 注重政策创新,实现政策主客体对冲突的积极回应

公共政策冲突之处,恰恰是政策问题的热感地带和政策创新的可能之所。如何化腐朽为神奇、变不利为有利,关键在于政策主体积极性的发挥。改革开放40年来大多数新生事物的出现莫不是主政者冒着风险在政策冲突中大胆政策创新的成果,要激发政策主体在面对政策冲突时积极作为、政策创新,完成公共政策协同与经济社会协调发展的良性互构。

政策创新的执行和落地情况是反映政策主体水平和能力的代表性指标。在当前推进供给侧结构性改革语境下,存在着对政策主体创新公共政策供给的改革要求,基于旧政策老化失效的情况下,寻求新的政策组合方式,选择成本小、收效快的组合路径,探索良性的政策替代方案,从而摆脱政策困境,使适应相关制度环境的、新型的公共政策回到常态社会当中来。[①] 从而完成政策创新,从政策主客体面对政策冲突的回应角度,可以从以下四个方面进行公共政策创新。

---

① 严强:《公共政策学基础》,高等教育出版社2016年版,第85页。

一 强化理想信念教育，提高政治站位

（一）牢记初心，把人民利益作为政策过程的中心

"政治—行政"二分是西方公共行政学的基本理论之一，也是指导西方国家建构权力运行格局的重要理论依据。其主要观点为："政治是政治家的特殊活动范围，而行政管理则是技术性职员的事情。政策如果没有行政管理的帮助就将一事无成，但行政管理并不因此就是政治。"[1]"在所有政府体制中都存在着两种主要的或基本的政府功能，即国家意志的表达功能和国家意志的执行功能；在所有的国家中也都存在着分立的机关，每个分立的机关都用它们的大部分时间行使着两种功能中的一种。这两种功能分别就是：政治与行政。"[2] 然而在西方多党竞争和利益集团分化格局之下，意志执行和意志表达往往演化为二者的彼此割裂和相互掣肘，使政策执行难以获得政治资源支持，形成"乱政治—弱执行"局面，最终导致公共利益的实现落空。

我国实行"议行合一"的人民代表大会制度，在政体设计上规避了"政治—行政"的决然分立，实现了政治与行政在实现人民利益过程中的统一；更为重要的是，中国共产党领导的多党合作制度及其强化规避了竞选式多党制所造成的政治资源"互拆"和行政"中立"，实现了政治与行政在政治领导保障上的贯通，是"强政治—强执行"的典范代表。然而，这并不意味着意志表达与意志执行割裂的风险在我们的政治与行政实践中不存在。人大制度设计的"人民当家做主"的核心意志以及中国共产党"为人民谋幸福、为民族谋复兴"的初心使命，能否在所有行政执行活动中得到遵循、是否在具体政策执行中得到贯彻仍是一个关键性问题。所以，对我们而言，政治与行政的割裂，与西方有根本不同，主要表现为人民利益在政策执行中的具体实现程度。基于此，中国共产党不仅把为人民服务作为它的政治宣示，更始终把人民至上作为其变革现实、执行政策的基本遵循。

第一，要坚持把人民中心作为政策过程定位的主要基调。从本质上

---

[1] 丁煌：《西方行政学说史》，武汉大学出版社2005年版，第85页。
[2] ［美］古德诺：《政治与行政》，王元等译，华夏出版社1987年版，第12—13页。

来看，公共政策总是统治阶级意志的集中体现。在中国特色社会主义社会，人民切实成为国家主人，政策过程就是要充分体现人民的意志和实现人民的利益诉求。党的十八大以来，习近平多次指出要坚持以人民为中心，强调"全心全意为人民服务，是我们党一切行动的根本出发点和落脚点，是我们党区别于其他一切政党的根本标志"①。从现实生活来看，实现人民群众的利益诉求，要求针对满足人民日益增长的美好生活需要的主要制约因素，抓住社会主要矛盾中矛盾的主要方面——发展不平衡不充分的新难题发力，它依赖于利用政策工具进行目的达成，并内在规定着政策制定必须科学、政策执行必须到位，以产生政策效用，更好满足人民在经济、政治、文化、社会和生态文明等方面日益增长的需要，将实现人民生活美好作为政策执行的价值旨归。进入新时代，重申人民群众在政策过程中的重要地位，不仅是对我们党一贯政策立场的坚守，更是面对社会主要矛盾变化、破解新时代发展问题的必然选择。习近平强调："人民对美好生活的向往，就是我们的奋斗目标。"②"全心全意依靠工人阶级不能只当口号喊、标签贴，而要贯彻到党和国家政策制定、工作推进全过程"③。将人民作为政策执行的最终受益者和重要推动者，充分体现了人民性是中国共产党政策思想最为鲜明的主题，科学地回答了政策执行"为了谁、依靠谁"的现实问题，实现了政策执行合目的性、合规律性和合价值性的高度统一。

第二，要把依靠群众作为政策过程方法的优先选择。人民立场是中国共产党政策治理逻辑最鲜明的底色。毛泽东说："善于把党的政策变为群众的行动，善于使我们的每个运动、每个斗争，不但领导干部懂得，而且广大群众都能懂得、都能掌握，这是一项马克思列宁主义的领导艺术。"④ 党的政策被群众掌握，不仅体现为我们执行政策的根本目的是满足人民美好生活的需要，还表现为把人民作为政策冲突治理的重要主体，紧紧依靠人民执行政策。习近平多次指出，要"注重加强改革宣传和舆

---

① 习近平:《在纪念毛泽东同志诞辰 120 周年座谈会上的讲话》,《人民日报》2013 年 12 月 27 日第 2 版。
② 《习近平谈治国理政》,外文出版社 2014 年版,第 4 页。
③ 《习近平谈治国理政》,外文出版社 2014 年版,第 45 页。
④ 《毛泽东选集》第 4 卷,人民出版社 1991 年版,第 1286 页。

论引导,加强改革政策举措的权威解读"①。"要加大政策公开力度,让群众知晓政策、理解政策、配合执行好政策。"② 党中央结合党的十八大、十九大精神贯彻以及"不忘初心、牢记使命"等主题教育,开展了多次全党范围的学习活动,组织了面向社会公众的宣讲活动,向人民群众大力宣传党的精神、战略部署和政策举措,有利于在全社会统一思想、形成政策共识,使政策治理的现实效果与人民群众的利益诉求保持方向上的一致。中国共产党立足政策公开,加强政策举措的权威解读,通过主动向人民群众进行政策宣传,使人民充分了解政策,知道政策"是什么""为什么""怎么办",使人民群众成为政策冲突治理的支持者、参与者和推动者。同时,着眼于政策监督,建构决策、执行、监督既相互制约又相互协调的政策运行体系,畅通民众政策监督的知情渠道和监督手段,唤醒民众的民主意识和权利自觉,对政策执行情况进行有效监督,使民众成为政策执行不可或缺的监督力量。

第三,把人民获得作为公共政策工具优化的标准。人民有所呼,改革有所应。毛泽东指出,"我们的责任,是向人民负责。每句话,每个行动,每项政策,都要适合人民的利益"③。习近平进一步强调,"要把有利于增强人民群众获得感的改革放到更加突出位置来抓","要结合群众的现实需求,有针对性地推出一批改革举措"。④ 中国共产党始终立足于增强人民获得感,综合运用强制性约束、经济性激励、文化性教育、系统性管理等政策工具,不断提高扶贫、就业、教育、医疗、住房、环境治理等民生政策执行的针对性和精准度,将人民意志和人民利益实现贯穿于政策执行过程始终。纵观整个中国革命、建设和改革时期中国共产党实行的所有政策治理实践,其主旋律就是一切从人民的利益出发,把人民获得作为政策执行的优化标准。中国共产党通过政策执行把党的政治领导贯彻与人民利益实现相结合,有效实现了政治与行政的互动与协调,

---

① 《习近平总书记系列重要讲话读本(2016年版)》,学习出版社、人民出版社2016年版,第84页。
② 《习近平在黑龙江考察调研时强调:深化改革开放优化发展环境,闯出老工业基地振兴发展新路》,《人民日报》2016年5月26日第1版。
③ 《毛泽东选集》第4卷,人民出版社1991年版,第1286页。
④ 《邓小平文选》第3卷,人民出版社1993年版,第3页。

从政治领导实现的高度将政策执行纳入人民利益实现过程之中，既实现了政治与行政的功能性分离，又实现了二者在根本原则、根本利益等问题上的统一。由此，中国共产党才能在整个革命、建设和改革过程中得到人民的衷心拥护，并在人民获得感不断增强的政策实践中不断检验、丰富和发展其政策治理策略和政策治理理论。

（二）发挥优势，把坚持党的领导作为政策整合的法宝

政策科学的一般常识认为，政策冲突治理是技术和方法问题，但马克思主义指出，对阶级社会的社会现象展开分析时，"必须到生产关系中间去探求社会现象的根源，必须把这些现象归结为一定阶级的利益"④。政策冲突治理作为改革举措落实的重要手段，是改革朝着纵深方向推进的"开山斧"、改革蓝图实现的"转换器"，带着"与生俱来"的阶级属性——立场性和方向性。我国改革开放最可宝贵的经验，就是坚持党对一切工作的领导，坚持走中国特色社会主义道路，并时刻检视改革的初衷意图和预期目标是否在所有政策治理活动中得到遵循、能否在具体政策冲突治理行动中得到贯彻，避免出现"小举措背离大方向"的累进式偏离风险，以确保改革的正确方向和人民立场。

第一，坚持党主导政策问题识别与议题筛选。政策制定是不同的政策相关主体就议题选择、议程设置、备选方案等问题进行有效互动、相互作用的过程，研究发现，不同类型政策制定中，不同政策主体所发挥的作用不同。在限制型政策中，问题流和政策流是政策议程设置的主要动力，群众态度、党和政府关注等"政治流"往往是"后发"变量。在分配/再分配型政策中，相关压力群体的"政治流"和"政策流"则成为政策议题建构的主要动力。在体制型政策中，相关压力群体与政府联系紧密，而且党和政府的关注度也很高，此时党和政府往往会动员意识形态资源，积极建构问题流，打破来自压力群体的政策阻力。在公共意识形态型政策中，压力群体与政府联系松散，而党和政府关注度较高，往往成为主导性力量，政策建构的目的性和战略性突出；包括社会公众在内的政策共同体会被有效动员起来，成为政策过程的积极参与者，问题流影响较弱。但是，纵观这些不同类型政策的制定过程，都离不开一个稳定高效政治中心的动员、组织和协调。习近平指出，我国社会主义政治制度优越性的一个突出特点，就是坚持党总揽全局、协调各方的领导

核心地位①。共产党在我国政策制定中的地位和作用远超西方政策理论一般意义上的"政策企业家",它不仅组织、协调具体的政策制定过程,它的政党精神还必须贯彻到各项政策活动中,发挥政策方向指导和政策价值引领作用。当然,这也就涉及另一个问题,执政党具备了足够的"权威",如何保持权力体系开放、政策议题合理,实现政策制定的科学性和效用性,即上文讨论的权力规则和人民意志。从当代世界政党政治的执政实际和政策制定情况来看,极易出现的一个弊端就是政党意志和人民意愿之间存在脱节,执政党总是从执政者的视角出发去识别政策议题,而忽略了民众的主体性地位。所以,习近平一再强调"以人民为中心""以问题为导向",就是要突出人民对于政策制定的立场性意义,强调问题对于政策制定的指导性功能,这使得共产党更具开明性、现代性和先进性。在党内,党的各级委员会作出重大决策部署,必须广泛听取各方面意见和建议,通过畅通党员参与讨论党内事务的途径,拓宽党员表达意见渠道,使党的政策主张的制定集思广益,使党内民主得到充分发挥。在党外,党要了解基层群众所思、所想、所盼,坚持问政于民、问需于民、问计于民,善于通过提出和贯彻正确的路线方针政策带领人民前进,善于从人民的实践创造和发展要求中完善政策主张,更好地从人民群众中汲取无穷的智慧和力量。通过优化程序性民主,使得问题识别更加精准,议题筛选更加科学,能够真正把人民所关心关注的问题提上议程。同时,党和国家积极倡导尊重和发挥地方、基层首创精神,把中央政策方案的顶层设计与地方自下而上的政策创新有机结合起来,使政策更接地气、更合实情、更能反映本地区的实际问题和人民诉求,通过强化基层管理实现大国治理。

第二,坚持党的领导作为政策执行力提升的根本遵循。全面深化改革中,旗帜和方向至关重要。如何在协调众多利益分歧、实现民众利益诉求中保证旗帜不丢、方向不偏,坚持党的领导是根本途径和本质要求。"党政军民学,东西南北中,党是领导一切的,是最高的政治领导力量,

---

① 《习近平总书记系列重要讲话读本(2016年版)》,学习出版社、人民出版社2016年版,第103—104页。

各个领域、各个方面都必须坚定自觉坚持党的领导"①。只有确保党的集中统一领导,才能统一意志、统一行动、步调一致,在正确改革方向上形成强大的政策执行力,在完善和发展中国特色社会主义制度中提升党和国家治理能力,推动各项改革措施落细、落实。当前全面深化改革中之所以在有些地区部门出现"上有政策、下有对策",对人民群众"做样子",对上级部门"打马虎",对党中央的决策"打小算盘"等政策效果打折扣、重大决策部署无法落地的问题,从根本上是因为这些政策执行机构政治意识不高、大局意识不强,没能够自觉、主动地向党中央看齐,坚持党的领导不到位不彻底。

所以,提升政策冲突治理的执行力,必须毫不动摇地坚持党的领导。首先,要强化党的政治规矩和纪律建设。始终把党的政治规矩和政治纪律摆在前面,做到党中央提倡的坚决响应、党中央决定的坚决执行、党中央禁止的坚决不做,以党规党纪和党意党策为改革的深入推进汇聚强大合力,确保各项改革措施在政策执行中有效落实。其次,要强化党的领导能力建设。党要总揽全局、协调各方,在全面深化改革中把方向、谋大局、定政策、促发展,能力不足、水平不够是难以胜任的。因此,必须针对干部的知识空白、经验盲区、能力弱项,组织开展精准化的政策培训学习,不断增强各级领导干部政策执行的原则性、预见性和针对性,消除其执行政策的认知盲区和本领恐慌,充分适应新时代中国特色社会主义的发展要求。最后,要强化党的理想信念建设。时刻明确自己的角色定位,时刻牢记"我是谁、为了谁、依靠谁",增强使命担当,始终把共产主义远大理想和中国特色社会主义共同理想,作为自己的精神支柱和政治灵魂,准确把握政策内容、政策目标和执行方法,积极发挥主观能动性和自身创造力,不断提高政策执行的角色认知水平和落实贯彻能力。

(三)敢于担当,把立足破解改革难题作为政策治理的关键

毛泽东在全民族抗战的关键阶段指出,"政治路线确定之后,干部就是决定的因素"②。干部决定战争能否取得胜利的关键,不在其人数的多

---

① 《习近平总书记系列重要讲话读本(2016年版)》,学习出版社、人民出版社2016年版,第100页。

② 《毛泽东选集》第2卷,人民出版社1991年版,第526页。

寡，而在依赖于其实施的党的方针政策能否得到很好贯彻和落实。我们党革命、建设和改革的历史充分说明，政策执行成效的好坏，除了政策本身是否科学和适合实际之外，很大程度上决定于政策执行者——广大的领导干部，取决于作为政策执行者的广大领导干部是否精准、全面、透彻地理解政策，能否在充分理解政策的基础上进行政策落实。全面深化改革的总体方案、路线图和时间表已经写就，接下来就是按照"方案"施工，根据"图""表"推进，决定其成败的还是在"干部"——政策冲突治理的主体。尤其，当前改革进入深水区和攻坚期，需要颠覆固有发展理念、打破既得利益格局、统筹兼顾各方改革诉求，对政策执行主体的执行理念、执行信念和执行策略技巧都提出了更高要求。提升全面深化改革中的政策执行力，必须强化对政策执行主体的培养塑造，坚定改革信念，增进政策执行共识，不断提高执行政策的能力水平，有效推动政策意图向政策蓝图的转化。

恩格斯说："历史从哪里开始，思想进程也应当从哪里开始。"[①] 改革开放以来我们党在实践上的每一个重大成就、在理论上的每一个重大创新、在工作中的每一个重大突破，都是思想解放的结果。就全面深化改革而言，"触及深层次的社会关系和利益调整，凝聚改革共识难度加大，统筹各方面利益任务艰巨，协调不顺，处理不好，改革就难以顺利推进，难以取得成功"[②]。只有最大限度地解放思想、坚定信念，凝聚政策执行的思想共识，才能把这场伟大而深刻的革命推动和深化下去。首先，要增强改革决心，强化政策执行使命担当。习近平强调，"改革推进到今天，比认识更重要的是决心，比方法更关键的是担当"[③]。全面深化改革时期，"帕累托最优"式的普惠性改革越来越少，触动既得利益式的突破性改革渐成为主流，依靠"利益共识"推动改革越发困难，急切需要理念共识和使命激励成为推动改革、执行政策的主要动力。其次，要增强改革信心，强化政策执行认识论共识。改革开放深刻改变了中国面貌和

---

① 《马克思恩格斯选集》第 2 卷，人民出版社 2012 年版，第 14 页。

② 《习近平总书记系列重要讲话读本（2016 年版）》，学习出版社、人民出版社 2016 年版，第 78—79 页。

③ 中共中央宣传部：《习近平新时代中国特色社会主义思想学习纲要》，学习出版社、人民出版社 2019 年版，第 91 页。

中国人民生活，并奠定了继续深化改革的重要物质条件、制度基础和民意共识。我们不仅要有危机意识和紧迫感，认识到"中国要前进，就要全面深化改革。除了全面深化改革，别无他途"；更要充满信心地相信，只要我们深刻把握改革规律，搞清"为什么要改""怎么样去改""如何去改好"，就一定能够通过科学有效的政策执行在更高起点、更高层次、更高目标上推进改革全面深化。最后，要增强改革恒心，强化政策执行方法论共识。全面深化改革是一场涉及经济社会各领域的深刻复杂变革，不是"毕其功于一役"的速决战，而是要求前后呼应、衔接配套的持久战，需要坚持唯物辩证的方法论，处理好执行刚性和执行策略、执行速度和执行效度、执行成本和执行收益以及解放思想和实事求是、整体推进和重点突破、全局和局部、顶层设计和摸着石头过河、胆子要大和步子要稳、改革发展稳定等重要关系，不断把改革引向深入。

二 坚持围绕中心，注重协同的施策方法

（一）坚持立足全局考虑政策

整体性是马克思主义理论的鲜明特色，更是马克思主义理论的实践要求和方法论启示。新时代的政策冲突治理不仅需要坚持问题导向，更要强调超脱就事论事的局限，从全局着眼、从战略层面来讨论政策议题和举措。早在担任浙江省委书记时期，习近平就提出要有世界眼光和战略思维，始终把全局作为观察和处理问题的出发点和落脚点，以全局利益为最高价值追求，以世界眼光去认识政治形势，把握经济走势，了解文化态势；用战略思维去观察当今时代，洞悉当代中国，谋划当前浙江，切实把本地、本部门的工作放到国际国内大背景和全党全国全省的工作大局中去思考、去研究、去把握[1]。在成为党的总书记后，习近平更是多次告诫全党"不谋全局者，不足谋一域"。谈到经济社会发展问题时，习近平指出，要对照"四个全面"战略布局的要求，找准工作中的薄弱环节，提出加强改进的政策举措[2]；在讨论改革的政策举措问题时，习近平

---

[1] 习近平：《之江新语》，浙江人民出版社2007年版，第20页。
[2] 《习近平总书记系列重要讲话读本（2016年版）》，学习出版社、人民出版社2016年版，第51页。

指出,"大家来自不同部门和单位,都要从全局看问题,要看提出的重大改革举措是否符合全局需要,是否有利于党和国家事业长远发展","只有这样,最后形成的文件才能真正符合党和人民事业发展要求"①。

党的十八大以来,中国特色社会主义进入新时代,这就要求政策制定绝不能仅仅"摸着石头过河",在中观、微观层面探索问题解决的路径,而要更加注重"顶层设计",从发展的战略和全局着眼,以更加广阔的视角来掌舵中国的前进与发展。习近平多次指出,"要牢固树立高度自觉的大局意识,自觉从大局看问题,把工作放到大局中去思考、定位、摆布,做到正确认识大局、自觉服从大局、坚决维护大局"②。政策议题和措施的考虑要更具有宏观性,从全局出发综合考察利害关系,使政策的出台更具有前瞻性、引导性和协同性,充分发挥政策变革社会现实、改造社会关系、协调社会运行、实现社会愿景的社会功能,使政策不仅避免自身的冲突、形成协同政策体系,而且能有效解决问题,更能降低风险、预防问题,始终服务于中华民族伟大复兴的实现。"四个全面"战略布局、"五位一体"总体布局,这些都表明党的十八大以来我国在政策治理领域更具全局性、更重协调性、更求发展性,这是处于历史交会期政策实践的必然选择,只有从顶层设计上考虑我们改革发展的走向,才能不囿于微观的得失,而立足发展全局确保战略定力和初心不变。以理论武装和学习指导,保证政策决策主导者和参与者的大局观,是新时代政策大局思想的重要特点。新时代树立政策制定的大局意识,"必须提高战略思维能力,不断增强工作的原则性、系统性、预见性、创造性,按照新要求制定党和国家大政方针,完善发展战略和各项政策,以新的精神状态和奋斗姿态把中国特色社会主义推向前进"③。如何不断提高各级领导干部和决策者的战略思维能力,使得我们能够在迅速变化的时代中赢得主动、在新的伟大斗争中赢得胜利、在具体政策制定时胸中有大局?习近平在政治局集体学习和省部级领导干部研讨班讲话时指出,"必须把

---

① 习近平:《关于〈中共中央关于全面深化改革若干重大问题的决定〉的说明》,《人民日报》2013年11月16日。
② 习近平:《办公厅工作要做到"五个坚持"》,《秘书工作》2014年第6期。
③ 《习近平谈治国理政》第2卷,外文出版社2017年版,第62页。

马克思主义作为看家本领","坚持不懈用马克思主义中国化最新成果武装头脑、凝心聚魄","要原原本本学习和研读马克思主义经典著作"和中国化马克思主义,"要深入学、持久学、刻苦学、带着问题学、联系实际学"①,"在坚持马克思主义基本原理的基础上,以更宽广的视野、更长远的眼光来思考和把握国家未来发展面临的一系列重大战略问题"②。

(二)坚持实事求是的原则

实事求是是无产阶级世界观和方法论,也是改革事业不断取得胜利的重要法宝,更是指导我们做好一切工作的理论基础,公共政策的制定和落实提倡坚持原则,即严格落实党中央和上级政府的政策部署,同时要坚持实事求是的灵活施策方法,注重从政策文件、政策文字到政策精神的转化,在深刻领会中央政策精神的前提下,因地制宜、因时制宜、因人制宜,摒弃教条执行的弊病,增强政策实施的针对性,实现精准施策,在精神贯彻和工作创新的统一中制定执行政策。

第一,领会政策精神是基础。落实中央和上级政府的政策部署不能只停留在政策文件表面,要做到上级政策与具体实际相结合,领会政策精神是重要前提,即做到正确全面、深刻系统地理解上级政策部署,做到"吃透、消化、吸收",避免简单照搬照抄上级政策部署或单纯以会议贯彻会议、以文件落实文件,缺乏针对性具体措施,尤其要强化理论基础,搞清上级政策涉及的理论问题,切实领会政策的精神实质。第二,充分发挥主观能动性,寻找"结合点"。"坚持实事求是,最基础的工作在于搞清楚'实事',就是了解实际、掌握实情。这就要求我们必须不断对实际情况作深入系统而不是粗枝大叶的调查研究,使思想、行动、决策符合客观实际。"③ 这需要政策主体针对具体实际能够摸清情况,善于捕捉本地存在的客观实际素材,综合分析,否则上级政策会变成僵硬的教条,因地制宜、因时制宜需要充分发挥主观能动性找到上级政策与当地实际的结合点,善于把上级政策精神本地化、具体化,寻求"结合点"

---

① 《习近平谈治国理政》第 2 卷,外文出版社 2017 年版,第 68 页。
② 《习近平谈治国理政》第 2 卷,外文出版社 2017 年版,第 62—63 页。
③ 习近平:《2012 年 5 月 16 日在中央党校春季学期第二批入学学员开学典礼上的讲话》,《学习时报》2012 年 5 月 28 日。

和"化"的能力就是创新,从结合点入手执行政策,既保证上级政策的贯彻落实又确保符合实际,做到创新开展工作。第三,掌握正确的工作方法。坚持实事求是的原则,执行政策要坚持"一线工作法",问题在一线发现、政策在一线实施、工作在一线推进、干部在一线成长,只有坚持这种工作方法才能真正做到实事求是;还要落实典型实验的工作方法,将具有代表性的工作案例总结经验补充到具体的政策执行措施中,不断把"结合点"引向深化。

(三)强化政策冲突治理的问题为导向

政策科学崇尚以解决现实问题为中心,从政策行动中创新政策理论。合意的政策治理不仅是从形式上履行了必要的政策程序,更是要妥善解决存在的政策问题、有效调处已有的利益矛盾。纵观我国的改革开放进程,"改革是由问题倒逼而产生,又在不断解决问题中得以深化"[1]。全面深化改革就是要通过出台系列政策以及政策举措的落实,"突出重点,对准焦距,找准穴位,击中要害"[2],解决重大风险化解、精准脱贫和污染防治等我国经济社会发展中的突出矛盾和问题,在重要领域和关键环节改革上取得决定性成果,形成系统完备、科学规范、运行有效的制度体系,坚持完善和发展中国特色社会主义制度、推进国家治理体系和治理能力现代化,实现中华民族的伟大复兴。

首先,要把握全面深化改革的总问题,着力提升政策治理效度和公信度。当下,全面深化改革已然进入深水区和攻坚期,面对纷繁复杂的改革难题必须保持清醒头脑,决不能在根本问题上出现颠覆性错误。要围绕全面深化改革"总目标",从人民利益出发,在中国特色社会主义道路上推进改革,坚持全面深化改革的社会主义方向不动摇,确保改革政策执行的政治性、方向性和人民性,不断促进社会公平正义、增进人民福祉,让政策执行成为增强人民获得感、幸福感和对中国特色社会主义认同感的重要保障和基本方式。其次,要善于抓住关键问题,着力提升政策治理刚度和力度。改革越深入,矛盾越大,面临的"中梗阻"也就越多,统筹兼顾各方面利益的难度和风险也大大提高。只有"咬定青山

---

[1] 《习近平谈治国理政》,外文出版社2014年版,第74页。
[2] 《习近平谈治国理政》第2卷,外文出版社2017年版,第102页。

不放松","聚焦、聚神、聚力抓落实"①,把改革中迫切需要解决的"中梗阻"作为改革的主要对象,准确把握全面深化改革的主要矛盾和矛盾的主要方面,以"牵一发而动全身"的重要领域和"一子落而满盘活"的关键环节为突破口,聚焦"痛点"切中问题要害,透过表象把准改革脉搏,不断增强政策治理的靶向思维和精准力度,进而推动全面深化改革从重点发力实现全面破题。最后,要厘清问题的实质和根源,着力提升政策治理高度和速度。全面深化改革中政策治理绩效的好坏,不仅关涉技术层面政策制定的科学与否、政策工具和方法的选择是否适当,更影响在世界面临百年未有之大变局的当下,人们对马克思主义行不行、中国共产党能不能、中国特色社会主义好不好的政治判断。只有站在政治高度来看待改革发展和政策执行,才能透过现象看清实质,才能不断焕发政策执行的主体自觉,以时不我待只争朝夕的紧迫感和奋斗不止勇往直前的使命感,提升政策执行的高度和速度,克服推诿、拖沓、掺水等政策执行问题,保证政策如期保质落实,将改革推向更加深入。

(四)强调协同优化的原则

唯物史观是决定论和合力论的辩证统一。中国共产党更是把统筹兼顾、形成合力放在更加重要的位置。党的十八大以来,习近平多次强调,在推进全面深化改革进程中,要"更加注重改革的系统性、整体性、协同性"。②在政策执行过程中,全面深化改革遇到的最大困境就是政策的"中梗阻"问题。一方面是由于地方政府的"选择性执行",导致中央政策在实际操作中发生扭曲,另一方面则是由于难以协调的政策冲突。从政策过程来看,政策冲突是一种行政常态,它不仅体现为狭义上调整同一社会关系、分配相同社会利益的不同政策规范之间以及政策内部出现的矛盾现象,即"病态"的政策冲突;也意指广义上所有在时间和空间上存在"非此即彼"选择关系的政策规范竞争。政策冲突使得既定政策难以落实,严重阻碍改革的全面推进和深化实施。

因此,进入新时代,要从全面深化改革的总目标出发,立足政策协

---

① 中共中央宣传部:《习近平新时代中国特色社会主义思想学习纲要》,学习出版社、人民出版社2019年版,第91页。

② 《习近平谈治国理政》,外文出版社2014年版,第68页。

同，加强顶层设计促优化，创新政策执行模式，实现政策执行自上而下的贯彻和多方面、各层级的组织协调。第一，立足改革目标促进政策协同。"改革越深入，越要注意协同，既抓改革方案协同，也抓改革落实协同，更抓改革效果协同，促进各项改革举措在政策取向上相互配合、在实施过程中相互促进、在改革成效上相得益彰。"① 政策协同要立足于坚持和完善中国特色社会主义制度，不断推进国家治理体系和治理能力现代化的总目标，妥善处理"整体政策安排与某一具体政策的关系、系统政策链条与某一政策环节的关系、政策顶层设计与政策分层对接的关系、政策统一性与政策差异性的关系、长期性政策与阶段性政策的关系"②，不断满足人民日益增长美好生活的需要。第二，着眼现实需要强化组织协调。"任何一个公共政策问题都不是孤立存在的，而是相互关联、相互影响的，通常总是表现为一个复杂的问题集合或问题系统。"③ 实现政策执行的多方协同，必须充分调动各层级、各部门之间的积极性，一方面加强不同部门之间的协调，在政策执行主体之间寻找利益均衡点，实现多元利益的动态平衡，引导政策执行主体从大局出发，统筹兼顾；另一方面注重对政策对象和政策受益群体的政策宣传，使政策执行得到最大限度的支持和拥护。

（五）突出协调的创新思维

妥善处理好改革发展过程中的复杂关系，实现"组合式"发展，既是我党在长期政策治理实践中探索出的宝贵经验，也是在新时代条件下实现政策协同的路径选择。

第一，运用辩证思维，正确处理发展过程中的各种关系。唯物辩证法是我们正确认识社会发展规律的钥匙，更是我们解决矛盾、处理政策关系的根本方法。习近平在福建工作时期便提出，要用唯物辩证法的观点来研究和解决闽东财政经济运行的诸多矛盾，正确处理全局和局部的关系、紧缩和发展的关系、增加财政收入与搞活企业的关系、多办事和

---

① 《习近平谈治国理政》第 2 卷，外文出版社 2017 年版，第 109 页。
② 《习近平谈治国理政》，外文出版社 2014 年版，第 106 页。
③ 王曙光、李维新：《公共政策学》，经济科学出版社 2008 年版，第 127 页。

量力而行的关系①。党的十八大以来,针对改革进入深水区、攻坚期的现状,习近平指出,要"处理好解放思想和实事求是的关系、整体推进和重点突破的关系、顶层设计和摸着石头过河的关系、胆子要大和步子要稳的关系、改革发展稳定的关系",以辩证思维在新时代政策治理中实现政策举措和策略的协调。

第二,运用系统思维,加强综合治理与协调发展。新时代全面深化改革背景下的政策制定,要求我们改变传统的单一经济理性为主导的决策思路,拓展为全景式公共政策的综合理性。习近平指出,我们坚定不移全面深化改革,推动改革呈现全面发力、多点突破、纵深推进的崭新局面。② 党的十八大以来,我们反腐倡廉全面从严治党、谋划雄安新区千年大计、发展自贸区带头先行、实施精准脱贫建成全面小康、保护生态环境建设美丽中国、倡导"一带一路"打造人类命运共同体、加快军民融合开启强军兴军新征程,治党治国治军、内政外交国防等各项重大政策举措综合推进,在充分发挥各政策要素作用基础上增强政策组合力,提高政策运行的实效性,实现"1+1>2"的政策协同功能。

第三,运用历史思维,在社会的发展变化中把握政策制定的现实依据。以问题为导向的政策治理思路,其本质就是在动态的历史变化中把握不断发展着的实际情况。进入新时代,最为根本的变化就是人民利益需求的变化,政策作为利益关系的调节器,更要在发展中适应现实变化的需要,从根本上破除供给与需求之间的矛盾。习近平指出,当前,"人民生活显著改善,对美好生活的向往更加强烈,人民群众的需要呈现多样化多层次多方面的特点"。③ 这就需要我们在各地区各领域制定政策时,从客观实际出发,了解不同群体的真实需要,提高政策的差异化供给能力,在有针对性的政策运用中不断满足人民群众日益增长的多样化多层次美好生活需要。

---

① 习近平:《摆脱贫困》,海峡出版发行集团、福建人民出版社 1992 年版,第 101—107 页。

② 习近平:《高举中国特色社会主义伟大旗帜,为决胜全面小康社会实现中国梦而奋斗》,《人民日报》2017 年 7 月 28 日。

③ 习近平:《高举中国特色社会主义伟大旗帜,为决胜全面小康社会实现中国梦而奋斗》,《人民日报》2017 年 7 月 28 日。

三 推动机制创新,激发政策活力

(一) 健全容错纠错机制,强化政策治理创新

新时代容错机制是鼓励领导干部"当改革促进派又当改革实干家"①的重要保障机制,是鼓励改革、激励创新,宽容对待领导干部在探索性实践中非主观因素而造成的失误和错误的制度化体现。"改进推进到今天,比认识更重要的是决心,比方法更重要的是担当。"② 随着我国全面深化改革进入攻坚区和深水区,政策制定主体面临的新情况、新问题更加复杂、更加棘手,为保障改革顺利进行、促进经济社会协调发展,公共政策主体要在提高本领、勇于创新、敢于担当和干出成效上下功夫,勇挑重担、冲锋在前,以探索政策创新推进改革纵深发展。在没有可供参考的先前经验的条件下,如何调动政策制定主体的积极性、树立政策制定主体的创新精神、担当精神是关键。基于此,要强化正向激励和负向约束的双向配合,健全容错纠错机制激发政策创新,实现政策主体对冲突的积极回应。

第一,要健全容错纠错机制。容错机制是在全面深化改革过程中为鼓励和保护改革创新而出现的,其出发点是鼓励创新,落脚点是对创新者的宽容和保护。国家在宏观层面鼓励健全容错纠错机制,能够为心中有责、敢于创新的干部撑腰鼓劲,只有卸下包袱,才能轻装上阵。但容错机制并不是宽容所有错误,而是要坚持"三个区分开来",清晰容错的边界。纠错机制与容错机制并行而生,在改革创新的道路上,不仅需要容错,更需要纠错机制发挥纠错功能及时约束、纠正失误与错误,采取补救措施,保证改革不造成颠覆性后果,使改革创新朝着正确方向前进。容错与纠错是鼓励干部改革创新的一体两翼,二者并行不悖、不可偏废。从合理设置认定程序、分类制定实施细则,以纠错机制促容错机制、营造良好容错氛围等方面健全容错纠错机制,能够保证改革中既有创新、

---

① 《习近平总书记系列重要讲话读本(2016年版)》,学习出版社、人民出版社2016年版,第82页。

② 《习近平总书记系列重要讲话读本(2016年版)》,学习出版社、人民出版社2016年版,第82页。

容失误，又纠错误、保方向，确保改革顺利进行。

健全容错纠错机制既是推动改革创新的需要，也为政策创新提供了"动力剂"和"助推器"。公共政策是党和政府对社会利益矛盾关系进行权威性处置的行动方案，它为解决矛盾而生，同时也处于议题选择和措施选用的矛盾之中。政策制定中，既要坚持问题导向、围绕中心议题制定政策，又要明晰容错边界、守住容错底线，才能经由探索性的政策试验最终达到政策创新，实现政策协同，形成政策合力。中国特色社会主义进入新时代，"更加突出的问题是发展不平衡不充分，这已经成为满足人民日益增长的美好生活需要的主要制约因素"，这是影响全局的历史性变化。① 当前的政策制定必须顺应这种新变化，紧紧围绕解决主要矛盾和矛盾的主要方面，积极探索科学有效的发展理念和发展政策来破解不平衡、不充分的发展桎梏。这也启示和要求我们要自觉主动对照新时代主要矛盾变化的新要求，明确各领域改革发展的核心议题，在容错纠错机制的框架内制定出台具有创新性的政策举措，解决好各自的关键问题和突出矛盾，使公共政策具有连续性。

第二，落实合规合理容错原则。习近平提出"三个区分开来"，即"要把干部在推进改革中因缺乏经验、先行先试出现的失误和错误，同明知故犯的违纪违法行为区分开来；把上级尚无明确限制的探索性试验中的失误和错误，同上级明令禁止后依然我行我素的违纪违法行为区分开来；把为推动发展的无意过失，同谋取私利的违纪违法行为区分开来"②，这为我国容错机制向科学化发展提供了遵循原则。要在领会"三个区分开来"精神的基础上，落实合规合理容错原则，把政策冲突中探索性政策试验的失误和错误同我行我素的违纪违法行为区分开来，着力解决政策制定主体因顾虑探索性政策试验失误而"不敢为"的问题，同时也旗帜鲜明地保护具有创新精神的政策制定主体，激发政策制定主体的提高本领、勇于创新、敢于担当和干出成效的积极性，正确处

---

① 习近平：《决胜全面建成小康社会 夺取新时代中国特色社会主义伟大胜利——在中国共产党第十九次全国代表大会上的报告》，人民出版社2017年版，第11页。

② 习近平：《在省部级主要领导干部学习贯彻党的十八届五中全会精神专题研讨班上的讲话》，《人民日报》2016年5月10日。

理探索性政策试验中出现的问题,并为具有探索精神的政策制定主体"兜底"。

明确容错机制的制度目标是容错机制向科学化发展的重要前提,在明确目标的基础上落实合规合理容错原则能够有效防止容错机制在实际运行中偏离方向。借助探索性政策试验达到政策创新,能够使政策制定主体积极有效地回应冲突,使改革举措在政策取向上相互配合,实现公共政策协同与经济社会协同发展的良性互构。然而,任何事物都具有两面性,容错机制虽是对政策冲突中探索性政策试验的失误和错误进行免责,但也具有明确的适用范围和限度,绝不是政策制定主体"谋私利"、"不作为"的"挡箭牌""保护伞",基于此,落实合规合理容错原则,要善借鉴、守底线,不断推进容错机制向科学化发展。

一方面,中国特色社会主义进入新时代,政策制定不仅要"摸着石头过河",在中观、微观层面探索问题解决的路径,而且要更加注重"顶层设计",从发展的战略和全局着眼,以更加广阔的视角来掌舵中国的前进与发展。习近平多次指出,"要牢固树立高度自觉的大局意识,自觉从大局看问题,把工作放到大局中去思考、定位、摆布,做到正确认识大局、自觉服从大局、坚决维护大局"。[①] 在落实容错纠错机制的原则的背景下,政策制定主体不仅要提高创新思维能力,还要提高辩证思维、历史思维、底线思维能力,对政策议题和措施的考虑要更具有宏观性和探索性,从全局出发综合考察利害关系,使政策的出台更具有前瞻性、引导性和协同性,充分发挥政策变革社会现实、改造社会关系、协调社会运行、实现社会愿景的社会功能,使政策不仅避免自身的冲突、形成协同政策体系,而且能有效解决问题,更能降低风险、预防问题,始终服务于中华民族伟大复兴的实现。

另一方面,鼓励创新、宽容失败的容错纠错机制是党对政策执行"反向约束"的激励创新,是激励忠诚干净担当的干部"放手、放心"干事创业、执行落实政策作出实绩的"坚强后盾"。通过从领导干部执行政策的动机、程序、后果、条件等方面精准把握政策界限,合理界定容错情形条件,科学设定容错认定程序,完备政策执行权责清单和负面清单,

---

① 习近平:《办公厅工作要做到"五个坚持"》,《秘书工作》2014年第6期。

建立复核机制及时纠偏、整改问责，该容的大胆容，不该容的坚决不容，形成良好的容错纠错政策执行文化，更好引导执行主体在遵规守纪的前提下敢闯敢试、开拓创新、攻坚克难、加快发展，增强政策执行的决心、信心和恒心，以永不懈怠的精神状态和一往无前的奋斗姿态把改革落在实处，干出实绩。

(二) 深化社会共商共识积极动员与主体式参与的政策决策模式

从党的十八大以来的具体政策决策实践来分析，我们党和政府充分遵循集思广益的决策原则，广泛动员各阶层、各方面政策主体积极参与，其政策决策是一个从党内政治共识到政府决策共识再到全国社会共识的过程。

以习近平主持起草十八届三中、四中、五中、六中全会相关决定、建议和准则以及党的十九大报告的过程为例来看，第一阶段，中央政治局根据国内外形势确定全会要重点研究的问题，并成立以习近平为组长、吸纳中央和地方有关领导同志参加的文件起草组。第二阶段，中央向各地发出全会关于"问题征求意见的通知"，并召开文件起草组会议，正式启动文件起草工作，组成调研组分赴省区市深入调查研究、广泛征求意见，了解各地区各部门对全会确定要研究主题的态度和具体意见。第三阶段，召集各方面专家，开展专题论证，反复讨论修改，形成决定草案，再由中央政治局常委会、中央政治局分别召开会议进行审议，之后，将决定征求意见稿下发党内一定范围征求意见，同时，专门听取各民主党派中央、全国工商联负责人和无党派人士的意见。第四阶段，文件起草组认真梳理和研究上述意见和建议，对文件草案进行重要修改，并提交全会进行讨论、表决，形成正式决定。第五阶段，会后下发、传达决定，各级党委和政府贯彻落实全会决定精神，根据工作实际，制定决定的实施意见；同时，组织社会各界学习、领会全会精神，形成社会共识。

这种注重多元主体"主体式参与"的"积极动员"过程，使得我们的政策决策成为社会共识的寻找达成过程和集体智慧的结晶，不仅区别于西方政党分立、民众分化、相互掣肘的"否决政策"过程，也区别于我们自己传统的"五阶段"动员模式，即运动开始、发出文件；层层传达、普遍宣传；认真学习、深刻领会；抓住典型、以点带面；统一思想、贯彻落实①。使政策制定在保持有序推进的前提下，实现了公平、效率与秩序的有机统一，科学化、民主化和合意化的有机结合。

（三）着力制度优化保障政策资源共时多点投放

"高位推动"是我国公共政策运行的重要特征。这种政策运行方式客观上会为受"高位"重视的战略中心目标积聚充分的人才、资金、信息、权威等政策资源以保障其有效执行，而造成其他非中心政策的执行资源匮乏，形成政策排挤效应。但全面深化改革是涉及经济、政治、文化、社会、生态各领域的全方位改革，不是单兵突进，而是抓住重要领域和关键环节的协同作战、整体推进。所以，必须打破唯中心论的单一线性政策执行思维，改变政策资源的投入方式，为全面深化改革中的所有具体政策目标和政策举措提供保障，形成政策治理的强大合力。

其一，要树立"全景式综合理性思维"。我们强调全面深化改革及其政策治理中的系统性、整体性、协同性，不是说要平均用力、齐头并进，而是要顺应全面深化改革"点、面、体"的规律要求，树立全景式综合理性思维，在着力战略重点、优先事项、主攻方向上的政策治理同时，积极推动一般政策、常态工作、细节治理方面的执行优化，既干大事又做细工、既啃硬骨头又练软功夫，使其相互促进、相得益彰。其二，要优化政策治理资源配置方式。在保证促进政策总目标实现的前提下，充分尊重每一具体政策目标意图的合理性，改变过去"单一中心"的政策资源投入模式为"多中心、有机协同"的政策资源投入模式，保障所有政策执行所需的人才、资金、信息、权威等政策资源，实现政策执行"各美其美""美美与共"。

（四）优化政策工具实现执行手段的多频段科学回应

无论从政策执行的"自上而下"途径来考察，还是"自下而上"途径来考虑，政策治理总是表现为政策执行主体的选择和行动，但这种行动并非取决于治理主体的自主意愿，而是在一定理念指导下、在一定制度环境中的方法和工具选择。政策执行工具选择恰当与否，直接影响政策执行与落实成效。对全面深化改革而言，面临的政策问题是复杂多样

---

① 《习近平总书记系列重要讲话读本（2016年版）》，学习出版社、人民出版社2016年版，第103—104页。

的，解决一个政策问题，往往需要综合运用多种政策工具，所以，提高政策执行力，必须掌握政策执行的逻辑规律，熟悉不同政策执行工具的适用性，恰当选择执行工具，综合运用执行工具手段回应不同政策情境需要。

第一，要科学把握政策执行工具的适用性。强制性工具、市场化工具、社会化工具和混合性工具等不同类型的政策执行工具有不同的优势和缺陷，在政策执行中，要掌握不同政策执行工具的适用范围、实践程序和实际效果，使各级行政主体能够在政策落实过程中根据政策类型对执行工具作出恰当选择。第二，要综合运用政策执行工具。全面深化改革中执行政策，不能局限于以往经验，要善于把握政策执行逻辑规律，根据执行需要大胆创新，注重执行工具运用的综合性、科学性和灵活性，将强制性工具与社会性工具、市场配置与政府管制、监督问责与激励创新结合起来，使利益逻辑、控制逻辑、适当逻辑和适应逻辑都能各对其症，提高政策执行效度。此外，在社会主义市场经济条件下，尤其要注重对市场化工具的运用，大胆采用民营化、用者付费、合同外包、特许经营、内部市场等手段，不断激发政策执行活力，提升政策执行的效能。

四 加强能力建设，化解政策冲突

（一）加大政策宣传

政策执行是公共政策目标得以实现的关键阶段，而行之有效的政策工具是政策执行得以顺利进行的重要保障。作为非强制性政策工具，政策宣传在政策信息传播、政策行为引导方面具有较强影响力。习近平多次指出，要"注重加强改革宣传和舆论引导，加强改革政策举措的权威解读"。[①] 在政策执行中，政策主体加强政策举措的权威解读，通过主动向人民群众进行政策宣传，不仅能使政策客体知道政策"是什么""为什么""怎么办"，进而成为政策执行的支持者、参与者和推动者，而且这也是政府创新能力的重要体现。

从计划经济到中国特色社会主义进入新时代的今天，政策宣传也随

---

① 《习近平总书记系列重要讲话读本（2016年版）》，学习出版社、人民出版社2016年版，第84页。

着社会现实的变化经历概念的嬗变,政策宣传主体不再仅限于政策执行主体,大众媒介也在政策宣传中发挥了与日俱增的重要作用,政策宣传的内容也逐渐脱离单向的官方模式,而是以大众的需求为导向,积极针对社会关注度高的热点问题出台政策。与此同时,随着需求的不断变化,政策客体也经历着对公共政策从被动接受到主动关注的转变。基于此,政策主体要从五个方面加强自身能力建设,一是更新政策宣传理念,坚持以人民为中心的发展思想,学会转换视角,从政策客体角度思考、解读政策,具体问题具体分析;二是改进政策宣传方式,改变"走极端""走过场"的方式,在提高政策主体的政策解读能力和沟通能力的同时,做到政策宣传及时、到位;三是拓宽政策宣传渠道,充分发挥互联网在政策宣传方面的优势,提高政策宣传效率,缩短政策主客体之间的距离,提升政策制定主体的亲和力和说服力;四是完善政策反馈渠道,互联网不仅能够缩短政策主客体之间的距离,也是政策客体反映自身诉求的重要渠道,政策制定主体要重视非制度化的反馈渠道,多渠道了解政策客体的诉求;五是优化政策宣传环境,在加强政策主体诚信文化建设的同时,将政策从制度到执行的各个环节置于政策客体的监督之下,积极争取社会舆论阵地的正面声音,构建政策主客体互相信任的政策环境。

(二) 注重政策学习

"政治路线确定之后,干部就是决定的因素。"[1] 我们党革命、建设和改革的历史充分说明,政策执行成效的好坏,除了政策本身是否科学和适合实际之外,很大程度上决定于政策执行者——广大的领导干部,取决于作为政策执行者的广大的领导干部是否精准、全面、透彻地理解政策,能否在充分理解政策的基础上进行政策落实。

政策执行主体对于政策的把握情况直接影响到政策的落实效果,必须组织广大干部加强政策学习,不断提高自身政策理论水平和政策执行能力。习近平强调:"学习党的路线方针政策和国家法律法规,这是领导干部开展工作要做的基本准备,也是很重要的政治素养。不掌握这些,你根据什么制定决策、解决问题呀?就很可能会在工作中出这样那样的

---

[1] 《毛泽东选集》第 2 卷,人民出版社 1991 年版,第 526 页。

毛病。"① 要避免不了解政策、执行不好政策的毛病，除了依靠政策执行主体自觉的政策学习外，还要组织开展精准化的政策培训。习近平说，要"针对干部的知识空白、经验盲区、能力弱项，开展精准化的理论培训、政策培训、科技培训、管理培训、法规培训，学习充满时代气息的新知识、新经验、新信息，增加兴奋点、消除困惑点，增强他们的工作责任感和使命感，增强适应新形势新任务的信心和能力"。② 通过精准化的政策培训学习，不断增强各级领导干部政策执行的原则性、预见性和针对性，消除其执行政策的认知盲区和本领恐慌，充分适应新时代中国特色社会主义的发展要求。

（三）强化政策能动性

首先，致力于提高地方政府的政治站位。习近平指出：各级干部"必须牢固树立高度自觉的大局意识，自觉从大局看问题，把工作放到大局中去思考、定位、摆布，做到正确认识大局、自觉服从大局、坚决维护大局"③。从实现人民利益、坚持党的领导和破解改革难题的高度自觉强化坚决执行政策的主动性，使地方政府真正相信政策、理解政策、依靠政策，毫不动摇地把党中央的每一项政策落实到位。其次，提倡坚持原则、实事求是灵活施策的方法。我们党的政策执行既强调严格落实党中央的政策部署，又非常注重从政策文件、政策文字到政策精神的转化，在深刻领会中央政策精神的前提下，因地制宜、因时制宜、因人制宜，精准施策，实现在精神贯彻和工作创新的统一中执行政策。最后，善于抓住主要矛盾，适当政策倾斜。当前，我国改革发展正处于深水区和攻坚期，面临着发展不平衡不充分的深层次矛盾和问题，政策执行过程中必须抓住重点和关键，通过适当的政策倾斜精准发力实现重点突破。

（四）提升政策保障

政策举措的有效实施需要良好的制度环境和外部条件作为政策执行的有力保障。中国共产党政策执行思想的突出特点就是遵循权力逻辑、

---

① 《习近平谈治国理政》，外文出版社2014年版，第405页。
② 《习近平总书记系列重要讲话读本（2016年版）》，学习出版社、人民出版社2016年版，第156页。
③ 习近平：《办公厅工作要做到"五个坚持"》，《秘书工作》2014年第6期。

重视政治领导,在实现政策协同发展的过程中,充分发挥党的领导核心作用,强化政治纪律约束,增强对政策执行主体的过程管理和制度约束,强化监督力度,综合运用政策执行工具规范施政主体行为。

中国共产党不仅重视政策执行作为实现党的领导基本途径的重要作用,而且强调从制度建设出发来保证政策执行的成效。首先,加强党的建设保障政策执行。通过强化党的纪律要求,不断增强政策执行主体的"四个意识",用严格的政治纪律来规范政策执行的行为、环节和过程,坚决杜绝"上有政策,下有对策"的"政策折扣"现象,切实增强政策执行的合意度和有效性。其次,狠抓规章纪律推进政策落实。从全面深化改革的实际过程来看,靠什么来"破除一切不合时宜的思想观念和体制机制弊端,突破利益固化的藩篱",[①] 只能是靠精准而不打折扣的政策实施。习近平说:"崇尚实干、狠抓落实是我反复强调的。如果不沉下心来抓落实,再好的目标、再好的蓝图,也只是镜中花、水中月。"[②] 所以,面对改革进程中的"险滩"和困境,习近平强调"把纪律挺在前面",以强化政策执行为突破口,"锐意进取、埋头苦干"[③],把各项改革措施落到实处。最后,资金、人才、领导重视等保障要素也是实现政策有效落实的重要条件,必须在明确政策特点的基础上,构建起完善的政策保障体系,使政策能够在执行实施中获得充足的资源和良好的环境,切实提高政策执行能力。

(五) 加强政策监督

对政策执行进行有效监督是防止公共政策执行出现偏差的重要手段之一。政策监督在政策中具有保障功能、调控功能和反馈功能,因此也是政策过程不可缺少的重要环节。随着我国民主政治建设的不断完善和互联网技术的快速发展,政策客体参与政策监督的意识逐步增强,政策监督的方法也打破了传统社会中的单一局面,朝着多样性发展,"市长热

---

① 习近平:《决胜全面建成小康社会 夺取新时代中国特色社会主义伟大胜利——在中国共产党第十九次全国代表大会上的报告》,人民出版社2017年版,第21页。

② 《习近平对全国党委秘书长会议作出重要批示强调:狠抓中央决策部署的贯彻落实,确保中央政令畅通、决策落地生根》,《人民日报》2014年10月12日。

③ 习近平:《决胜全面建成小康社会 夺取新时代中国特色社会主义伟大胜利——在中国共产党第十九次全国代表大会上的报告》,人民出版社2017年版,第71页。

线"、网上投诉、上访都成为政策监督的重要渠道。但是由于政策主客体之间权利不对等，政策监督的知情渠道和监督手段不畅通的情况时有发生，削弱了政策监督的实际效果。主要体现在两个方面，一方面是群众监督机制不健全，由于群众监督尚未纳入法制化轨道，群众监督的职责、范围、权限、方式等都没有具体的规范，这就使群众监督还停留在临时的一般性的层次上，不能在政策监督中发挥其应有的作用，违背了政策的本义；另一方面是部分政策主体信息公开透明度不高，对政策客体关心的热点、焦点问题透明度不够，不仅制约政策监督的展开，而且削弱政策主体的公信力，导致政策监督渠道不通畅。

习近平强调，"要加大政策公开力度，让群众知晓政策、理解政策、配合执行好政策"[①]。着眼于政策监督，要加大政策公开力度，从加强对政策执行主体的思想教育、创新信息公开方式、建立信息公开评价细则的考核体系等方面下功夫，不断完善政府信息公开制度，畅通政策监督的知情渠道和监督手段。同时，积极发挥新闻媒体的监督作用，逐步实现舆论监督的制度化和法制化进程，维护政策客体的知情权和社会的公平正义。政策监督是政策客体维护其自身权利的重要方式，唤醒民主意识和权利自觉，调动政策客体维权的主动性，使政策客体懂得运用政策进行合法抗争，并对政策执行情况进行有效监督，使其成为政策执行中不可或缺的监督力量，以公共政策的协同促进经济社会协调发展。

---

① 《习近平在黑龙江考察调研时强调：深化改革开放优化发展环境，闯出老工业基地振兴发展新路》，《人民日报》2016 年 5 月 26 日。

第六章

结　　论

一　基本研究结论

（一）协调发展作为研究视域和对策指导的适用性

本书中"基于协调发展理念"表述的意义，一是为了限定协调发展的研究论域，指出本书仅就区域、城乡、物质与精神等协调发展问题中的政策冲突现象展开。党的十九大报告指出："我国社会主要矛盾的变化是关系全局的历史性变化，对党和国家工作提出了许多新要求。"作为应对不平衡不充分发展问题的主要手段，协调发展既是政策冲突治理的手段，又是政策冲突治理的目标，还是评价政策冲突治理效能的标准和尺度。从目标上看，协调发展就是以正确认识政策冲突为前提，科学有效地协调社会各领域各区域各群体之间，以及各区域各领域各群体内部之间的关系和不均衡因素，实现良性有序发展的一种理念和模式。从手段上看，政策冲突的解决必须通过协调发展才能够实现。"协调发展"重点指向区域、城乡、物质文明和精神文明、经济建设和国防建设、经济社会与自然生态等，并在党的十九大后进一步提升为经济、政治、文化、社会、生态等领域的综合性、整体性协调发展以回应人民对美好生活的新期待。从评价尺度上看，各方面的发展是否协调是评价社会政策冲突治理效度的重要标尺。评价政策冲突治理效度主要是看是否实现了政策协同的平衡充分发展，归结起来就是要看是否实现了公共政策的协调发展，因此要将各领域的政策协调发展作为衡量尺度来把握，改进原有的评价机制，增强政策冲突治理评价的科学性与导向性。

二是建构了协调发展与政策冲突之间的关系，不仅从应然性上阐释政策干预对于实现协调发展的重要意义，还从实然性上深入研究政策冲突的排挤和割裂效应如何制约了协调发展的实现。通过政府的政策干预实现协调发展,是协调发展研究的"内隐共识",甚至有学者明确提出了区域协调发展的"循环累积因果理论",指出政府的政策对不协调问题的产生以及协调发展实现的作用不能忽略。从社会工程哲学的视域来看,推动协调发展是解决新时代政策冲突的一项"社会工程",其目标的实现必须借助社会技术才能完成。而且由于社会活动与社会问题都是相互关联、相互牵制的,因此,在解决问题的过程中,要超越个别问题从整体上进行设计与规划,并为了实现整个系统的良性运行,寻找相应的解决方案。[①] 推动各领域各区域各群体的协调发展,必须高度关注政策工具的开发与利用,充分发挥政策的社会技术价值,实现政策效益的最大化。我国社会主要矛盾的新变化表明,我们解决问题的关键在于解决发展问题,这必须从政策工具入手,深入研究政策冲突的排挤和割裂效应制约协调发展实现的桎梏,破除发展中的不平衡和不充分。

三是指明了治理的方向,强调政策冲突治理不止步于消解,而是按照协调发展的要求实现政策协同,进而实现协调发展研究视域及其对策的自洽。所谓政策协同,是指政府在特定的历史发展阶段,为实现社会的公共目标而形成的各种政策要素相互影响、相互作用、相互协作,从而通过政策合力而形成的系统性的宏观功能。政策协同"使政策制定不再是单边行动,而是双向调整,这种调整使政府谋求与其本来所选政策不同的政策",是"政府结构和活动的整合,以减少交叉和重复,以及确保共同目标不被一个或多个单位的行动所妨碍"。[②] 按照协调发展的要求实现政策协同问题,就要在发展的过程中进行科学顶层设计、统筹规划,增强对发展全局的宏观把控,提升各领域公共政策的协同性,强化政策合力,将社会发展视为一个系统来进行考量,通过政策协同充分发挥协调发展的社会建构功能;按照协调发展的要求实现政策冲突的治理,就要在政策制定中密切关注现实状况和人民需求,在微观执行中注重发挥

[①] 田鹏颖:《马克思社会技术思想论纲》,社会科学文献出版社2016年版,第163页。

[②] Herman Bakvis and Douglas Browny, Policy Coordination in Federal Systems, Comparing Intergovernmental Processes and Outcomes in Canada and the United States, *The Journal of Federalism*, No. 2, 2010.

各种政策要素的作用,将具体的政策内容落到实处,发挥政策的针对性、指导性、发展性,增强各领域增长动能,为激发各种因素的发展活力提供良好的外部政策环境。

(二) 正视政策冲突的"常态性",实现多元政策统合基础上的政策创新

面向政策冲突,无论是政策主体所导致的,还是政策客体所引发的,我们以往对于政策冲突的态度总是置身事外,总是以旁观者的姿态去进行研究,反而对政策冲突时常发生的现实性认识不到位。因而,我们往往习惯于从"降解""治理"的立场出发,将政策冲突视为政策制定或者政策执行过程中偶然出现的反常状态、例外情况,甚至将"人类理性认识的局限""政出多门的决策机制"[1]"个体官僚和官僚组织的自利"[2] 等一系列在应然状态下需要规避、也可以规避的因素视为政策冲突出现的成因。毋庸置疑,在导致政策冲突出现的种种情景中,有政策敷衍、政策损缺、政策附加、政策替换、政策投机、政策误用、政策抵抗、政策违背、政策停滞等主观性的有意规避[3]。但我们并不能将这些主观性的有意规避视为政策冲突的唯一成因,而不考虑除此之外的其他因素存在的可能性,我们更需要关注的是政策本身,即在政策选择背后大量存在的长期性政策目标与短期性政策目标、整体性政策谋划和部门性政策诉求、经济增长政策和社会发展政策等政策取舍本身的现实性矛盾。这从根本上反映了政策资源相对短缺的现状,由于政策资源的短缺导致公共政策难以实现协调发展,进而难以实现经济社会的协调发展。对此,新制度主义理论也多有阐述。政策主客体,并不自然就是"慈善"的公共利益实现者和代言人,但也绝非只是有意偏离、违背政策目标的理性"经济人"。如果我们只停留在对政策选择结果和效应的"现象学否定"上,而罔顾政策过程和政策背景的"解释学追溯",就难免武断和偏颇,也将无法深入了解政策选择的真实动因,进而会丧失调适冲突、实现政策融合

---

[1] 王仰文:《中国公共政策冲突实证研究》,中国社会科学出版社2011年版,第171—216页。

[2] 袁明旭:《官僚制视野下当代中国公共政策冲突研究》,博士学位论文,吉林大学,2008年。

[3] 王国红:《政策规避与政策创新》,中共中央党校出版社2011年版,第32—196页。

的理论创新能力。

所以我们要正视政策冲突的"常态性",正视政策冲突的现实性,承认政策冲突中各方政策意图的合理性,比如节能减排与保障民生、产业结构调整与基本农田保护、农民增收与国家粮食安全等,积极吸纳对方的合理成分,实现多元政策统合基础上的政策冲突治理的策略创新。必须要在中国特色的情景中考虑政策创新,在全面深化改革中,政策冲突治理创新不仅是改革深入推进、改革举措落实的重要保障,其本身更成为国家治理能力现代化的重要目标。因此,要把握政策冲突治理的方位策略,坚持党的领导,以人民为中心,以问题为导向,避免出现"小举措背离大方向"的累进式偏离风险,确保改革的正确方向和人民立场;深化政策冲突治理的主体策略,强化对政策执行主体执行信念、执行本领和执行空间的培育优化,保证其在复杂艰巨的改革任务中精准、全面、透彻地理解政策、落实政策;强化政策冲突治理的保障策略,构建执行环境、执行资源、执行工具、执行文化的全方位保障体系,促进政策执行协同优化、保障执行资源共时多点投放、实现执行手段多频段科学回应,并以科学化、市场化、人本化为导向营造崇尚实干、保障执行的文化氛围。只有充分实现多元政策统合基础上的政策创新,才能有效消解冲突中非此即彼的政策排挤和政策割裂效应。

(三) 政策选择的排挤效应和割裂效应与社会协调发展的内在关联

政策冲突,无论它呈现的是"政策创新母体"的积极功能[1],还是表现为破坏政策秩序、引发合法性危机的消极作用,都是政策领域的客观存在,只能"调适"而无法根本"消除"。相对于政策冲突,更值得我们关注的是政策冲突中"回应型策略主义"所造成的排挤效应。首先,不同位阶政策冲突,主要体现为地方政策和中央政策之间的冲突,政策主体倾向于"就近"选择。就近选择遵循"命令—控制"的强制性逻辑,体现了直接上级的政治控制力和政策意图渗透力,而从我国的行政层级来看,县(处)级的政策偏好对政策的最终执行至关重要。所以,"就近"大多数时候是"就"县处级政府机构的"近",从下到上,省、市级政府政策主张要获得基层政府的执行,必须和县级政府政策意图保持

---

[1] 王国红:《政策规避与政策创新》,中共中央党校出版社2011年版,第32页。

一致，否则就会受到排挤；而且距离政策执行主体行政层级越远的政策，越容易受到忽视和排挤。其次，现阶段同阶政策冲突，主要体现为同级政府不同职能部门制定的政策在涉及相关事项时出现冲突。根据我们对"虾粮之争——促增长，还是保耕田"的实证研究[①]，同阶政策冲突中政策主体的政策选择策略，是对中央和上级政府政策偏好、政策受众压力以及焦点事件等政治溪流和问题溪流的"权变式"回应，是"自上而下"和"自下而上"政策因素的综合作用。这种"权变式"回应，在实际的政策效应层面，不仅没有产生对彼此合理性积极吸纳的政策融合和创新，反而带来的是非此即彼、相互压制的"政策排挤"。最后，政策内部冲突是指同一政策内部的政策目标之间或政策手段之间，以及政策目标和政策手段之间的相互抵触和矛盾现象。这种冲突情景，屏蔽了政策选择中的权力作用因素，为执行机构创造了相对自主的选择空间，表现为政策主体依赖政策特性的"自利"式回应，会产生自利式强化，形成政策选择的"格雷沙姆"效应，即能直接实现"政治晋升机会最大化"和"租金最大化"的政策，排挤不能实现或有损"政治晋升机会最大化"和"租金最大化"的政策。

此外，面向政策客体的政策冲突，会直接造成政策客体的遵从混乱。政策主体不同，政策客体完全享有政策选择所带来的政策效益，政策由哪个部门制定、其权力位阶如何以及政策特点等形式问题不是其所关注的要点，遵从一个在结果上对自己更有利的政策是他们决定的主旋律。但问题在于，同阶政策冲突中的不同政策主体，其政策意愿实现的强烈程度和政策意愿实现的能力是差异的，政策客体的政策偏好能否最终实现，还取决于政策客体抗争能力与政策主体控制能力以及不同政策主体之间政策意愿实现能力的博弈。所以，治理公共政策冲突，更准确地讲其实是要消解政策冲突中政策主客体行为选择所造成的政策排挤效应和割裂效应。在政策选择的排挤效应和割裂效应与社会协调发展的内在关联方面，在应然性上理解公共政策对于实现协调发展的重要意义，同时在实然性上研究政策冲突的排挤和割裂效应对协调发展的影响，在拉闸限电与保障民生、可持续发展与当前经济平稳运行、调整产业结构与基

---

① 任鹏：《政策冲突中地方政府的选择策略及其效应》，《公共管理学报》2015年第1期。

本农田保护、农民增收和国家粮食安全等政策冲突中所形成的政策排挤效应，由排挤效应影响下出现的政令不畅、"政绩工程"等诸多治理难题，以及"权变博弈"——争"盐"夺利的较量、"就高遵从"——一江之隔，两策相争、"政策放弃"——程序上互为"前置"等面向政策客体的政策冲突事件，实际上反映了我国经济社会发展中公平与效率、局部与整体、当前发展与长远发展等价值取向的矛盾和我国社会发展中出现的区域、城乡、物质与精神、经济发展与生态保护、节能减排与保障民生等协调治理难题。

（四）公共政策协同与经济社会协调发展的良性互构

如何治理我国社会发展中出现的区域、城乡、物质与精神、经济发展与生态保护、节能减排与保障民生等协调治理难题，实现公共政策协同与经济社会协调发展的良性互构，是本书研究的最终目的。本书从分类治理、逐级跃升的思路出发，强化系统设计，对"病态"政策冲突中双向弱化发展的有效规避以及加强制度建设，对"常态"政策冲突中单向发展的逆向选择，进而实现"冲突性政策—碎片化政策—协同性政策"的跃升和"对抗式发展—妥协式发展——体化发展"的转换。首先是通过破除冲突性政策以改善对抗式发展。当前我国在政策制定与执行方面仍然存在着诸多矛盾，这也是导致发展不平衡不充分的一个重要原因，尤其是不同领域的政策之间常常会出现冲突和对立，导致发展陷入两难的境地，特别是在经济发展与生态文明建设方面表现得尤为明显。政策冲突的根源在于利益上的冲突，破除政策冲突必须将各方的利益指向一处，即将人民的利益作为政策制定的出发点和落脚点，用共同利益来整合各方政策的方向和实质，改善当前部分领域的对抗性发展的问题。其次是整合碎片化政策以优化妥协式发展。政策碎片化在我国发展中的一个突出表现就是公共政策与经济社会发展之间存在着不协调的现象，在政策执行的过程中有些新政策没有及时推进落实，依然按照旧有的政策开展工作，而有些政策由于长期在封闭的环境中实施，并没有跟随现实的动态变化而及时进行调整，成为禁锢发展的重要因素，这势必在发展的过程中忽视社会的变化和人的发展，从而陷入政策实施的"形而上学"。整合碎片化政策的关键在于强化政策之间的联系与协同，保持政策方向上的一致性，增强政策制定的灵活性和现实性，让政策为社会进步和人的发展服务，而不是限制新事物的产生和发展。再次是建构协同性政策以实现一体化发展。新时代要求政策的制定和实施要形成规范的系统，将重点、短板和弱势放置在同一政策环境下进行综合评价，进行综合施策、综合治理。协同性政策的目的在于发挥系统性的作用，增强政策之间的耦合性，形成政策治理合力，共同推动经济社会发展。最后是政策主客体以政策创新作出积极回应，构建适合新时代社会协调发展的公共政策模式，实现"各美其美、美美与共"的协同政策生态愿景。

二 本研究的局限

辩证唯物主义启示我们，研究的特色所系，可能恰是研究的局限所在。第一，协调发展一方面为研究政策冲突提供了论域和方法论的指导，另一方面也限制了思考的维度和范围。政策冲突不是协调发展中的独特政策现象，而是经济社会发展面临的普遍性的政策现实，同样，实现政策冲突治理，并非只有依靠"协调"的共存逻辑，还有依靠"修正"和"创新"的统合逻辑。第二，本书逻辑分析的实证基础是案例分析。案例分析可以深入揭示事物发生、发展的规律，但其本身的局限也显而易见。囿于对政策冲突和政策主客体行为选择进行实证调研的困难，本书所采信的案例材料都来自媒体的报道和其他学者相关研究的披露。虽然在研究中已尽可能通过多种信息渠道来获取尽可能丰富的细节性材料，并采取了与辽宁、湖北等地若干地方政府官员访谈、交流论文研究进展等方式来印证这些信息的真实性和相关推理的合理性，但恐怕还是难以弥补案例材料在细节上的缺失以及在某些材料真实性上的质疑，而且这将对研究的逻辑推理产生直接影响。研究中只分析了不同位阶对政策冲突、政策排挤效应和割裂的影响，缺乏对不同政策类型、政策领域这些变量的考虑，还忽略了对政策主客体自身能力和素质的考虑。同时，存在着案例分析所固有的"以偏概全"的危险。但毫无疑问，这种新的尝试为我们观察公共政策冲突治理又打开了一扇视窗，为我们探求实现协同政策生态愿景又提供了一条新颖的分析路径。

三 进一步深化研究的可能空间

进一步深化研究的可能空间在于：第一，从国家治理体系和治理能力现代化的角度和高度研究政策冲突的治理问题。政策是国家治理体系运行的输出产物和作用方式，政策执行力是国家治理能力的重要体现，治理政策冲突是国家治理体系和治理能力现代化的应有之义和现实要求，同时，治理现代化也为如何治理政策冲突提供了途径和思路。第二，本书以"制度—行为"为分析路径，运用实证案例考察，系统建构了政策冲突内涵、类型、效应及其治理的理论框架。从实践意义上对协调发展的实现作出了回应，但其根本的理论用意是破解执行中的政策冲突困境，从而实现合意、高效、有力的政策执行。政策执行研究对全面建成小康社会、实现伟大复兴意义重大。合意的政策执行、精准的举措落实，不仅是习近平新时代中国特色社会主义思想通向现实世界、借以陈述自我的实践路径和必然要求，更是以思想为指导的政党和政府，落实新时代战略部署，变革社会现实，改造社会关系，协调社会运行，实现社会蓝图的有效工具和有力武器。如何利用政策冲突具体成因的分析结论，以及政策冲突这一分析情境得出有关政策执行主体和客体的选择逻辑，深入探讨政策执行中的政策阻滞、政策偏差与政策冲突的内在关系，深化对政策执行问题的研究，不仅有理论突破的可能，而且有现实亟须的必要。

参考文献

（一）专著

陈振明：《公共政策学》，中国人民大学出版社2004年版。

冯静：《公共政策学》，北京大学出版社2007年版。

［德］科塞：《社会冲突的功能》，华夏出版社1989年版。

［美］克利福德·吉尔兹：《地方性知识——阐释人类学论文集》，中央编译出版社2000年版。

［美］理查德·D. 宾厄姆等：《美国地方政府的管理：实践中的公共行政》，北京大学出版社1997年版。

［德］马克思：《资本论》第3卷，人民出版社1975年版。

［美］斯蒂文·瓦戈：《社会变迁》，北京大学出版社2007年版。

王浦劬：《政治学基础》，北京大学出版社1995年版。

王仰文：《中国公共政策冲突实证研究》，中国社会科学出版社2001年版。

吴锡泓、金荣枰：《政策学的主要理论》，复旦大学出版社2005年版。

杨雪冬、赖海榕：《地方的复兴：地方治理改革30年》，社会科学文献出版社2009年版。

［美］约翰·W. 金登：《议程、备选方案与公共政策》，中国人民大学出版社2004年版。

［美］詹姆斯·E. 安德森：《公共决策》，华夏出版社1990年版。

［美］詹姆斯·威尔逊：《美国官僚政治——政府机构的行为及其动因》，中国社会科学出版社1995年版。

（二）期刊文章

曹正汉、史晋川：《中国地方政府应对市场化改革的策略：抓住经济发展的主动权——理论假说与案例验证》，《社会学研究》2009 年第 4 期。

陈薇：《粮食直接补贴政策的效果评价与改革探讨——对河北省粮食直补试点县的个案分析》，《农业经济》2006 年第 8 期。

陈中小路：《节能减排倒计时，节能减排却成拉闸限电》，《南方周末》2010 年第 17 期。

崔银娜：《安平限电：节能与发展博弈》，《民生周刊》2010 年第 3 期。

杜宝贵、张满胜、于彩虹：《公共政策选择中价值冲突根源探析》，《东北大学学报》（社会科学版）2003 年第 6 期。

方琳：《试论现代公共政策的价值冲突》，《中国行政管理》1998 年第 12 期。

冯庆等：《政策冲突及其成因与应对策略》，《科技进步与对策》2003 年第 1 期。

郭建军：《我国农业补贴执行情况、问题和建议》，《调查研究报告》2004 年第 201 期。

胡象明：《"文件打架"的原因及对策》，《中国行政管理》1995 年第 9 期。

梁思奇：《"奸粮之争"凸显政策矛盾》，《瞭望新闻周刊》2004 年第 14 期。

林红：《冲突控制中的公共政策及其困境》，《江苏行政学院学报》2006 年第 1 期。

欧阳静：《压力型体制与乡镇的策略主义逻辑》，《经济社会体制比较》2011 年第 3 期。

钱再见：《论公共政策冲突的形成机理及其消解机制建构》，《江海学刊》2010 年第 4 期。

任鹏、陈建兵：《多源流政策框架视域下的区域精神提炼研究》，《西安交通大学学报》2016 年第 1 期。

任鹏、娄成武：《群体性事件中的县政治理透视——基于政策冲突视角的分析》，《长白学刊》2011 年第 5 期。

荣敬本、高新军、何增科等：《县乡两级的政治体制改革，如何建立民主的合作新体制——新密市县乡两级人民代表大会制度运作机制的调查研究报告》，《经济社会体制比较》1997 年第 4 期。

沈恒君:《听"爹爹"的与听"老子"的》,《乡镇论坛》1994年第1期。

王国红:《地方政府的政策规避与政策创新辨析》,《政治学研究》2007年第2期。

魏姝:《政策类型与政策执行:基于多案例比较的实证研究》,《南京社会科学》2012年第5期。

杨开锋、吴剑平:《中国责任政府研究的三个基本问题》,《中国行政管理》2010年第5期。

郁建兴、高翔:《地方发展型政府的行为逻辑及制度基础》,《中国社会科学》2012年第5期。

郁建兴、徐越倩:《从发展型政府到公共服务型政府——以浙江省为个案》,《马克思主义与现实》2004年第5期。

袁明旭:《公共政策冲突:内涵、表现及其效应分析》,《云南行政学院学报》2009年第1期。

张建民、何宾:《案例研究概推性的理论逻辑与评价体系——基于公共管理案例研究样本论文的实证分析》,《公共管理学报》2001年第4期。

周黎安:《中国地方官员的晋升锦标赛模式研究》,《经济研究》2007年第7期。

竺乾威:《地方政府的政策执行行为分析:以"拉闸限电"为例》,《西安交通大学学报》(社会科学版) 2012年第3期。

(三) 学位论文

李培:《我国公共政策冲突及治理路径研究》,硕士学位论文,南昌大学,2016年。

刘慧华:《中国转型期公共政策冲突问题探究》,硕士学位论文,黑龙江大学,2012年。

刘晓宇:《我国公共政策冲突及其治理研究》,硕士学位论文,湖南大学,2010年。

任鹏:《政策冲突中地方政府的行为选择及其效应研究》,博士学位论文,东北大学,2015年。

许妍洁:《当代中国公共政策冲突治理研究》,硕士学位论文,南京师范大学,2011年。

袁明旭:《官僚制视野下当代中国公共政策冲突研究》,博士学位论文,吉林大学，2008 年。

（四）网页

财政部、国家发展和改革委员会、农业部、国家粮食局、中国农业发展银行：《关于进一步完善对种粮农民直接补贴政策的意见》，中国政府网，http：//www. gov. cn/ztzl/2005 - 12/30/content_l42985. Htm，最后访问日期：2014 年 11 月 19 日。

财政部：《粮食直补工作经费管理办法》，中国政府网，http//www. mof. gov. cn/zhengwuxinxi/caizhengwengao/caizhengbuwengao2004/caizhengbuwengao-200411/200805/t20080519_20190. html，最后访问日期：2014 年 11 月 19 日。

湖北省财政厅：《关于进一步完善我省对种粮农民粮食直补和农资综合补贴工作的实施意见》，湖北省财政厅公众网，http//www. ecz. gov. cn/wzlm/zwdt /tzgg/ 23820. Htm，最后访问日期：2014 年 11 月 19 日。

吉林省财政厅：《我省粮食直接补贴政策的主要内容是什么?》，长春市政府网，http：//www. cc. jl. gov. cn/wcss/cczf/info/2010 - 12 - 02/1928/128425. Html，最后访问日期：2014 年 11 月 19 日。

三农协会：《08 年"三下乡"社会实践活动专题——北海调研报告（二）》，南宁师范大学，http//www2. gxtc. edu. cn/Sannong/xiangmu/zhinong/200810/42356. html，最后访问日期：2014 年 11 月 19 日。

中共中央国务院：《关于促进农民增加收入若干政策的意见》，新华网，http：//news. xinhuanet. com/zhengfu/2004 - 02/09/content_1304169. Htm，最后访问日期：2014 年 11 月 19 日。

中共中央国务院：《关于全面深化农村改革加快推进农业现代化的若干意见》，中国政府网，http：//www. gov. cn/gongbao/content/2014/content_2574736. htm，最后访问日期：2014 年 11 月 19 日。

Car J. Friedruch, *Man and His Government*, McGraw-Hill Book Company, 1963.

D. Easton, *The Political System*, Kropf, 1953.

Dennis J. D. Sandole, *Traditional Approaches to Conflict Management：Short-term Gains VS Long-term Costs*, Current Research on Peace and Violence, 1986.

Ira Sharkansky: *Public Administration: Policy-making in Governmental Agencies*, Chicago: Markham, 1972.

Kevin J. O'Brien, Li Lianjiang, Selective Policy Implementation in Rural China, *Comparative Polities*, No. 1, 1999.

Lv Xiaobo, From Rank-Seeking to Rent-Seeking: Changing Administrative Ethos and Corruption in Reform China, *Crime, Law and Social Change*, No. 4, 1994.

Richard E. Matland, Synthesizing the Implementation Literature: The Ambiguity-Conflict Model of Policy Implementation, *Journal of Public Administration Research and Theory*, No. 2, 1995.

Sebastian Heilmann, Elizabeth, J. Perry. *Mao's Invisible Hand: the Political Foundation and Adaptive Governance in China*, Cambridge: Harvard University Press, 2011.

Shih Victor, Adolph Christopher, Liu Mingxing, Getting Ahead in the Communist Party: Explaining the Advancement of Central Committee Members in China, *American Political Science Review*, No. 1, 2012.